최시원 전공영어

2차 기출문제 길라잡이

심층면접·수업실연

Preface

임용시험 2차는 준비하는 데 시간과 노력이 많이 필요합니다. 모든 시·도에서 평가자들에게 답안의 양이 아닌 질적인 면을 채점 기준으로 제시하면서 암기한 내용을 앵무새처럼 가짓수만 채워 답변하는 수험생에게 낮은 점수를 줍니다. 새롭고 수준 높은 기준으로 수험생을 평가하고 있기 때문에 이에 대한 대비도 철저하게 해야 합니다. 또한 한 지역의 시험 유형 변화는 다른 시·도 교육청에 영향을 주었기 때문에 자신이 지원한 시·도의 기출 문제뿐만 아니라, 다른 시·도의 최신 경향의 기출 문제를 파악하고 앞으로 어떤 식으로 시험이 출제될 것인지 예상하는 것이 좋은 결과를 얻는 데 가장 효율적인 방법입니다.

물론 평가원에서 출제하는 전국 공통 문제로 2차 시험을 시행하는 시도에서는 지역적인 특색이 조금 덜 드러나지만, 지역 교육청 자체적으로 문제를 출제하는 곳에서는 특히 '심층 면접' 문항이 각 지역의 특색이 반영된 문제이고, 문서로 공개되는 것이 아니라서 실제 현장을 경험한 수험자의 느낌이나 조언이 중요한 자료가 됩니다.

본 교재는 영어과 2차 심층 면접 및 수업 실연 시험 문제를 복원하여 수록했습니다. 책의 1부는 심층면접 문제의 복원과 실제 답안 및 관련 내용을, 2부는 수업실연 문제의 복원과 실제 답안을 최근 출제된 순서로 실었습니다. 따라서 일반적인 대비 방법과 자신이 지원한 시·도의 기출 문제를 통해 전체적인 개요를 구성하고 경향성을 파악한 후 타 시·도의 문제를 통해 실전적인 감각을 체득하고, 강의를 통해 이루어지는 실제적 답변 기술을 연습하면 2차 시험에 대해 완벽하게 대비할 수 있을 것입니다.

최시원
전공영어

또한 이 책에서는 2차 심층 면접 및 수업 실연 문제의 복원뿐만 아니라, 이미 시험을 경험한 선생님들의 답안과 현장에서 느낀 소감, 평가자와 감독관들의 소감 등을 함께 실었습니다. 이러한 자료를 통해 아직 경험하지 않은 수험 상황을 파악하고, 준비 과정에 대한 계획을 세우는 데 도움을 받을 수 있습니다.

이 문제집이 임용 시험을 준비하는 선생님들에게 조그만 보탬이 되길 바랍니다.

(책에 대한 문의나 오류 지적은 https://cafe.naver.com/eteaching1004로 해주시기 바랍니다.)

2023년 10월

편저자 **최시원**

Contents

Part 1 심층면접

Chapter 01 심층면접 기본 — 8
- 심층면접 개요 — 8
- 심층면접 준비 요소 — 10
- 심층면접 주제별 분류 및 키워드 — 11

Chapter 02 심층면접 기출문제 — 32
- 2023학년도 심층면접 기출문제 — 32
- 2022학년도 심층면접 기출문제 — 46
- 2021학년도 심층면접 기출문제 — 68
- 2020학년도 심층면접 기출문제 — 92
- 2019학년도 심층면접 기출문제 — 112

Chapter 03 집단토의 — 134
- 2020학년도 심층면접 집단토의 기출문제 — 136
- 2019학년도 심층면접 집단토의 기출문제 — 139
- 2018학년도 심층면접 집단토의 기출문제 — 140
- 2017학년도 심층면접 집단토의 기출문제 — 144
- 2016학년도 심층면접 집단토의 기출문제 — 145

Part 2 수업실연

Chapter 01 수업실연 기본 … 148
- 수업지도안 개요 … 148
- Lesson Plan Q&A … 149
- 수업실연 개요 … 150
- Sample Organization with Classroom English … 154
- Lesson Presentation Q&A … 161

Chapter 02 수업실연 기출문제 … 162
- 2023학년도 수업지도안 및 수업실연 … 162
- 2022학년도 수업지도안 및 수업실연 … 172
- 2021학년도 수업지도안 및 수업실연 … 182
- 2020학년도 수업지도안 및 수업실연 … 198
- 2019학년도 수업지도안 및 수업실연 … 212
- 2018학년도 수업지도안 및 수업실연 … 226
- 2017학년도 수업지도안 및 수업실연 … 242
- 2016학년도 수업지도안 및 수업실연 … 250
- 2015학년도 수업지도안 및 수업실연 … 256
- 2014학년도 수업지도안 및 수업실연 … 259
- 2013학년도 수업지도안 및 수업실연 … 266
- 2012학년도 수업지도안 및 수업실연 … 270
- 2011학년도 수업지도안 및 수업실연 … 274

Chapter 03 수업나눔 … 278
- 2023학년도 수업나눔 기출문제 … 279
- 2022학년도 수업나눔 기출문제 … 281
- 2021학년도 수업나눔 기출문제 … 283
- 2020학년도 수업나눔 기출문제 … 284
- 2019학년도 수업나눔 기출문제 … 285
- 2018학년도 수업나눔 기출문제 … 287
- 2017학년도 수업나눔 기출문제 … 288
- 2016학년도 수업나눔 기출문제 … 289

최시원 전공영어
2차 기출문제 길라잡이

심층면접과 수업실연 문제를 분석한 **전공영어 2차 기출문제 길라잡이**

최시원
전공영어

Part 1

심층면접

Chapter 01 심층면접 기본
Chapter 02 심층면접 기출문제
Chapter 03 집단토의

Chapter 01 심층면접 기본

심층면접 개요

1. **면접은 말로 하는 논술이다.**
   글이나 일상적 표현이 아닌 공식적인(formal expression, neither written nor casual) 표현을 사용해야 하고, 논리 구조를 갖춰 진술하는 것이 중요하다.

2. **결론부터 제시하고 핵심만 간결하게 이야기한다(두괄식 구성: general → specific).**
   이야기를 전개하는 대표적인 방법은 '두괄식'과 '미괄식'이다. 면접에서는 결론을 먼저 이야기하고 나중에 근거나 부연설명을 제시하는 두괄식 방법이 자신의 생각을 명료하게 제시하는 효과가 있다(하지만 결론을 맨 나중에 이야기하는 미괄식 방법은 논리적인 전개 과정에 맞추는 데 효과적인 경우가 있으므로 문제 내용에 따라 이야기 전개 방식을 선택함). 답변을 할 때에는 만연체를 피하고 단순하고 짧은 문장을 사용하는 것이 좋다. 과다한 수식 어구를 사용하면 핵심이 분명하게 전달되지 않는 경우가 생긴다.

3. **다양한 관점과 측면에서의 해결 방안을 간결하게 제시한다.**
   면접 심사의 객관성을 높이기 위하여 평가 기준이 매우 세밀하게 작성되어 있으므로, 답변을 할 때 한 가지 관점이나 요소를 상세하게 말하는 것보다 여러 관점에서 두루 살피며 간결하게 개조식(나열식×)으로 답변하는 것이 유리하다.
   - 교육적 주체의 세분화: 교사 입장에서, 학부모 입장에서, 학생 입장에서
   - 제도적인 측면에서, 행정적인 측면에서, 재정적인 측면에서
   - 생활 지도 측면에서, 학습 지도 측면에서 등
   특히, 교육적 주체의 세분화

4. **자신감 있고 명료한 언어로 말한다.**
   자신 있게 또박또박 대답하고 말끝을 흐리지 말아야 한다. 불확실한 용어인 '아마(I guess)', '~같다.', '글쎄요.' 등과 잘못된 수치나 용어는 신뢰감을 떨어뜨린다. 인터넷 용어인 '샘', '짱' 등의 용어도 삼가야 하며, 명료한 언어를 통해 상대방에게 신뢰감을 주는 것이 중요하다. 이때 이중부정으로 말하는 것(예 폐지를 반대합니다. → 유지해야 합니다.)을 지양한다.

5. **여유 있게 말하고 겸손함을 표현한다.**
   미리 준비하여 암기한 내용을 발표하는 인상을 주는 것은 금물이다. 답변 중간에 자연스러운 pause(thinking time)를 넣으면서 완급을 조절한다. 또한 시기적절한 gesture는 자신감을 표현한다. 그러면서도 전체적으로 '똑똑함이 아니라 겸손함'이 드러나도록 말하고 행동한다.

6. 교직이나 교육 정책에 대해 긍정적 인식을 나타내는 것이 좋다.

심층면접 자체가 바람직한 교직관을 평가하는 것이므로 부정적이거나 근거가 약한 비판 등은 삼가야 한다. 학생에 대한 애정을 드러내고, 밝고 활발한 표정으로 자신의 교직관이나 소양 등을 나타내는 것이 중요하다. 그러나 지나치게 순응적인 태도는 버리고 자신감 있게 말하는 것이 필요하다.

➡ 입실/퇴실 예절

입실	• 관리 감독관의 안내를 받아서 자신의 구상지를 들고 면접실에 입실한다. 직접 문을 열고 들어갈 때는 문을 살며시 여닫은 후, 면접관에게 목례한다. • 입실 후 의자 옆으로 걸어가서 정지 자세에서(움직이면서 하는 인사는 불안정하게 보일 수도 있음) 정중하게 "관리번호 ○번입니다."라고 자기소개(자신의 이름은 말하지 않음)한 후 면접관이 자리에 앉으라고 하면 차분하게 의자에 앉는다. • 의자에 앉을 때는 허리를 곧게 펴고, 다리를 가지런히 모으고, 두 손을 자연스럽게 무릎에 올려놓는다. • 시선은 면접관의 눈을 자연스러우면서도 자신감 있게 바라보고 여러 면접관과 눈맞춤을 한다. 한 면접관만 빤히 바라보거나, 허공을 바라보거나, 사방을 두리번거리는 것을 삼간다.
면접	• 말을 너무 빨리하거나 말끝을 흐리지 말고 자신감 있게 말한다. • 머리를 긁적거리는 행동, 혀를 내미는 행동, 손가락으로 가리키는 행동을 삼간다. • 면접관에게 되묻는 발언이나 '어~', '저~', '으' 등의 불필요한 말은 삼간다.
퇴실	• 의자에서 일어나 앉았던 의자를 잘 정돈한 후 면접관에게 가볍게 인사하고 퇴실한다. • 면접을 마치고 너무 서두르거나 신발을 끌면서 나가거나, "수고하세요."라고 인사하는 것은 예의에 어긋나므로 "감사합니다."가 무난하다.

심층면접 준비 요소

1. 아이디어 생성 연습 및 구조화
(1) **Categorizing**: first/second/third (in addition/moreover은 모호하기 때문에 사용하지 않음)
(2) **Time keeping**: 1문항당 2분~2분 30초이나, 적정 시간의 80% 분량으로 연습한다.
(3) **Visual aids**: using scratch paper
(4) **Personal experience**: "When I was in college, ~."
(5) **Rewriting**: 면접 문제 수행 후 자신의 구술 내용을 script로 작성하고, 불필요한 요소 제거 연습을 한다.

2. 교사관 (교직적성)
(1) 자신에게 멘토가 될 만한 스승을 고르고, 그 스승의 특징 3가지를 정리한다.
(2) 가장 부정적인 영향을 끼친 교사를 상기하여 특징 2가지를 정리한다.
(3) 교육 관련 책 2권을 읽고 내용을 정리하거나, 교육 관련 프로그램(EBS)을 시청한다.

3. 교사 역할
(1) 교과/학습 지도와 관련된 키워드를 정리한다.
(2) 담임교사의 역할 및 생활 지도와 관련된 키워드를 정리한다.
(3) 행정 업무와 교사 간 협력에 관련된 키워드를 정리한다.
(4) 학부모/지역사회 연계와 관련된 키워드를 정리한다.

4. 교육 관련 한자성어와 명언
(1) 이택상주(麗澤相注) - 2020 인천 / 교학상장(教學相長) - 2015 평가원 / 화이부동(和而不同) - 2009 서울
(4) 본립도생(本立道生) / 절문근사(切問近思) / 불구일격(不拘一格) / 물탄개과(勿憚改過) - 2017 초등 서울
(5) 교육과 교사에 대한 명언

2009 서울 5번 `Eng.`

(면접관이 A4 용지 쓰인 사자성어 和而不同을 보여 주며) **이 사자성어를 한국어로 읽고 그 의미를 설명하시오. 그리고 이러한 미덕(virtue)을 어떻게 학생들에게 지도할 것인지 말하시오.**

---

5. 지역별 시책
(1) 시·도 교육청 추진 교육 정책과 업무를 반드시 확인한다.
> 예 경기도 - '20○○ 경기교육 기본계획', '혁신학교' 등 확인
(2) 신문을 활용하여 시사 문제에 대한 키워드를 정리한다.
> 예 코로나 19, 다문화, 계기 교육 등

심층면접 주제별 분류 및 키워드

0. Personal

내용+ 자소서의 개인적인 내용 추가 질문

1. 자기소개
   ① 자신의 장점은 무엇이고, 교직에서 이 장점의 활용 방안을 말하시오.
   ② 본인이 자기성장소개서에 쓴 강점 외에 교직에 도움이 될 만한 또 다른 강점은 무엇인지 말하시오.
   ③ 살면서 다른 사람의 마음을 움직여 본 적은 언제인지 말하시오.
   ④ 본인의 20년간 버킷리스트 중에 가장 공감하는 것 1가지와 그 이유를 말하시오.

2. 책
   ① 자소서에 쓴 책 말고 기억나는 책 한 가지와 이유를 말하시오.
   ② 책에서 인상 깊었던 구절을 말하시오.
   ③ 자신이 읽은 책이 어떤 점에서 교직관이나 교육철학에 영향을 주었는지 말하시오.

3. 봉사활동
   ① 교육봉사를 언제 어디에서 하루에 몇 시간씩 어떻게 했는지 말하시오.
   ② 교육봉사를 하면서 가장 기억에 남는 장면을 말하시오.
   ③ 교육봉사 경험에서 멘토링 경험을 말하고 깨달은 점을 말하시오.
   ④ 교육봉사를 통해 자신이 변화한 것과 아이들에게 어떤 변화를 이끌어 냈는지 말하시오.

4. 교과
   ① 자신의 교과목을 어떻게 가르칠 것인지 말하시오.
   ② 수업재구성을 어떻게 할 것인지 말하시오.

5. 교사관
   ① 자신은 현장에서 어떤 선생님이 되고 싶은지 말하시오.
   ② 전인교육에 관심이 많아 보이는데 학급 운영에서 전인교육을 어떻게 실천할 것인지 말하시오.
   ③ 담임교사가 된다면 학생들의 공동체 의식 함양을 위해 어떻게 할 것인지 말하시오.
   ④ 학급에서 도난 사건이 일어났을 때 어떻게 대처할 것인지 말하시오.
   ⑤ 경기교육 실현 방안으로 쓴 내용을 구체적으로 다시 말하시오.

2016 경기 3번 [즉답형]

인생에서 슬펐거나 실패한 경험 사례를 말하고, 이를 극복하기 위해 어떤 노력을 했는지 말하시오. 그리고 이러한 경험과 관련하여 교사가 되어 어떻게 학생들에게 도움을 줄 수 있을지 말하시오.

2013 서울 5번 [즉답형, Eng.]

인생에서 가장 행복했던 순간은 언제였는지 말하고, 그때 일어난 일이 왜 당신을 행복하게 만들었는지 설명하시오.

2016 경기 비교과 3번 [즉답형]

삶에서 공동체 생활을 경험한 것과 이를 통해 배운 것을 말하고, 교직에서 이러한 경험을 어떻게 살려 학생을 지도할 것인지 말하시오.

1. 교직관, 교사상, 학생관

2017 서울 3번 [즉답형]

다음 두 가지 교직관 중에 더 바람직하다고 생각되는 교직관을 선택하고, 이를 실현하기 위한 방안을 교과 지도와 창의적 체험 활동 지도 측면에서 각각 제시하시오.

> (학생들이 공부에 관심이 없는 상황)
> • A: 교사가 적극적으로 개입하여 학생의 변화를 이끌어내는 것이 중요하다. (결과 중심 지도?)
> • B: 시행착오가 있더라도 학생들이 스스로 변화할 수 있도록 기다리는 것이 중요하다. (과정 중심 지도?)

내용+ 🔍 교직관

1. **교직관의 유형**
   ① 성직관
   ② 노동직관
   ③ 전문직관 - 성직관과 노동직관의 장점 통합

2. **전문직으로서의 교직**
   ① 고도로 체계화되고 일반화된 지식과 기술을 필요로 한다.
   ② 교사가 되려면 장기간의 전문직 교육과 훈련을 받아 자격을 획득해야 한다.
   ③ 사회봉사를 위한 봉사적 기능을 띠고 있다.
   ④ 높은 수준의 지적·도덕적·인격적 소양이 필요하다.
   ⑤ 교사 자체 윤리강령을 만들어 자율적으로 운영한다.
   ⑥ 전문적 자치기구인 교직단체를 형성하여 전문성을 신장한다.
   ⑦ 다른 전문직과 달리 미성숙한 인간을 대상으로 하고 있는 특수성이 있다.

3. **교사 전문성 제고를 위한 정책 및 제도**
   ① 개인적 자기 계발 활동: 대학원 진학, 해외 유학
   ② 연수 프로그램 운영: 학습연구년 제도, 교과 연구회
   ③ 교원능력개발평가 제도: 학교 내 교원들을 교장, 교감, 동료교사, 학생, 학부모가 평가하는 제도
   ④ 수석교사 제도 (advanced skills teacher): 기존 정교사 1급과 2급 체계에 추가된 자격 제도

구분	수석교사 선발·운영 주요 내용
임기	• 임기: 4년 • 임기 만료 시, 재심사 후 재임용 가능
운영 목적	• 수업 전문성을 가진 교사가 우대 받는 교직 풍토 조성 • 교사의 수업 질 향상 및 교직사회의 학습조직화 촉진
지원 자격	• 15년 이상의 교육경력을 가진 교사 - 임용일 기준 • 정년 잔여 4년 이상인 교사 • 수석교사 4년 임기 내 명예퇴직을 고려하고 있는 자는 지원 제외
선발 절차	• 단위학교 수석교사추천위원회 추천 • 1차 심사: 서류심사 및 동료교원 면담 (현장실사 포함) • 2차 심사: 역량평가 및 심층면접
선발 배치	• 교육지원청별 학교 수, 교과 수요, 학교 규모 등을 고려하여 배치 • 4년 임기동안 동일교 근무 ※ 심사기준에 미달할 경우 예정인원보다 적게 선발할 수 있음
지원 사항	• 해당 학교별 교사 1인당 평균 수업시수의 2분의 1로 경감 • 수석교사 수당(연구활동비) 지급(월 40만원), 대체강사비 지원(중등) • 수업 컨설팅실 설치 권장
연수	• 자격 연수: 15일, 90시간 이상 ('12.2.3 교원 등의 연수에 관한 규정 개정) • 직무 연수: 직무연수 이수 실적 평가 (90시간 만점)
직무	[필수 직무] • 소속 학교에서의 수업 및 생활지도, 수업공개 • 교사 지원 활동 (수업 및 생활교육 컨설팅, 신임 교사 및 교육실습생 지도, 연수 지원 및 강사 활동, 자료개발·보급 및 연구 활동 등) [보조 직무] • 학교교육과정 수립 등 참여 • 학부모 대상 교육 강사 활동 등
업적 평가	• 평가자: 교장 • 확인자: 교육장 (교육감) • 평가 시기: 매년 12월 31일 기준으로 실시
재심사	• 재심사자: 임용권자 • 재심사 기준: 업적평가(360점), 연수실적평가(40점), 합산 총계 400점 만점으로 하여 280점 미만인 자는 재임용 제한 및 수석교사로 부적격한 사유의 유무 등 ※ 세부사항은 별도 재심사 기준에 따름
제한 사항	• 수석교사 임기 중 교감·교장 자격 취득 불가 • 근무성적평정 대상 제외

4. 교사의 권리와 의무

(1) 교사의 권리

적극적 권리	자율성	교직의 전문성 존중
	생활 보장	모든 직업의 기본적 권리
	근무 조건 개선	과밀학급, 거대학교, 업무과다, 과중한 수업부담 등의 문제 개선 노력
	복지후생제도 확충	건강, 자녀 교육, 주택, 노후 보장 등의 권리
소극적 권리	신분 보장	교원은 형의 선고, 징계처분 또는 교육공무원법에서 정하는 사유에 의하지 아니하고는 의사에 반하여 휴직·강임·면직 불가
	쟁송제기권	징계처분에 대하여 소청심사를 청구 가능
	불체포 특권	현행범인 경우를 제외하고는 소속학교장의 동의 없이 학원 안에서 체포 불가
	교직단체 활동권	교직단체에 자유롭게 가입 및 활동 가능

(2) 교사의 의무

적극적 의무	교육 및 연구 활동	교사의 본질적인 사명, 항상 연구하는 자세
	선서·성실·복종	직무수행에 있어서 상관에 복종, 직무를 성실히 수행
	품위유지	품위를 손상하는 행위 금지
	비밀엄수	재직 중·퇴직 후 직무상 알게 된 비밀을 엄수
소극적 의무	정치활동의 제한	정치단체 결성에 관여 / 가입 불가, 선거에서 특정 정당 / 특정인 지지 / 반대 행위 금지
	집단행위의 제한	법에 따라 허용과 금지의 차이
	영리업무 및 겸직 금지	공무 이외의 영리 목적 사업 종사 및 소속기관장의 허가 없이 타 직무 겸직 금지

내용+ 사도헌장과 사도강령

1. 사도헌장

1982년 5월 15일 스승의 날에 선포되었으며, 1958년에 제정한 [교원윤리강령]의 기본 취지를 대폭 개정하였다.

> 오늘의 교육은 개인의 성장과 사회의 발전과 내일의 국운을 좌우한다. 우리는 국민 교육의 수임자로서 존경받는 스승이요, 신뢰받는 선도자임을 자각한다. 이에 긍지와 사명을 새로이 명심하고 스승의 길을 밝힌다.
> 1. 우리는 제자를 사랑하고 개성을 존중하며 한 마음 한 뜻으로 명랑한 학풍을 조성한다.
> 2. 우리는 폭넓은 교양과 부단한 연찬(研鑽)으로 교직의 전문성을 높여 국민의 사표(師表)가 된다.
> 3. 우리는 원대하고 치밀한 교육 계획의 수립과 성실한 실천으로 맡은 바 책임을 완수한다.
> 4. 우리는 서로 협동하여 교육의 자주 혁신과 교육자의 지위 향상에 적극 노력한다.
> 5. 우리는 가정교육, 사회 교육과의 유대를 강화하여 복지 국가 건설에 공헌한다.

2. 사도강령

민주 국가의 주인은 국민이므로 나라의 주인을 주인답게 길러내는 교육은 가장 중대한 국가적 과업이다. 우리 겨레가 오랜 역사와 찬란한 문화를 계승·발전시키며, 선진제국과 어깨를 나란히 하여 인류 복지 증진에 주도적으로 기여하려면 무엇보다도 문화 국민으로서의 의식 개혁과 미래 사회에 대비한 창의적이고 자주적인 인간 육성에 온 힘을 기울여야 한다. 그러기 위하여 우리 교육자는 국가 발전과 민족 중흥의 선도자로서의 사명과 긍지를 지니고 교육을 통하여 국민 각자의 능력을 최대한으로 계발하여 개인의 자아실현과 국력의 신장, 그리고 민족의 번영에 열과 성을 다하여야 한다. 또한 교육자의 품성과 언행이 학생의 성장 발달을 좌우할 뿐만 아니라 국민 윤리 재건의 관건이 된다는 사실을 명심하고 사랑과 봉사, 정직과 성실, 청렴과 품위, 준법과 질서에 바탕을 둔 사도 확립에 우리 스스로 헌신하여야 한다. 이러한 우리의 뜻은 교직에 종사하는 모든 교육자가 공동체 의식을 가지고 노력하여야만 이루어질 수 있다는 것을 인식하고, 사도헌장 제정에 때맞추어 우리의 행동 지표인 현행 교원윤리강령을 개정하여 이를 실천함으로써 국민의 사표가 될 것을 다짐한다.

제 1 장 스승과 제자

스승의 주된 임무는 제자로 하여금 고매한 인격과 자주 정신을 가지고 국가 사회에 봉사할 수 있는 유능한 국민을 육성하는 데 있다. 그러므로,
1. 우리는 제자를 사랑하고 그 인격을 존중한다.
2. 우리는 제자의 심신 발달이나 가정의 환경에 따라 차별을 두지 아니하고 공정하게 지도한다.
3. 우리는 제자의 개성을 존중하며, 그들의 개인차와 욕구에 맞도록 지도한다.
4. 우리는 제자에게 직업의 존귀함을 깨닫게 하고, 그들의 능력에 알맞은 직업을 선택하도록 지도한다.
5. 우리는 제자 스스로가 원대한 이상을 세우고, 그 실현을 위하여 정진하도록 사제동행한다.

제 2 장 스승의 자질

스승은 스승다워야 하며 제자의 거울이 되고 국민의 사표가 되어야 한다. 그러므로,
1. 우리는 확고한 교육관과 긍지를 가지고 교직에 종사한다.
2. 우리는 언행이 건전하고 생활이 청렴하여 제자와 사회의 존경을 받도록 한다.
3. 우리는 단란한 가정을 이룩하고 국법을 준수하여 사회의 모범이 된다.
4. 우리는 학부모의 경제적·사회적 지위를 이용하지 아니하며 이에 좌우되지 아니한다.
5. 우리는 자기 향상을 위하여 전문적인 지식과 전문화된 기술을 계속 연마하는 데 주력한다.

제 3 장 스승의 책임

스승은 제자 교육에 열과 성을 다하여 맡은 바 책임을 다하여야 한다. 그러므로,
1. 우리는 사회의 일원으로서 모든 책임과 임무를 다한다.
2. 우리는 교재 연구와 교육 자료 개발에 만전을 기하여 수업에 최선을 다한다.
3. 우리는 생활 지도의 중요성을 인식하여 제자들이 올바른 사람이 될 수 있도록 지도의 철저를 기한다.
4. 우리는 교육의 성과를 공정하게 평가하고 이를 교육에 충분히 활용한다.
5. 우리는 제자와 성인들을 위한 정규 교과 외의 활동에 적극 참여한다.

제 4 장 교육자와 단체

교육자는 그 지위의 향상과 복지의 증진을 위하여 교직 단체를 조직하고 적극 참여함으로써 단결된 힘을 발휘할 수 있다. 그러므로,
1. 우리는 교직 단체의 활동을 통하여 교육자의 처우와 근무 조건의 개선을 꾸준히 추진한다.
2. 우리는 교직 단체의 활동을 통하여 교육자의 자질 향상과 교권의 확립에 박차를 가한다.
3. 우리는 편당적·편파적 활동에 참가하지 아니하고 교육을 그 방편으로 삼지 아니한다.
4. 교직 단체는 교육의 혁신과 국가의 발전을 위하여 다른 직능 단체나 사회 단체와 연대 협동한다.

제 5 장 스승과 사회

스승은 제자의 성장 발달을 돕기 위하여 학부모와 협력하며, 학교와 사회와의 상호작용의 원동력이 되고 국가 발전의 선도자가 된다. 그러므로,
1. 우리는 학교의 방침과 제자의 발달 상황을 가정에 알리고, 학부모의 정당한 의견을 학교 교육에 반영시킨다.
2. 우리는 사회의 실정을 정확하게 파악하고 지역사회의 생활과 문화 향상을 위하여 봉사한다.
3. 우리는 사회의 요구를 교육 계획에 반영하며 학교의 교육 활동을 사회에 널리 알린다.
4. 우리는 국민의 평생 교육을 위하여 광범위하게 협조하고 그 핵심이 된다.
5. 우리는 확고한 국가관과 건전한 가치관을 가지고 국민 의식 개혁에 솔선수범하며, 국가 발전의 선도자가 된다.

내용+ 🔍 교사의 기대 효과

1. **자기충족 예언 (self-fulfillment prophecy)**
   어떤 예언이나 생각이 이루어질 거라고 강력하게 믿음으로써 그 믿음 자체에 의한 피드백을 통해 행동을 변화시켜 직·간접적으로 그 믿음을 실제로 이루어지게 하는 예측이다. '로젠탈 효과', '자성적 예언'이라고도 한다.

2. **피그말리온 효과 (pygmalion effect)**
   교사의 기대에 따라 학습자의 성적이 향상되는 것을 말한다. '교사 기대 효과', '로젠탈 효과', '실험자 효과'라고도 한다. 피그말리온 효과는 무언가에 대한 사람의 믿음, 기대, 예측이 실제로 일어나는 경향을 말하며, 1964년 미국의 교육 심리학자 로버트 로젠탈이 실험했다. 반면, 교사가 기대하지 않는 학습자의 성적이 떨어지는 것은 '골렘(Golem) 효과'라고 한다.

내용+ 🔍 인성 요소 면접 채점 기준표

인성적 자질	이유
감정의 절제, 인내심, 정서적 안정감	학생의 상황이나 문제를 차분히 객관적으로 파악·분석하고 대질하기 위해
수용적 태도, 겸손	학생의 마음을 얻어 긍정적 태도를 형성하고 대화의 장을 열기 위해
공감적 이해, 사랑, 애정, 배려	학생의 인격과 개성을 존중함으로써 학생의 입장에서 심층적 원인을 파악하기 위해
의사소통 능력, 사회성	학생의 의사를 정확하게 파악(이해)하고, 학생에게 적절한 방식으로 소통하기 위해
학생에 대한 신뢰	학생에게 긍정적인 자아관과 자신감을 심어 주기 위해
자신감, 효능감	학생을 변화시킬 수 있다는 확고한 믿음을 가지기 위해
열의와 헌신, 사명감, 책임감	학생을 포기하지 않고 끝까지 최선을 다해 지도하기 위해
학생 발달에 대한 관심과 이해	발달 단계에 따른 학생의 행동 특성에 부합하는 해결책을 찾기 위해

2. 교과 학습 지도

(1) **수업 전**: 학습자 요구 분석, 동기 유발
(2) **수업 중**: 수업자 조직(individual, pair, group, whole-class), 다양한 활동, 수준별 수업, 개인화, 부진아 지도, ICT 교구 활용
(3) **수업 후**: 평가(과정/성장 중심) 및 평가 결과의 피드백, 교수평 일체화

2014 평가원 1번 [Eng.]

모둠별 협동학습(group work)의 경우 어떤 학생은 참여하고 어떤 학생은 전혀 활동에 참여하지 않는 등의 여러 가지 문제가 발생한다. 이러한 문제를 고려하여 협동학습이 잘 이루어지도록 모둠을 구성할 때 고려해야 할 요소(학생들이 모둠 활동에 적극적으로 참여하게 하기 위한 방안) 3가지를 말하시오.

2017 전북 2번 [즉답형]

기존의 학교 평가 제도의 특징과 문제점을 말하고, 학생들의 배움과 성장을 위한 평가 방법을 5가지 제시하시오.

> **내용+** 🔍 **귀인 이론**
>
> **1. 정의**
> 귀인 이론이란 학습자가 선행행동의 결과의 원인을 어떻게 귀속시키느냐에 따라 후행행동 결과에 영향을 미친다는 것이다. 학습자가 노력 등과 같이 내적이고 불안정적이며, 통제 가능한 것으로 원인을 돌릴 때 후행학습의 효과가 높다.
>
> **2. 귀인의 분류**
>
> | 구분 | 내용 |
> |---|---|
> | 소재 | 원인이 내부에 있는가 또는 외부에 있는가에 따라 '내적 - 외적'으로 분류 |
> | 안정성 | 원인이 항상 같은가 또는 변화하는가에 따라 '안정성 - 불안정성'으로 구분 |
> | 통제 | 사람이 원인을 통제할 수 있는가 또는 아닌가에 따라 '통제 가능 - 통제 불가능'으로 분류 |
>
> **3. 예시**
> ① 학습된 무기력: 내적 - 안정적 - 통제 불가능
> ② 능력: 내적 - 안정적 - 통제 불가능
> ③ 노력: 내적 - 불안정적 - 통제 가능
>
> **4. 처방**
> ① 성취 결과에 대한 강조보다 학습의 과정을 강조하고, 현실적 도전 과제를 제시하여 성공 경험을 제공한다.
> ② 소집단 협동학습을 실행한다.
> ③ 평가 횟수를 최소화하고, 진단·형성 평가를 강조하며, 학습 과정에 대한 보상과 강화를 진행한다.

3. 담임교사 역할

(1) **생활지도**: 회복적 생활교육, 학교폭력 처리, 관찰 및 경청, 교환일지(dialog journal), 상담[긍정적 변화 유도, 자율성(autonomy) 존중, 예방적(preventive) 조치]

> **내용+** 🔍 **Rogers의 상담 기법 3요소**
>
> | 구분 | 내용 |
> |---|---|
> | 공감적 이해 | 놀림을 받을 때는 자존심이 상하고, 분노가 생기지. 그래서 학교도 오기 싫고 공부할 마음도 없겠구나. |
> | 무조건적 긍정적 존중 | 너는 그렇게 할 자유가 있어. 물론 진짜 죽는 건 아니겠지만 선생님은 너의 선택을 존중해. 네 행동과는 관계없이 너는 그 자체로 가치 있고 소중한 존재야. |
> | 진솔성 | 친구들이 너를 놀린 것은 정말 나쁜 일이지만 그렇다고 너 자신을 바보라고 생각하는 것은 옳지 않아. |

내용+ 🔍 Rogers의 상담 이론

1. 특징
① 내담자의 문제 해결과 변화를 위한 필요충분조건으로 상담자의 기본 태도와 자질을 중시한다.
② 신뢰를 바탕으로 한 진솔성(일치성), 무조건적이고 긍정적 존중, 공감적 이해를 강조한다.

진솔성 (일치성)	• 지금/여기에서 경험하는 자신의 감정과 태도를 있는 그대로 진실하고 솔직하게 인정하고 개방적으로 직면하는 자세 필요 • 상담자의 적절한 자기노출(자기관여, 자기공개 반응)은 진솔하고 인간적인 친밀감 형성에 도움
무조건적이고 긍정적 존중	• 가치의 조건화를 버리고, 무조건적이고 무비평적 태도 중시 • 내담자의 존재, 특징, 사고, 행동을 있는 그대로 수용하는 자세 필요
공감적 이해	• 내담자의 사적 세계를 정확하고 민감하게 이해하고, 언어적/비언어적 표현으로 이해하고 있음을 알려주는 태도
구체성	• 내담자를 구체적으로 알고자 하는 태도 유지 필수 • 구체성은 내담자를 궁극적으로 정확하게 공감할 수 있도록 도움

2. 공감적 이해의 5수준

수준 1	내담자의 언어 및 행동 표현의 내용으로부터 벗어났다. 내담자가 명백하게 표현한 감정조차도 제대로 인식하지 못한다.
수준 2	내담자가 표현한 감정에 반응하긴 하나, 중요한 감정은 제외하고 의사소통한다. 내담자가 표현한 의미를 왜곡시키기 때문에 내담자의 표현과 일치하지 않는다.
수준 3	내담자가 표현한 것과 본질적으로 같은 정서와 의미를 표현하여 상호 교류한다. 하지만 보다 내면적인 감정에는 반응하지 못한다. 대인관계 기능을 촉진하는 기초 수준의 공감 반응이다.
수준 4	스스로 표현한 것보다 더 내면적인 감정을 표현하면서 의사소통한다. 이전에는 표현할 수 없었던 감정을 더 표현하면서 경험하도록 독려한다.
수준 5	내담자가 표현한 감정의 내면적 의미들을 정확하게 표현하고, 내담자가 가진 적극적인 성장 동기를 이해하여 표현한다. 상대방의 감정을 깊이 이해하며 함께 경험한다. 따라서 내담자는 이전에는 깨닫지 못했던 감정들을 명료하게 경험한다.
예시	〈예시 1〉 아들: 엄마 나가세요. 노크도 없이 막 들어오시면 안 되죠. 여긴 내 방인데… 엄마: (수준 1) 엄마가 자식 방에도 맘대로 못 들어가니? 조그만 게 무슨 비밀이 있다구. 　　　(수준 2) 네가 화가 난 모양이네, 엄마가 자식 방에 들어갈 때도 꼭 노크해야 하니? 　　　(수준 3) 네 방에 노크도 없이 들어와 기분이 상했구나. 　　　(수준 4) 혼자 있고 싶었는데 방해를 받아서 언짢았구나. 　　　(수준 5) 너도 이제 컸으니 너만의 세계를 가지고 싶은 거로구나. 〈예시 2〉 아들: 이제 내 실력으로는 ○○대학은 포기할래요. 그냥 ◇◇대학이나 가야죠. 이제 속편하게 생각하기로 했어요. 아빠: (수준 1) 무슨 소리니? ◇◇대학도 대학이니? 거길 가려면 아예 지금 관둬. 　　　(수준 2) 네가 자신이 없는 모양이지만 포기하기엔 너무 일러. 　　　(수준 3) 네가 ○○대학 가는 게 자신이 없는 모양이구나. 　　　(수준 4) 자신이 없어 막상 ○○대학을 포기하자니 속이 상하겠구나. 　　　(수준 5) ○○대학을 가자니 자신이 없고 ◇◇대학에 가자니 성에 안차서 갈등이구나.

내용+ Wee project

1. 개념
Wee는 학교, 교육청, 지역사회가 연계하여 학생들의 건강하고 즐거운 학교생활을 지원하는 다중의 통합지원 서비스망이다.

2. 종류
학습부진 및 학교부적응 학생뿐만이 아닌 일반 학생들도 Wee를 통해 행복한 학교생활을 할 수 있도록 학교에는 Wee클래스, 지역교육청에는 Wee센터, 시·도 교육청에는 Wee스쿨이 있다.

Wee는
We(우리들) + education(교육)
We(우리들) + emotion(감성)
의 합성어입니다.

〈Wee project 체계도〉

학습부진, 따돌림, 대인관계 미숙, 학교폭력, 미디어 중독, 비행 등으로 인한 학교부적응 학생 및 징계대상자

1차 Safe-net Wee클래스
- 단위학교에 설치
- 학교부적응 학생 조기발견·예방 및 학교적응력 향상 지원

단위학교에서 선도 및 치유가 어려워 학교에서 의뢰한 위기 학생 및 상담 희망 학생

2차 Safe-net Wee센터
- 시·도 지역교육청 차원에서 설치
- 전문가의 지속적인 관리가 필요한 학생을 위한 진단-상담-치유 원스톱 서비스

- 심각한 위기상황으로 장기적인 치유·교육이 필요한 학생
- 학교나 Wee센터에서 의뢰한 학생 또는 학업중단자

3차 Safe-net Wee스쿨
- 시·도 교육청 차원에서 설치
- 장기적으로 치유가 필요한 고위기군 학생을 위한 기숙형 장기위탁교육 서비스

단위학교·교육청의 학생 공감 프로그램과 서비스를 통해
학습부진 치유·위기학생 선도·진로개발·잠재력 발현으로 전인적 성장 도모

회복적 생활교육

1. 회복적 정의
   ① 응보적 정의와 구별되는 개념이다.

   ⟨회복적 정의와 응보적 정의 비교⟩

응보적 정의	vs.	회복적 정의
누가 가해자인가?	주요 관심과 초점	누가 피해자인가?
어떤 잘못을 저질렀는가?		어떤 피해가 발생했는가?
어떻게 처벌할 것인가?		회복을 위해 필요한 것이 무엇인가?

   ② 가해자가 아닌 피해자에 주목한다.
   ③ 갈등 당사자들이 자발적으로 책임을 지도록 한다.
   ④ 공동체가 회복되도록 노력한다.
   ⑤ 회복적 생활교육은 잘못에 대해 처벌하는 것을 넘어서 학생과 공동체의 성장과 변화를 목표로 회복적 정의의 패러다임을 학교 현장에서 실천하는 것이다.

2. 회복적 생활교육의 핵심 요소/실천 원리
   (1) 회복적 생활교육은 여러 가지 갈등 상황에서 모두의 의견을 존중하고, 의사 결정에 있어서 공정성을 확립하는 것이 중요하다. 이를 위해 여러 가지 모델과 기술이 사용된다. 학교에서의 회복적 생활교육은 세 가지 핵심 요소로 이루어진다.
   (2) 세 가지 핵심 요소
       ① 회복적 실천의 토대를 이루는 것으로 신뢰, 상호 존중, 관용과 같은 가치와 분위기를 형성한다.
       ② 인간의 느낌, 욕구, 권리에 대한 중요성을 인지하고 이를 위한 다양한 회복의 기술들이 삶 속에 적용한다.
       ③ 회복적인 진행으로 이는 갈등으로 인하여 깨어진 관계를 회복하고, 발생한 피해에 대하여 적절한 책임을 지는 것을 독려하는 모임을 형성한다.

3. 회복적 생활교육의 접근 방식
   회복적 생활교육은 3개 영역으로 구분하여 아래 영역부터 점차적으로 숙달하여 진행 경험을 쌓을 수 있으나 무엇보다 학교 공동체가 회복적 가치와 회복적 문화에 젖어들 수 있도록 하는 것이 중요하다.

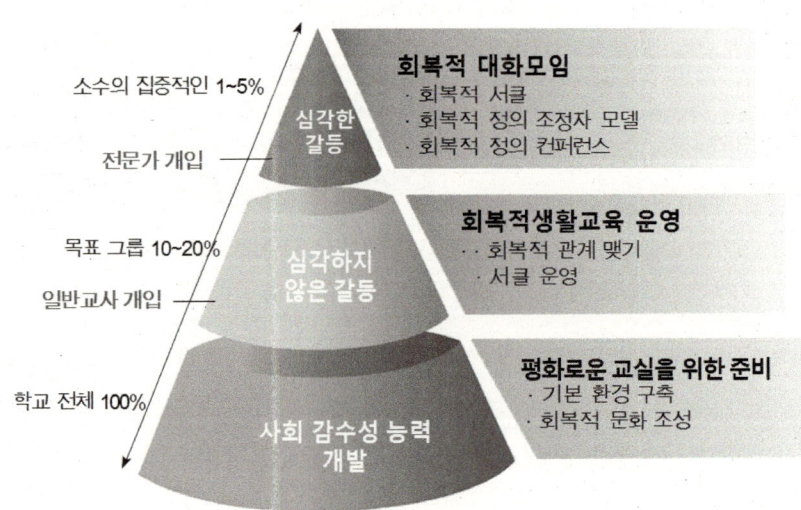

4. 회복적 생활교육 실천 방법

구분	내용
우리들의 약속	• 학급 구성원들이 우리 반의 약속을 직접 만들어 보는 활동 • 스스로 존중받는 것의 가치가 얼마나 귀한지를 느끼게 되고, 다른 사람을 존중하는 학급분위기를 만드는 데 적극적으로 동참
비폭력 대화	• 솔직하게 표현하고 공감하며 듣는 연습 • 학생과 학생, 교사와 학생 사이에 마음으로 연결하여 대화하는 법 익히기
회복적 성찰문	• 잘못된 행동의 의미를 이해하고 교사와 다른 학생들에게 준 영향을 스스로 생각 • 스스로 자신의 행동을 성찰하도록 하는 기회를 제공
신뢰 서클	• 학생들은 자신에 대해 이야기를 나누면서 서로 다르지 않다는 것을 발견
교사 서클	• 존중하는 분위기에서 서로를 연결하고 평등하게 의사소통하며 함께 문제를 해결

5. 감정카드를 활용한 공감하며 듣기

① 경청 대화 워크숍으로 공감능력은 내면의 폭력성을 가라앉히며, 상대를 이해하려는 마음과 옳은 선택을 하게 하는 힘이 있다. 그 목적은 적대감 없이 서로의 인간성을 바라보며 질적인 인간관계를 형성하고 자신의 필요와 상대의 필요를 동등하게 존중하는 방법으로 대화하는 것이다. 교사는 직접 이것을 시연하며 공감 대화를 통한 효과를 체험하고 학생들에게 활용할 방안을 토의한다. 비폭력 대화(Nonviolent Communication)를 할 때는 다음과 같은 네 가지 요소에 유의해야 한다.

자칼식 대화	기린식 대화	
평가	관찰 Observation	상황을 '있는 그대로' 보기
생각	느낌 Feelings	상황에서 자신의 느낌을 자각하기
수단	욕구 Needs	느낌 뒤에 있는 욕구 발견하기
강요	부탁 Request	상대가 즐거운 마음으로 들을 수 있도록 부탁하기

(by Marshall Rosenberg)

② 듣기 힘든 말을 들었을 때, 우리는 습관적으로 자칼식 언어(관찰 대신 평가를 하며 분석, 비교, 경쟁하는 생각들)로 반응한다. 자칼식 표현은 학생이 두려움이나 죄책감을 느끼도록 만든다. 교사가 원하는 방식으로 행동하게 할 수 있으나, 학생과의 관계성을 훼손하게 된다. 관계성이 훼손되면 상대는 피하거나 저항하고, 공격할 수 있다.

③ 교사는 판결자가 아닌, 평화적인 해결을 위한 중재자 역할을 해야 한다. 회복적 생활교육은 그 내면의 힘을 길러주는 방식이다. 나아가 학생의 내면의 힘을 길러주어서 자신의 잘못에 대해 자발적으로 책임을 지고 타인에 대해 존중하는 태도를 길러주는 교육이다. 폭력을 행하는 많은 학생들을 살펴보면, 특별히 공감능력이 떨어지고 자존감이 낮은 것을 발견하게 된다. 학생에게 처벌과 비난으로 자책과 죄의식을 심어주는 방식은 오히려 건강한 정서적 회복을 불가능하게 한다.

④ 회복적 생활교육은 책임감, 존중, 신뢰, 우정 나아가 자신과 타인, 환경에 대한 배려 등과 같은 핵심 가치를 교육할 수 있는 토대가 될 수 있다. 존중의 태도는 자신뿐만 아니라 타인도 동등하게 소중히 여기는 것을 배우는 시간이 될 것이다. 회복적 생활교육은 조금 더뎌보일지라도 인내와 신뢰가 필요하다. 그 기다림에 대한 보상으로, 인간 내면의 빛에 초점을 두고 그 빛을 이끌어내는 선순환을 통해 평화로운 공동체 문화를 이루는 토대를 제공할 것이다.

6. 회복적 서클

(1) 정의

회복적 생활교육에서 가장 주목받고 있는 바로 회복적 생활교육 모델의 배움의 틀로 사용되고 있는 서클이다. '서클'(CIRCLE)이란 둥글게 앉아서 이야기하는 모임 형태로 인류의 가장 오래된 모임의 방식이다.

(2) 구성 요소

① 서클을 구성하는 요소는 둥글게 모여 앉기, 서클의 중심, 말하기 도구, 서클의 약속, 진행자, 질문이 있다.
② '둥글게 모여 앉기'는 구성원 모두가 동등하며 상호 의존적으로 연결되어 있음을 상징한다. '서클의 중심'이란 공동체의 가치 상징물을 가운데 놓음으로써 의식적으로 공동체 가치를 공유하게 하는 역할을 한다.
③ '말하기 도구'는 말하기 도구를 가진 사람만이 말할 수 있다는 원칙으로, 동등하게 말할 기회를 나눔으로써 권력을 분산한다.
④ '서클의 약속'에는 솔직하게 말하기, 깊이 있게 듣기, 말하기를 선택하기, 비밀을 보장하기, 합의에 의해 결정하기 등의 내용이 포함된다.
⑤ '진행자'는 안전한 배움의 공간을 지키는 자, 질문하는 자, 시간을 지키는 자로서의 역할을 담당하는데, 이러한 역할의 이면에는 '우리는 서로 가르치고 서로 배운다.'라는 의미를 내포하고 있다.
⑥ 서클을 이끌어 가는 힘은 '질문'이다. 질문을 어떻게 하느냐에 따라 답이 달라지기도 하는데, 서클에서의 질문은 마치 방향키와 같아서 서클의 역동과 흐름을 좌우한다.

(3) 다양한 회복적 서클 운영 사례

① 교직원 간의 회복적 서클 운영: 전입 교직원과의 첫 만남, 동학년 교사 모임, 교과 모임, 전문적 학습공동체, 직원협의회 등
② 교사와 학생, 학생과 학생 간의 회복적 서클 운영: 신학기 첫만남, 학급자치 서클, 수업 서클, 신뢰 서클 등
③ 학부모와 함께 하는 회복적 서클 운영: 새학년 학부모총회, 학급 단위 학부모 모임, 담임교사와의 만남, 학부모동아리 활동, 자녀와 함께하는 신뢰서클 등

7. 회복적 생활교육 대화 사례

① 학생이 복도에서 뛸 때: "잠깐, 천천히 걸어줄래? 그렇게 뛰어가다 다칠까 걱정돼."
② 수업 시간에 친구와 이야기를 하거나 장난을 하면서 수업에 집중하지 않을 때: "○○아, 네가 △△이랑 이야기를 하니까 선생님이 계속 신경이 쓰여. 선생님은 네가 이걸 잘 배웠으면 좋겠는데 집중해 줄래?"
③ 수업 중에 사물함에 물건을 가지러 가거나, 쓰레기를 버리러 갈 때: "○○아, 네가 수업 중에 돌아다니니까 친구들이 수업에 집중하는데 방해될까봐 걱정돼. 선생님은 수업 시간에 너희들이 잘 배웠으면 좋겠거든. 쉬는 시간에 미리 준비해 주면 좋겠다."
④ 학생에게 뭔가 부탁하거나 수업 중 과제를 하라고 했는데 "싫어요."라고 할 때: "○○아, 네가 "싫어요."라고 하니까 당황스럽네. 이걸 하는데 뭔가 불편한 게 있는 거니?"

내용+ 학교폭력

1. 학교폭력의 정의
학교폭력 예방 및 대책에 관한 법률 제2조 제1호에서는 '학교폭력'에 대해 학교 내외에서 학생을 대상으로 발생한 상해, 폭행, 감금, 협박, 약취·유인, 명예훼손·모욕, 공갈, 강요·강제적인 심부름 및 성폭력, 따돌림, 사이버 따돌림, 정보통신망을 이용한 음란·폭력 정보 등에 의하여 신체·정신 또는 재산상의 피해를 수반하는 행위로 정의하고 있다.

2. 학교폭력의 유형
① 신체폭력: 꼬집기, 손가락 뒤로 꺾기, 찌르고 목 조르는 행위 등
② 언어폭력: 성격 공격, 능력 공격, 배경 공격, 생김새 공격, 협박, 욕설 등
③ 금품갈취: 갚을 생각이 없으면서 돈을 빌리기, 돈을 걷어오라고 하기 등
④ 따돌림: 빈정거림, 말을 따라하면서 놀리기, 골탕 먹이기, 면박이나 핀잔주기 등
⑤ 괴롭힘: 언어적, 상황적 협박과 강요, 두려움을 주는 일, 좌절감을 주는 일 등
⑥ 성폭력: 성폭행, 성추행, 성희롱
⑦ 사이버폭력 및 매체 행동: 사이버모욕, 사이버명예훼손, 사이버성희롱 등
⑧ 폭력서클: 신입생에게 서클에 가입하도록 강요하는 것

3. 학교폭력의 원인

구분	내용
개인적 요인	• 학생의 발달 부적응 • 왜곡된 개인주의 (우월감, 자기중심적 사고, 자제력 부족, 극심한 이기주의) • 과도한 스트레스 (학업, 대인 관계)
가정적 요인	• 부모의 양육 방식 • 가족원 간의 갈등 (가정 폭력, 차별, 부모 부재, 경제적 빈곤, 형제간 갈등)
학교적 요인	• 생활 지도 부재 (사후적, not 예방적) • 경쟁 위주의 성적 중시 풍조 문제 • 피해자 신상보호 시스템 부족 (가해자 보호, 학교폭력 은폐)
사회적 요인	• 집단 이기주의 ('끼리' 문화의 확산, 배타성) • 매스컴의 영향 (폭력 장면)

4. 학교폭력의 해결 방안 – 무관용 원칙 & 반론
① 무관용 원칙(Zero tolerance)은 사소한 위법행위도 죄질이 나쁠 경우 엄격하게 처벌한다는 사법 원칙으로 깨진 유리창을 방치하면 나중에는 그 일대의 도시가 무법천지로 변한다는 '깨진 유리창 이론(우리의 일상생활에서 사소한 위반이나 침해 행위가 발생했을 때 이것들을 제때에 제대로 처리하지 않으면 결국에는 더 큰 위법 행위로 발전)'에 입각했다.
② 최근 날로 심각해지는 학교폭력에 대한 학생 지도 방식으로 미국식 체벌 방식인 '무관용 정책'을 학교에 도입해 교칙을 엄격하게 적용해야 한다는 논의가 활발하다. 반면 한편에서는 학생을 보호하고 교육해야 할 의무를 지닌 학교에서 '징계 조치의 강화, 가해학생의 전학 조치, 정학 및 퇴학, 징계 사유와 보호처분의 학교생활기록부 기재 등'을 통해 범죄자라는 낙인과 학교공동체에서 추방이라는 방법을 대응책으로 제시하고 있다고 비난하고 있다.
③ 학교폭력에 대한 대처 방안으로 완벽한 대안은 존재하지 않는다. 어떤 방향과 정책이 실시되든, 학생들이 안전하게 잘 생활할 수 있는 학교환경을 조성해야 하고, 예방이 가장 효과적인 대처라는 원칙은 유지되어야 한다.

내용+ 학교폭력 관련 법률

1. 〈학교폭력 예방 및 대책에 관한 법률 제16조〉 피해학생에 대한 보호
   ① 학내외 전문가에 의한 심리상담 및 조언
   ② 일시보호
   ③ 치료 및 치료를 위한 요양
   ④ 학급교체
   ⑤ 그밖에 피해학생의 보호를 위하여 필요한 조치

2. 〈학교폭력 예방 및 대책에 관한 법률 제17조〉 가해학생에 대한 조치
   ① 피해학생에 대한 서면사과
   ② 피해학생 및 신고·고발 학생에 대한 접촉, 협박 및 보복행위의 금지
   ③ 학교에서의 봉사
   ④ 사회봉사
   ⑤ 학내외 전문가에 의한 특별 교육이수 또는 심리치료
   ⑥ 출석정지
   ⑦ 학급교체
   ⑧ 전학
   ⑨ 퇴학처분

   > **참고** 〈학교폭력 가해학생 지원 체계〉 교육부 자료
   > - 보호관찰학생 - 교사 멘토링, 상담조건부 기소유예제 도입 등 단위학교 상담을 통한 가해학생 선도 프로그램 운영
   > - 가해학생 보호자가 정당한 사유 없이 특별교육 이수 불응 시 과태료 부과 법률 개정 추진
   > - 학교폭력 가해학생 등 위기학생 인성회복을 위한 다양한 체험 프로그램 운영
   >   예) 체험 프로그램: '숲으로 가는 행복열차', '위기학생-학부모 대상 가족 치유 캠프' 등
   > - 학교폭력, 절도 등 비행 예방 프로그램 고도화 추진 및 스마트폰 중독 예방 프로그램 개발·보급(법무부)

3. 학교생활기록 작성 및 관리지침 (교육부훈령 제29호)
   (1) 학교폭력 가해학생에 대한 조치 생활기록부 기재

항목	가해학생 조치사항	졸업시 조치	보존 및 삭제
학적사항 '특기사항'	8호 (전학)	학교폭력 전담기구에서 심의 후 졸업과 동시에 삭제 가능 → 해당 학생의 반성 정도와 긍정적 행동 변화 정도 등 고려	졸업 시 미삭제된 학생의 기록은 졸업 2년 후 삭제 처리
	9호 (퇴학 처분)	-	계속 보존
출결상황 '특기사항'	4호 (사회봉사) 5호 (특별교육이수 또는 심리치료) 6호 (출석정지)	학교폭력 전담기구에서 심의 후 졸업과 동시에 삭제 가능 → 해당 학생의 반성 정도와 긍정적 행동 변화 정도 등 고려	졸업 시 미삭제된 학생의 기록은 졸업 2년 후 삭제 처리
'행동특성 및 종합의견'	1호 (서면사과) 2호 (접촉, 협박 및 보복행위 금지) 3호 (학교에서의 봉사) 7호 (학급 교체)	해당 학생 졸업과 동시에 삭제 처리	

제7조 학적사항

③ '특기사항'란에는 학적변동의 사유를 입력한다. 특기사항 중 학교폭력과 관련된 사항은 「학교폭력 예방 및 대책에 관한 법률」 제17조에 규정된 가해학생에 대한 조치사항을 입력한다.

제8조 출결상황

④ '특기사항'란에는 결석사유 또는 개근 등 특기사항이 있는 경우 학급 담임교사가 입력한다. 특기사항 중 학교폭력과 관련된 사항은 「학교폭력 예방 및 대책에 관한 법률」 제17조에 규정된 가해학생에 대한 조치사항을 입력한다.

제16조 행동특성 및 종합의견

② 행동특성 중 학교폭력과 관련된 사항은 「학교폭력 예방 및 대책에 관한 법률」 제17조에 규정된 가해학생에 대한 조치사항을 입력한다.

제18조 자료의 보존

④ 학교의 장은 학교생활세부사항기록부(학교생활기록부Ⅱ)의 학적사항의 '특기사항'란에 입력된 「학교폭력 예방 및 대책에 관한 법률」 제17조 제1항 제8호의 조치사항과 출결상황의 '특기사항'란에 입력된 「학교폭력 예방 및 대책에 관한 법률」 제17조 제1항 제4호·제5호·제6호의 조치사항을 학생이 졸업한 날로부터 2년이 지난 후에는 삭제하여야 한다. 다만, 해당 학생의 반성 정도와 긍정적 행동 변화 정도를 고려하여 졸업하기 직전에 「학교폭력 예방 및 대책에 관한 법률」 제12조 제1항에 따른 학교폭력 전담기구의 심의를 거쳐 학생의 졸업과 동시에 삭제할 수 있다.

⑤ 제4항 단서에도 불구하고 다음 각 호의 어느 하나에 해당하는 경우 학교폭력 전담기구의 조치사항 삭제 심의 대상이 될 수 없다.
  1. 재학기간 동안 서로 다른 학교폭력 사안 2건 이상으로 「학교폭력예방 및 대책에 관한 법률」 제17조 제1항 각 호의 조치사항을 각각 받은 경우
  2. 「학교폭력예방 및 대책에 관한 법률」 제17조 제1항 조치사항의 조치 결정일로부터 졸업학년도 2월 말일까지 6개월이 경과되지 않은 경우

⑥ 학교의 장은 학교생활세부사항기록부(학교생활기록부Ⅱ)의 '행동특성 및 종합의견'란에 입력된 「학교폭력예방 및 대책에 관한 법률」 제17조 제1항 제1호·제2호·제3호·제7호의 조치사항을 학생의 졸업과 동시에 삭제하여야 한다.

내용+ 학교장 자체해결제

1. 개념

학교폭력 예방 및 대책에 관한 법률(약칭 – 학교폭력 예방법) 제13조의 2에 의거하여 학교폭력이 발생한 사실을 신고 받거나 보고 받은 경우, 다음의 경우에는 학교의 장은 학교폭력 사건을 자체적으로 해결할 수 있다.

2. 자체적으로 해결할 수 있는 경우

피해학생 및 그 보호자가 심의위원회의 개최를 원하지 아니하고 아래 네 가지 조건을 모두 만족하는 경미한 학교폭력의 경우
① 2주 이상의 신체적·정신적 치료를 요하는 진단서를 발급받지 않은 경우
② 재산상 피해가 없거나 즉각 복구된 경우
③ 학교폭력이 지속적이지 않은 경우
④ 학교폭력에 대한 신고, 진술, 자료 제공 등에 대한 보복행위가 아닌 경우

내용+ 「초·중등교육법」

제18조 학생의 징계
① 학교의 장은 교육상 필요한 경우에는 법령과 학칙으로 정하는 바에 따라 학생을 징계하거나 그 밖의 방법으로 지도할 수 있다. 다만, 의무교육을 받고 있는 학생은 퇴학시킬 수 없다.
→ 중학교까지는 의무교육이라서 퇴학이 불가능하다. 대신 선도가 매우 힘든 중학생들은 '강제전학' 조치를 한다.
→ 학교 폭력 관련 사안은 학교운영위원회의 소관이 아니라 학교폭력대책지역협의회에서 담당한다.

내용+ 학교 안전 교육 7대 표준안

교육부는 2015년 2월, 교육 분야 안전 종합 대책의 일환으로 학교 안전 교육 7대 표준안을 발표하였다. 이는 학생의 발달 단계별로 체계적인 안전 교육을 실시하기 위해 마련한 표준 자료로, 생활 안전을 비롯한 7대 영역을 중심으로 표준안을 개발하여 학교 현장에 보급하였다.

대분류	중분류		
생활 안전	• 시설 및 제품 이용 안전	• 신체 활동 안전	• 유괴 및 미아 사고 예방
교통 안전	• 보행자 안전 • 자동차 안전	• 자전거 안전 • 대중교통 안전	• 오토바이 안전
폭력 및 신변 안전	• 학교 폭력 • 자살	• 성폭력 • 가정 폭력	• 아동 학대
약물·사이버 안전	• 약물 중독	• 사이버 중독	
재난 안전	• 화재	• 사회 재난	• 자연 재난
직업 안전	• 직업 안전 의식 • 직업병	• 산업재해의 이해와 예방 • 직업 안전의 예방 및 관리	
응급처치	• 응급처치의 이해와 필요성	• 심폐 소생술	• 상황별 응급처치

(2) **특정 주제 및 특수 학생 지도**: 민주시민 교육, 미래 교육, 독서 교육, 진로 교육 (나를 알고, 직업을 알고, 체험으로 차이를 좁힘), 다문화 학생 지도, 통합 교육 등

2017 경기 3번 즉답형

내가 지도하는 학생 중에 교사가 되고 싶은 제자에게 어떻게 교육할지 수험생 자신의 경험과 연계하여 말하시오.

2017 세종 1번 [구상형, Eng.]

> 자유학기제의 정의와 각 나라별 자유학기제의 시행과 장점에 대한 긍정적 기사 자료 제시

1-1. 자유학기제의 문제점 2가지와 각각의 문제점에 대한 해결 방안을 제시하시오.

1-2. 자신이 교사가 되어 자유학기제를 담당한다면 동아리의 이름을 어떻게 정할 것인지, 구체적인 프로그램은 어떤 것을 포함할 것인지 말하시오. 또한 진로 체험과 연계한 프로그램 활동 방안을 말하시오.

2017 세종 5번 [즉답형]

> 세종시에서는 민주시민 교육을 강조한다. 교사로서 학생들을 민주시민으로 기를 수 있는 방안 3가지를 제시하시오.

내용+ 학업중단 예방 지원 체계

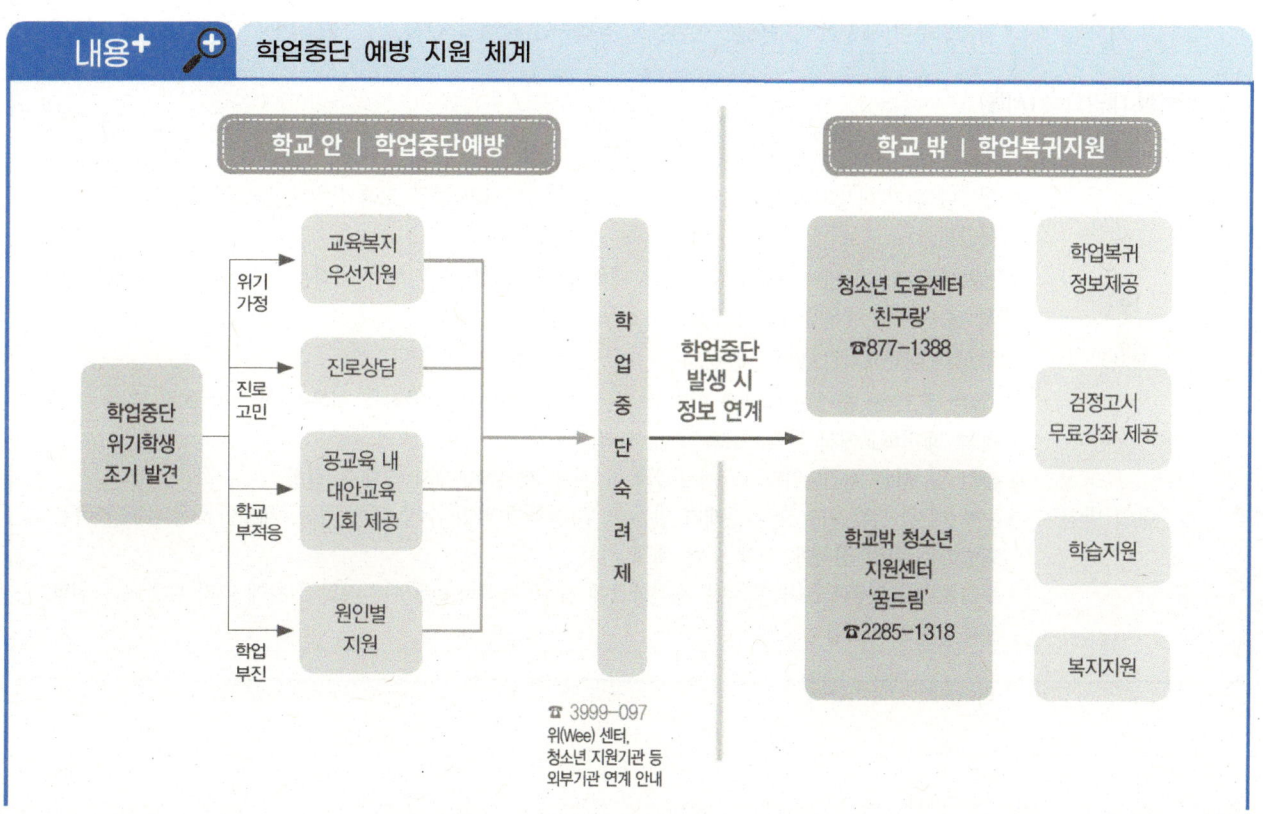

1. 학업중단 숙려제 (서울)

구분		주요 내용
근거		• 「초·중등교육법」 제28조(학습부진아 등에 대한 교육) 제6·7항
참여 대상		• 학교 측에 학업중단 의사를 밝히거나 학업중단 위기에 처해 있다고 판단되는 학생 • 무단결석 연속 7일 이상, 누적 30일 이상인 학생 • 검정고시 응시를 위해 학업중단 의사를 밝힌 초·중학생
실시 기간		• 최소 2주(14일) 이상 최대 3주(21일)
실시 기관	단위 학교	• 숙려 기간 중 상담: 전문상담(교)사 실시 • 학교별 학교 내 대안교실 프로그램, 학업중단 숙려제 프로그램 활용
	외부 기관	• 교육지원청 Wee 센터 • 자치구별 청소년상담복지센터 • 청소년지원센터 '꿈드림' • 학생교육원 학업중단 숙려제 캠프 (나래숲 캠프)
상담 실시		• 숙려 기간 중 전문상담(교)사 또는 외부 기관 상담 3회 이상 실시
출석 인정		• 출석 인정은 당해 학년 1회에 한함 • 3회 상담 실시일 중 3회 모두 불참인 경우는 숙려 기간 전체 무단결석 처리 • 일부만 불참한 경우에는 해당일 무단결석 처리
기타		• 자퇴원부터 제출한 경우에는 반려하고 학업중단 숙려제 실시

2. 위탁형 대안교육 (서울)

구분	내용
개념	학업중단 위기 학생의 중도탈락 예방을 위하여 일반학교와 다른 교육과정(대안교육)을 실시하는 위탁 교육기관
대상자	서울특별시교육청 관내 초·중·고등학교 재학생 중 학교생활을 하기 어려운 학생 및 학업 중단 위기 학생 (중퇴자는 학적을 회복한 후 위탁교육 가능)
교육과정	보통교과·대안교과로 편성 및 운영
운영 방침	• **대상**: 정규 초·중·고등학교에 학적이 있는 학생 (중퇴자는 학적을 회복한 후 위탁교육 가능) • **학적**: 재적학교에서 관리 (소속 학급 지정) • **출결 및 성적 처리**: 위탁기관에서 취득한 것을 재적학교에서 그대로 인정 • **수탁 해제**: 생활지도 상의 문제가 있는 경우 절차에 따라 수탁 해제 가능, 재적학교에 다시 적응을 희망하는 학생 절차에 따라 수탁 해제 가능 • **수업료·학교운영지원비**: 학생은 재적학교에 납부, 재적학교에서는 지침 절차에 따라 대안교육 위탁 교육기관으로 지급

내용⁺ 🔍 다문화를 위한 교육과정 통합 방법

Banks(1993)는 다문화 교육을 위해 학교 교육과정을 통합하는 방법으로 다음의 네 가지 접근을 제시한다.

구분	교육 내용의 통합 방법
기여적 접근법	다양한 문화 집단의 영웅이나 인종과 민족에 대한 특색 있는 문화적 요소를 특정 명절이나 국경일 등을 전후하여 주제로 선정하여 다루는 방법
부가적 접근법	교육과정의 기본 구조에 변화를 주지 않고 다양한 문화 집단과 관련한 내용, 개념, 주제, 관점을 추가하는 방법
변혁적 접근법	단순히 현존하는 교육과정에 다문화적 내용을 부가하는 것이 아니라 교육과정의 구조를 바꾸어서 학생들이 다양한 문화 집단의 관점에서 개념이나 문제, 사건, 주제 등을 파악할 수 있도록 하는 방법
의사 결정 및 사회적 행위 접근법	다문화적 관심사나 주제에 학생들을 참여시켜 중요한 사회적 문제에 대해 의사를 결정하고 그것을 해결하기 위해 행동을 취하도록 하는 데 주안점을 두는 방법

(3) **학부모 연계 및 응대**: 연계 방안 및 상담 기술

2015 전북 1번

학급 내 ○○○ 외 4명 때문에 학급에서 생활하는 데 불편함을 느끼는 학생의 학부모로부터 항의 전화가 왔다. 이때 학부모에 대한 대응 방안을 말하시오.

내용⁺ 🔍 학부모 학교 참여 활성화 방안

- 학부모회의 활성화
- 학부모 대상 수업 공개
- 학부모 상담 주간
- 학부모 재능 기부
- 학교 홈페이지/소식지 운영
- 학부모 시험 감독제

4. 행정 업무 처리 및 교사 간 협력
(1) **행정 업무 처리**: 교육청 시책 적용, 업무분장
(2) **교사 간 협력**: 전문적 학습공동체, 동료교사와의 협력 방안 및 관계 개선 노력

2017 세종 4번 [즉답형]

〈A: 막대그래프와 원그래프 제시〉	〈B: ○○ 중학교 교직원 회의 모습 묘사〉
• 남교사 비율이 적고, 저경력 교사 비율이 많음. • 35세 미만 여교사 비율 90% 이상임.	• 교사들은 잡담을 하고 있거나, 휴대폰으로 SNS를 함. • 부장교사의 업무협조 요청에 비협조적임.

4-1. A와 같은 상황에서 교사 간 관계 개선 방안 2가지를 제시하시오.

4-2. B와 같은 상황에서 교직원 회의 개선 방안 2가지를 제시하시오.

2016 경기 1번 [구상형, Eng.] + 2017 전북 1번 + 2022 서울 3번

경기도 정책인 '전문적 학습공동체(Professional Learning Community)의 의의'에 대해 말하고, 교사가 되어 선생님이 참여하고 싶은 분야의 전문적 학습공동체를 제시하고, 그를 통해 얻고 싶은 것과 이를 실천하기 위한 구체적 실현 방안을 말하시오.

2016 강원 1번 [즉답형]

본인에게 다음과 같은 상황이 발생했다고 가정하고 대처 방안 4가지를 제시하시오.

> 초임발령을 받고 해당 학교에 갔더니 4년차 근무한 교무행정사가 초임교사들에게 반말하고 업무 협조도 하지 않은 상황이 발생했다.

내용+ 🔍 멘토링 장학 (mentoring supervision)

1. 개념
동료장학의 한 형태이며, 경력교사인 멘토와 신임교사인 멘티 사이에서 이루어지는 장학이다. 상호 신뢰적이고 친화적인 분위기 조성을 통해 동료교사 간의 래포 형성을 전제로 할 때 가능하다.

2. 필요성
① 경력적 기능: 전문성을 발휘하도록 돕는다.
② 심리사회적 기능: 심리적 안정감과 학교문화에 적응하도록 돕는다.
③ 문제 해결의 기능: 학교상황의 여러 가지 문제점에 대해 합리적으로 해결하도록 문제 해결력을 배양한다.

3. 효과
① 멘티: 전문가로서 성장과 학교 문화에 정착할 수 있다.
② 멘토: 자신을 성찰할 수 있다.
③ 학교: 교직과 학교의 안정화에 기여할 수 있다.

내용+ 🔍 학생 인권 조례

1. 개념
학생의 인권이 학교교육과정에서 실현될 수 있도록 함으로써, 학생의 존엄과 가치 및 자유와 권리를 보장하기 위해 제정된 대한민국 각 교육청들의 조례이다. 경기도에서 2010년 제정되어 경기도 교육청이 2010년 10월 5일 학생 인권 조례를 공포한 것을 시작으로 2011년 광주, 2012년 서울에서 학생 인권 조례가 제정되어 공포되었다.

2. 서울특별시 학생 인권 조례의 주요 내용
① 차별받지 않고, 폭력으로부터 자유로울 권리
② 정규교과 이외의 교육활동의 자유
③ 두발, 복장 자유화 등 개성 실현 권리와 소지품 검사 금지, 휴대폰 사용 자유 등의 사생활 자유 보장
④ 양심·종교의 자유 및 집회·학생 표현의 자유 보장
⑤ 소수 학생의 권리 보장
⑥ 학생 인권 옹호관, 학생 인권 교육센터의 설치 등 학생 인권 침해 구제

내용+ 🔍 교권 보호

1. 법적 근거: 교원의 지위향상 및 교육활동보호에 관한 특별법 시행령 (대통령령)

2. 교권 보호 기구

교육청	교권 보호 위원회	교원의 교육활동 보호를 위한 시책 및 각급학교 교원의 교육활동 보호에 관한 사항 심의
	교권 보호 자문단	교육활동 보호 관련 의견 수렴
	교원 힐링 센터	전담 변호사, 전문의, 상담사 등에 의한 교권 침해 교원 치료
	교육(지원)청 교권 보호 책임관	교육활동 보호 및 교육활동 보호 침해 예방 및 대응
	대안교육지원센터	교육활동 침해 가해 학생 및 보호자에 대한 교육 지원
단위학교	학교 교권 보호 위원회	단위학교 교원의 교육활동 보호에 관한 사항 심의, 교원의 교육활동을 보호함으로써 학생의 학습권 보호
	학교 교권 보호 책임관	단위학교 내 교육활동 보호 및 교육활동 침해 예방

Chapter 02 심층면접 기출문제

2023학년도 심층면접 기출문제

2023학년도 심층면접 - 평가원

01 구상형, Eng.

The following are complaints on conducting a class using metaverse. Explain ONE problem per student and present ONE solution for each problem in order.

> Student A: Virtual classroom takes long time for logging on. I am not familiar with metaverse. I am logged out by mistake.
> student B: Even though new classes are interesting, focusing on the class is difficult because the screen layout is complicated.
> student C: I am not happy because the only method of evaluation is quiz as in the traditional class.

02 구상형

1) 교사의 사명을 바탕으로 모든 학생을 칭찬을 해야 하는 이유 2가지를 설명하고, 2) 당신이 신규교사라면 A 학생을 칭찬하기 위한 방안 2가지를 제시하시오. (2분 이내)

> 학생 모두를 존중하고 싶지만, A 학생은 전학 온 지 한 달 되었는데 평범해서 특별히 칭찬해줄 만한 특징을 못 찾겠다.

03 [구상형]

1) A, B 교사 중 한 교사를 고르고, 2) 본인의 교사상을 말하시오. (2분 이내)

> A 교사는 학생들의 학업성취가 개인의 능력이나 노력보다는 가정의 사회·경제적 배경이 더 큰 영향을 미친다고 생각한다. 반면에 B 교사는 학생들의 학업성취가 가정의 사회·경제적 배경보다는 개인의 흥미나 적성에 달려 있어서 개인의 노력과 능력이 더 큰 영향을 미친다고 생각한다.

04 [즉답형]

〈제시문〉 평가실에 있는 3문제를 확인 후 답변하시오. (구상 시간에 미리 제시)

> 우리 학교는 탄소 중립 선도학교로 지정되었다. 나는 학생들이 참여하는 이벤트 중심으로 프로그램을 운영하고 싶은데, B 교사는 모든 교과에 탄소 중립 교육 내용을 포함시켜야 된다고 주장한다. 나는 내 생각이 효과적이라고 생각해서 이번에는 내 의견대로 진행하고 싶다.

4-1. 당신이 A 교사라면 어떻게 행동할 것인지와 그와 같이 행동할 이유에 대해 설명하시오.

4-2. 위와 같이 행동할 때 유의점을 말하시오.

4-3. 당신이 A 교사와 B 교사의 의견을 조율해야 한다면 어떻게 할 것인지 말하시오.

2023학년도 심층면접 답안 sample 0 - 평가원 (PHR)

01 [구상형] problems and solutions for class using metaverse

1) **Student A**: lack of knowledge to access to online learning
   → awareness-raising activity. In this activity, I will provide a lot of examples related to the online learning, so students can learn how to access to online learning and learn the way to participate in the online learning.

2) **Student B**: complicated layout screen
   → professional learning community. In this professional learning community, I will learn how to make simple layout. so that student B can actively participate in online classroom with simple screen.

3) **Student C**: lack of diverse evaluations
   → formative tests. With formative tests, I can check students' understanding often, and also students can check their understanding.

02 [구상형]

- 모든 학생을 칭찬해야 하는 이유 2가지
  1) **한 명 한 명을 존중하는 교육을 실현하기 위해**: 학생들은 저마다 강점과 역량이 다름. 이를 발견하고 칭찬해주어, 꿈과 끼를 발휘할 수 있도록 해야 함.
  2) **교학상장이 일어날 수 있기 때문에**: 교사가 배움을 제공하는 것뿐만 아니라, 학생에게서 배움을 얻을 수 있음.
     (예 반장에게는 leadership을, 자연을 좋아하는 학생에게는 자연을 대하는 태도를 배울 수 있음.)

- A 학생을 칭찬하기 위한 방안 2가지
  1) **학생성장 일지 작성**: 교사가 학생이 변화하는 모습을 기다려주지 못하는 이유는 행동이 단번에 일어나지 않고 눈에 보이지 않기 때문이다. → 작은 변화를 기록하고, 변화 가능할 것이라는 긍정적인 기대를 유지하겠다.
  2) **혼디걷자 프로그램**: 혼디걷자 프로그램은 교사와 학생이 함께하는 사제동행 프로그램의 일환이다. 교사와 학생이 교정 주변이나 제주 올레 길을 걸으며 소통할 수 있는 기회를 마련한다. 학생에게서 평소 알지 못했던 모습을 발견하거나 강점을 파악하여서 이를 응원하고 격려할 수 있을 것이다.

03 [구상형] 교사 선택과 본인의 교사관

- **B 교사 선택**: 앞서 말씀 드린 것과 같이, 학생들은 저마다 다른 강점과 역량을 가지고 있기 때문에 잠재력이 중요하다.
- **교사관**: '학생은 불씨'. 교사는 불씨가 꺼지지 않도록 부채질을 해주는 사람이다. 불씨는 바람에 쉽게 번지듯이, 교사는 학생에게 큰 영향력을 끼칠 수 있는 사람이라고 생각한다. 이처럼 학생들을 응원하고 격려하는 교사가 되도록 하겠다.

04 즉답형

1) A 교사로서 행동 방식과 이유 설명

'소통'하겠다. 제시문에 따르면, A 교사는 자신이 생각이 맞다고 생각하며 자신의 생각대로 진행하고자 하는 의지를 보인다. 하지만 동료교사와 의견이 다른 상황에서 소통하여 입장을 공유하겠다.

2) A 교사와 같이 행동 시 유의점

'역지사지의 태도'를 발휘하겠다. 소통하는 과정에서 내 생각과 입장만 맞다고 생각하는 것이 아니라, 상대방의 입장에서 생각하도록 노력하겠다.

3) A 교사와 B 교사의 의견을 조율 방법

학생들과 함께 논의하겠다. 현재 학교는 탄소 중립 선도학교로 제정되었고, 학생들을 위한 프로그램을 진행할 예정이므로, 학생들이 주체가 되어 자치회의를 열어 학생들의 의견을 수용하겠다.

2023학년도 심층면접 - 서울

01 [구상형, Eng.]

Based on the purpose of (가),

1-1. suggest 3 smart device-based classroom activities Teacher A can tell the parent and tell the educational effects of each activity.

1-2. Then, suggest 2 things Teacher B should consider when using educational technology in class.

> (가) For the future education, we need to use information educational technology (edu-tech).
> For higher quality education, the advantage of smart device-based activities is high quality learning. Smart devices are distributed such as dibot (digital+friend).
> (첫 번째 문단은 미래교육 관련, 두 번째 문단은 '더 질 좋은 공교육' 시책 관련 내용)
>
> (나) The parent asked Teacher A that the students are using smart devices in classes and assessment. The parent asked Teacher A how the smart devices are effectively used in the classes.
>
> (다) Teacher B uses various educational tools in class. However, Teacher B is using too much time to explain how to use the technology every class, so there is little time for the class. Also, the technology is only used for the games or students' interest.

02 구상형, Eng.

The following passages are about the responses of students and the teachers. State the common cause of (A) and (B) and suggest four ways to solve the common cause.

(A) education satisfaction survey from students

Students
- It was boring because we made newspapers for Korean, English and Chinese classes.
- After the mid-term exams, we feel burdened because the performance test periods of several subjects are overlapping.

(B) survey from teachers

Teachers
- I want to know what other teachers do in the class.
- Teachers are using different student management methods in different classes.

03 구상형 추가 즉답형

동료 교사가 찾아와서 담임인 반의 학생이 자신의 수업시간에 문제를 일으킨다고 하소연했다. 이와 같은 상황에서 동료교사에 대한 대처 방안을 구체적으로 말하시오.

04 [즉답형]

아래에 제시된 밑줄 친 부분에 대한 실천 방안과 그 이유를 설명하시오.

> (가) 학생: 선생님은 임용고시에 붙어서 이제 공부 안하셔도 되잖아요.
>   선생님: 아니야, 선생님은 계속 전문성을 신장시키기 위해 노력하고 있어.
>
> (나) 교사: 수업에 대한 고민이 있어요.
>   선배교사: 아니에요, 수업뿐만이 아니라 교직 전반에 대해 성찰하는 것이 필요해요.

05 [즉답형 추가 즉답형]

자신의 교직관을 말하고, 그 교직관에 비추어 어떤 학교 공간을 어떻게 꾸미고 싶은지 구체적으로 말하시오.

> 💬 **수험생 현장 스케치**
>
> 구상형 문제는 A4 용지에 단면으로 한 쪽에 문제 하나씩이었습니다. 글씨 크기는 커서 한 면에 거의 꽉 찰 정도로 제시됩니다. 구상형 추가 즉답형과 즉답형 추가 즉답형 문제는 종이에 쓰여 있지 않고 평가관이 문제를 읽어줍니다. 이번에 서울은 대부분 구체적인 방안을 물었습니다.
>
> * Dibot: 'digital+벗'의 줄임말로 개별 맞춤형 교육을 구현하는 교육의 디지털 전환을 지원한다는 목표로 추진된 사업

2023학년도 심층면접 답안 sample 0 - 서울 (HYH)

01 (구상형, Eng.)

1-1. Teacher A
  1) use padlet → e-portfolio → students' overall development
  2) KAHOOT → memorize words in a fun way → motivating
  3) internet research instrument → deeper thinking/knowledge, real practices

1-2. Teacher B
  1) orientation
  2) using edu tech mainly for studying purposes and do games when Ss are bored

02 (구상형, Eng.)

- **common cause**: lack of communication between teachers
- **4 ways**
  1) open teacher meeting with debate (서울시책 '토론이 있는 교직원 회의')
  2) activate professional learning community
  3) share lesson plans by using padlet or cloud platform
  4) decide evaluation method / period together

03 (구상형 추가 즉답형)

1) 교과교사로서 이해/공감 표현
2) 구체적 상황 확인 + 학생과 개별상담하겠다고 알림
3) 동료교사 + 학생 + 담임교사 모두 함께 해결 방안 마련

04 (즉답형)

1) **전문성 신장**: 교원학습공동체에 적극적으로 참여 → 집단지성
2) **교직전반 성찰**: 교직 일기 작성

05 (즉답형 추가 즉답형)

1) **교직관**: 사랑의 울타리 (인생의 달리기를 끝까지 완주할 수 있도록 사랑으로 품어주는 교사)
2) **공간**: 남는 교실 → 학습 카페

2023학년도 심층면접 - 경기

01 (구상형, Eng.)

Based on the following text, explain how you will implement a program to enhance students' basic academic ability in subject learning.

* Basic Academic Ability is ~ (정의 제시)

> School should play the role of main engine with AI-assisted learning and community as the supporting engines. I hope the teachers-to-be who will make Gyeonggi Education go together.
>
>   - Superintendent of Gyeonggido Department of Education

02 (구상형, Eng.)

School violence arbitration cases have been increasing these days. There is limitation on the cases dealt with punishment only. In the following situation, explain the solutions how you would teach the students and things you have to consider when you use the measures.

> Student A: I am sorry for pushing him. But Student B also used swear words, so I pushed him. I just pushed him a little. He reported to School Violence Committee that I pushed him.
>
> Student B: I am sorry for verbal abuse. But Student A pushed me surely. I am not comfortable seeing him since that day.

03 [구상형, Eng.]

학교 자율 과제를 SWOT 분석을 통해 실시한다. 다음과 같은 형식으로 말하고, 구체적인 방법을 설명하시오.

> "학교 자율 과제로 ~~~을 통해 ~~~을 하겠다."
> School Autonomous Project ~ with / by / through ~

Strengths	Weaknesses
- Students' trust on school is high. - Character education is important.	- lack of character education program - not connected between subjects
Opportunities	Threats
- abundance of human resources and infrastructures in local community	- students' unguided use of media - no good manners because of lack of parental guidance

04 [즉답형]

아래의 상황에서 모둠 활동 문제의 해결 방안을 각각 제시하고 이유를 설명하시오.

> 학생 A: 모둠으로 모이면 아이들이 서로 말하려고만 하고 잘 안 들어요.
> 학생 B: 저는 내용이 어려워서 무슨 이야기를 해야 할지 모르겠고 말할 때 끼어들기가 눈치 보여요.
> 학생 C: 모둠 활동을 하면 저만 열심히 해서 손해인 것 같아요.

05 [즉답형]

다음에 제시된 요즘 학생들의 설문조사 결과를 바탕으로 학급 운영 측면과 교과 운영 측면에서 어떻게 할지 설명하시오.

> 학생들에게 "어떤 선생님을 원하는가?"라는 설문조사를 하였다.
> 많은 학생들의 대답은 "우리들의 요구를 들어주는 선생님"이었다.

2023학년도 심층면접 답안 sample 0 - 경기 (KLH)

01 [구상형, Eng.]
1) **보충학습자료 제공 (supplementary learning work)**: 기초학력진단보정시스템 '늘품이' 활용
2) **인공지능(Artificial Intelligence: AI)과 EduTech 활용** (AI Tutor와 AI Speaker 활용)
3) **지역대학생 멘토링 활용** (local college student mentoring program)

02 [구상형, Eng.]
1) **무진장 Day (무조건 진솔한 대화의 장)**: 두 학생 간에 진솔한 대화를 나누는 시간, 주의점은 서로 마주보고 대화 시 폭력적이거나 격한 반응을 보이지 않고 솔직하게 이야기할 수 있도록 교사가 미리 조언하기
2) **신뢰 Circle 운영**: 반 전체 학생 대상으로 학폭에 관한 토의(학폭 목격 시 기분, 방관자로서 어떤 태도를 취해야 할까 등과 관련하여 학폭을 예방할 방법까지 이야기하는 시간), 주의점은 모두가 오픈마인드를 가지고 서로의 의견을 교환하도록 교사가 교육하기
3) **어울림 Program**: 학생끼리 같이 게임하고 친교 분위기 형성 가능, 주의점은 학생들이 다같이 적극적으로 프로그램에 참여하도록 독려 (* 제가 '어울림 프로그램'을 당연히 면접관들이 알 거라 생각하고 추가 설명은 안 했는데 실수한 거 같아요. 이게 교육부 주관 프로그램으로 전문위원이 나와서 학생들 간 자존감 및 친밀감을 형성하게 해주는 프로그램이에요.)

03 [구상형, Eng.]
〈지역 사회와 함께 인성교육 프로젝트 실시〉
1) **학교 정원 가꾸기 프로그램 (school gardening)**: 지역 농부를 초청하여 학생들과 학교 정원 구역을 정해 각자 작물 키우기 활동 후 수확물 나눠 먹기
2) **지역도서관과 연계한 인문학 독서 교육 (humanities book reading connecting with local library)**: 인근 지역 다른 학교 학생 및 학부모가 모두 함께 참여하는 독서프로그램 운영

04 [즉답형]
- 학생 A: talking stick 활용
- 학생 B: 또래 mentor 활용
- 학생 C: 역할 정하기

05 [즉답형]
- 담임교사: 소통 우체통 운영
- 교과교사: 수업 전 설문조사 실시

2023학년도 심층면접 - 강원

구상형 제시문

〈자료 1〉
　김 교사의 동료(선배?)교사는 "학기 초에 애들을 잡아야 애들 지도가 편해진다."고 말했는데, 김 교사는 이 의견에 동의하지 않고 친구 같은 선생님이 되고 싶다.
　김 교사는 아이들의 의견을 최대한 수용해 주었다. 그런데 점점 아이들이 김 교사 말을 무시하고 학급이 소란스러워졌다.

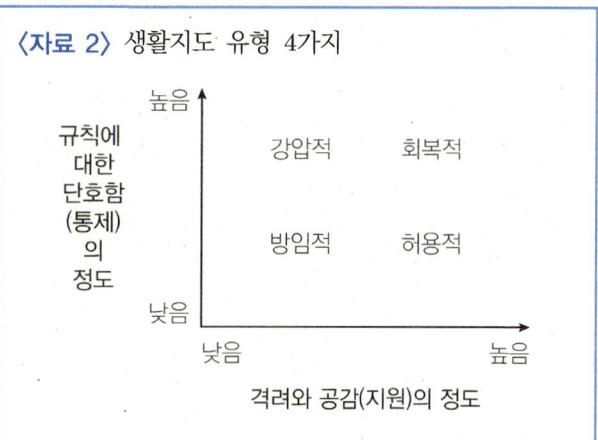

〈자료 2〉 생활지도 유형 4가지

〈자료 3〉 (강원교육 5대 지향 가치 중 3개)
존중: 교육공동체 구성원 한 명 한 명을 자기 삶의 주체이자 존엄한 존재로서 존중한다.
균형: 모든 학생이 기본적인 학력과 교양, 인성과 건강을 두루 갖추도록 한다.
신뢰: 학생·교직원·학부모·지역 주민이 자율과 협력으로 서로 신뢰하도록 한다.
(가치는 중복될 수 있음.)

01 구상형

위와 같은 상황에서 김 교사의 생활지도 유형을 고르고, 이러한 학급 운영 시 장점 2가지와 단점 2가지를 설명하시오.

02 구상형

평화로운 학급 만들기를 위한 담임교사로서의 생활교육 활동 3가지를 자세히 설명하고, 각각의 가치와 연관시켜 이유를 말하시오.

03 〔즉답형〕

다음 제시문을 읽고 교사의 입장에서 학생에게 줄 수 있는 해결책을 4가지 제시하시오.

[소규모학교]
○○ 고등학교 학생: 내가 원하는 진로를 위해서는 물리 수업이 필요해서 듣고 싶은데 강의가 안 열렸다. 현재 생명과학 과목을 듣고 있다.
△△ 고등학교 교사: 물리 과목을 담당하고 있는데 이미 4개의 과학 과목을 동시에 담당하고 있는 상황인데다가 업무도 너무 많아서 어떻게 지원해야 할지 찾아봐야 할 것 같다.

04 〔즉답형〕

다음 제시문을 읽고 교사들이 노력해야 하는 방안을 4가지 제시하시오.

[융합교육 활성화 방안 교사 측면]
상황 A: 교과 연계 및 학습자 맞춤형 융합 수업을 실시해야 하는 상황이다.
상황 B: 교사들끼리 학습자 맞춤형 수업을 위한 교육과정 협의회도 해야 하는데 업무 부담이 되는 상황이다.

05 〔즉답형, Eng.〕

At the end of the semester, the teacher shows videos, TV shows, or movies that are irrelevant to the curriculum and some students chat each other or sleep. Other students do their assignment from private institutes. Tell 2 problems and 4 methods to solve the problems.

> **수험생 현장 스케치**
>
> 구상형 문제는 A4 2장이고, 첫 번째 장은 문제 / 두 번째 장은 구상을 위한 구상용 종이가 같이 있었습니다.

2023학년도 심층면접 답안 sample 0 - 강원 (YSE)

01 [구상형] 생활지도 유형 선택과 장단점 2가지씩
- 김 교사의 생활지도 유형: 허용적
- 장점 2가지
  1) rapport 형성 유리
  2) 자율성 보장 및 자아존중감 향상
- 단점 2가지
  1) 교사의 권위 하락으로 교과 및 생활 지도의 어려움
  2) 책임감 학습 불가능으로 공동체 역량 감소

02 [구상형] 평화로운 학급 만들기를 위한 담임교사로서의 생활교육 활동 3가지와 이유
1) 신뢰 circle: 존중, 균형, 신뢰
2) 1인 1역할: 예 평화지킴이 - 신뢰
3) 학급 관리의 날 운영: 학급 규칙 제정, 점검 및 벌칙 부과 - 존중

03 [즉답형] 고교학점제 불만 학생에게 줄 수 있는 해결책 4가지
1) 꿈더하기 교육과정 운영
2) 무한 캠퍼스 운영
3) 고교학점제 순회강사제도 활용
4) 복/부 전공교사 활용

04 [즉답형] 융합교육 활성화를 위한 교사 노력 방안 4가지
1) 연수 참여
2) 전학공 참여
3) 워크숍 참여
4) 더배움 수업지원단 활용

05 [즉답형, Eng.] 2 problems and 4 methods for self-development period
- 2 problems
  1) inappropriate activities for the curriculum
  2) no participation in the class
- 4 methods: (2 for career education and 2 for learning process)
  1) finding dream project
  2) cooperation with local universities
  3) achievement assessment
  4) student-centered activities

2022학년도 심층면접 기출문제

2022학년도 심층면접 - 평가원

01 구상형, Eng.

The following are the opinions from students after the first class. Suggest ONE motivational characteristic and appropriate task for each student in order.

> Student A: I want to improve the grade of the subject by working hard and increase confidence of it.
> Student B: I want to choose my topic for presentation or reports of the task instead of what the teacher chose.
> Student C: I want to learn together and build up relationship in a friendly way.

02 구상형

코로나19로 인해 온라인 학습을 진행하여 학생들의 기초학력이 저하되고 있는 상황이다. (1) 기초학력을 지도할 때 교사에게 필요한 인성적 자질과 전문적 자질을 제시하고, (2) 각 자질을 기르기 위한 향후 노력을 구체적으로 제시하시오.

03 구상형

다음에 제시된 두 교사 중 (1) 자신이 선호하는 교사를 선택하고, 자신의 가치관에 근거하여 이유를 말하시오. (2) 자신이 선택한 교사가 학교 조직에 미칠 수 있는 영향을 고려하여 학교에서의 유의할 점을 말하시오.

> 교사 A: 교사의 SNS 활동은 자유로운 표현으로, 법에 위반되지 않는 선에서 교사의 SNS 활동을 지지한다.
> 교사 B: 아무리 그래도 교사는 품위 유지에 신경 써야 하므로, 교육과 무관한 SNS 활동은 자제해야 한다.

04 즉답형

〈제시문〉 아래 제시문과 관련하여 3가지 질문을 물어봅니다. (구상 시간에 미리 제시)

> 당신은 신규교사로 두 교사의 조언을 들었다.
> - 교사 A: 무조건적으로 학생들을 신뢰해야 한다.
> - 교사 B: 무조건적 신뢰는 교육적으로 바람직하지 않다.

4-1. 당신이 신임교사라면 어떤 교사의 조언을 따를 것인가? 이유는 무엇인지 말하시오.

4-2. 자신이 선택한 교사가 학생을 지도할 때 유의할 점을 말하시오.

4-3. 자신이 말한 유의점을 지키면서 진정한 신뢰관계를 형성하기 위한 방안을 말하시오.

2022학년도 심층면접 답안 sample 0 - 평가원 (PHR)

01 [구상형] 동기 부여 특징과 방안

1) student A: extrinsic/instrumental motivation based on getting good grades
   - mentor-mentee program: matching students who need help and who can provide help, sharing academic worries
2) student B: intrinsic motivation based on own choice for learning
   - needs analysis: asking what they want, giving opportunities to choose their own topic
3) student C: integrative motivation based on good relationship with friends
   - fantastic partner activity: giving partner mission, forming good relationship with each other

02 [구상형] 기초학력 지도

1) 교사에게 필요한 인성적 자질과 방안
   - 관찰: 한 명 한 명 존중을 교육하기 위해 필요하다.
   - 학생사진명렬표를 책상에 붙이기: 학습을 따라오지 못하는 학생을 살피겠다.
2) 교사에 필요한 전문적 자질과 방안
   - 에듀테크 자질: 효과적인 온라인 도구 사용이 필요하다.
   - 온라인 세미나 참가: 원거리에 있는 전문가의 영상을 쉽게 접할 수 있다. 전문성을 개발하겠다.

03 [구상형] 교사상

1) 선호하는 교사 + 가치관 + 이유
   - B 교사
   - 나에게 주어진 책임과 역할을 다해야 한다.
   - 교사로서 사회와 제자에게 모범이 되는 책임이 있다. SNS에는 자극적인 내용과 가짜뉴스가 많으므로 학생들에게 부정적인 영향을 끼칠 수 있다.
2) 학교에서의 유의점
   - 교사의 업무 이외의 행동이나 활동에 지나친 제약으로 교권을 침해해서는 안 된다.

04 [즉답형] 학생 신뢰에 대한 조언

1) 선택 + 이유
   - A 교사
   - 학생에 대한 긍정적 기대가 필요하기 때문이다. 학생의 변화 가능성을 믿고 긍정적인 시선으로 바라보아야 한다.
2) 유의점: 긍정적인 기대가 방관이 되서는 안 될 것이다. 잘못된 행동을 했을 시 지적이 필요하다.
3) 방안
   - '상상개' 우체통: '상담 신청은 언제나 상시 개방'의 줄임말, 학생들과의 소통을 늘리겠다. 어려움과 고민을 나누겠다.

2022학년도 심층면접 - 서울

01 구상형, Eng.

A. The Korean time on the 2022 Environmental Doomsday Clock, with a needle that approaches midnight as environmental crises inch closer to catastrophe, was set at 9:50, or 10 minutes later than last year. Globally, the clock hit extremely concerned level for the first time since the survey's launch in 1992.

B. ○○ Middle School's Activity Plans

Date	Topic	Content
the 1st week of March		Put a placard on the front gate announcing school's eco-friendly action
the 5th of April	Ecological Transformation Education	No Paper Cup Day
the 3rd week of May	Campaign	Reduce the use of paper cups
the 9th of June	Watch a Documentary	Watch a documentary about polar bears
the 10th of October		Award the class with least leftovers

C. Nicomachean Ethics by Aristotle: For one swallow does not make a summer, nor does one day; and so too one day, or a short time, does not make a man blessed and happy.

○○ Middle School runs the programs in B regarding A. From the viewpoint of C state TWO problems or limitations of B and give a concrete plan for improvement.

02 구상형, Eng.

Situation A: Teacher A is discussing with other teachers how they will do in the concentrated preparation period for the new semester. Teacher A says he would like to do theme-based integrated classes and cross-subject integrated classes. Other teachers say that it is difficult because of each subject's professionality.

Situation B: Entire face-to-face classes have been decided. Teacher B is discussing with other teachers. She says that she would like to do blended learning using online classes which she did because of COVID-19. Other teachers say that it is neither effective nor sustainable.

Based on the above situations, state the common cause of both situations in terms of individual teachers and school culture, respectively. And say the concrete action for solving the problem.

03 구상형 추가 즉답형

본인이 전문적 교원 공동체에 참여한다면 무엇을 할 것인지 주제, 이유, 구체적 활동을 말하시오.

04 즉답형

> 학생 A: 인강(원격) 강사가 공교육 교사보다 잘 가르쳐요.
> 학생 B: 저는 1인 유튜브 크리에이터가 되고 싶어요. 근데 학교에서는 제가 배우고 싶은 것을 못 배워요.
> 학생 C: 학교는 졸업장 따러 다니는 곳 아닌가요?
>
> 엘빈 토플러: 한국에서 가장 이해할 수 없는 것은 그들의 교육이 퇴보하고 있다는 것이다. 한국의 학생들은 하루 15시간 동안 학교와 학원에서 미래에 필요하지 않을 지식과, 존재하지도 않을 직업을 위해서 귀중한 시간을 낭비하고 있다.

위 제시문을 근거로 학생들이 왜 저런 반응을 보였는지 말하고, 학교는 어떤 방향으로 나아가야 하는지 구체적으로 3가지 방향을 제시하시오.

05 즉답형 추가 즉답형

교사로서 학생들을 가르치면 어떤 사람으로 자라나기를 바라는지 말하고, 그렇게 학생들을 기르기 위해 필요한 교사 자질을 2개 말하시오.

💬 수험생 현장 스케치

구상형 문제는 A4 용지에 단면으로 한 쪽에 문제 하나씩이었습니다. 글씨 크기는 커서 내용이 한 면에 거의 꽉 찰 정도로 제시합니다. 구상형 추가 즉답형과 즉답형 추가 즉답형 문제는 종이에 쓰여 있지 않고 평가관이 문제를 읽어줍니다. 이번에 서울은 대부분 구체적인 방안을 물었어요.

2022학년도 심층면접 답안 sample 0 - 서울 (PJH)

01 구상형, Eng.
- 2 limitations
  1) **no concrete action**: 제시문의 B1은 일주일 동안 현수막을 걸어놓는 것은 인식을 높이는 데 도움이야 되겠지만 삶으로 실천, 의식이 integrated 되지 않으면 소용없다. 교실에서는 지식 위주 수업이 concrete action으로 학생 삶에 나타나야 한다.
  2) **temporal**: 제시문의 B4는 하루에 documentary를 본다. 의식상승이야 되겠지만 학생 삶에 integrated 되기는 어렵다. sustainable society, eco-friendly environment가 되려면 action이 prolonged 되어야 한다.

- 2 concrete plans
  1) **탄소발자국캠페인**: (개념 부연 설명 [일상생활배출 이산화탄소 양] 언급 후) 이산화탄소를 T랑 Ss이 생활에서 줄이려고 한다. 예를 들어, stairs instead of elevators, walking instead of cars 등. 그러면 삶과 complete(제시문 핵심 표현)하게 될 것이다.
  2) **그린 등교 운동**: T나 Ss이 등교 전 중 후 인증샷을 찍는다. walking or bicycle 등. 단체로 하면 공동체 역량, sustainable society 등이 가능해진다.
  + to summarize, 앞 키워드 넣어서 정리

02 구상형, Eng.
- common cause
  1) **개별 교사 차원**
  necessity of renovation education 부족: B 제시문에 따르면 코로나 19 이후인데 이로 인해 교육환경은 바뀌었으므로 교수 방법도 바뀌어야 한다. 또한 situation A에 따르면 학생들을 창의융합인재로 기르기 위해서는 주제 중심 통합 수업을 해야 하는데 거부한다.
  2) **학교 차원**
  openness 부족: 이것도 변화에 호의적이지 않다. 제시문 B에 따르면 ~ (근데 너무 부연이 비슷. 그래서 마지막에 to summarize. necessity랑 openness 언급)

- concrete action
  1) **A 교사**
  융합수업 실제 사례 기반 교육 실시: 아직 어떻게 하는지 모르고 효과를 몰라서 그럴 수 있다. 예를 들어, 수학과 사회를 혼합해 사회 시간에 전쟁 때문에 집을 잃은 사람들(난민인데 refugee가 당시에 생각이 안 남)을 배우고 수학 시간에 관련 통계치를 배울 수 있다. 이렇게 주제융합수업 실제 사례를 보여주고 실제로 가능하다는 걸 알려준다. 이러면 학생 창의융합인재로 교육이 가능하다.
  2) **B 교사**
  변화하는 교육환경을 곁들인 에듀테크 기술 교육: 코로나 이후 환경변화와 교육개혁의 필요성을 알려줘야 한다. 그리고 에듀테크 기술, 구글 잼보드, 줌 같은 것을 알려줘야 한다.

03 구상형 추가 즉답형

- **주제**: 인성교육
- **이유**: 코로나19 장기화로 인해 학생들의 인간관계가 단절되어 사회성이 부족할 수 있다. 그래서 교사가 공감 능력과 인성 감수성을 함양해줘야 한다. 교사가 솔선수범해서 먼저 올려야 한다.
- **구체적 활동**: '고전 읽기'. 특히 '니체의 말'이라는 책을 인상적으로 읽었다. ('꿈은 빚은 대로 이루어진다'와 '아직 더 멀리 갈 수 있다' 구절 인용, 이미 인성이랑 핀트가 살짝 나간 것 같지만 밀어붙임) 이 책을 읽고 내 삶의 정체성과 방향을 찾았다. 이와 같이 니체랑 제시문의 아리스토텔레스 등 철학자의 책을 읽으면서 감성/인성 함양을 구체적으로 어떻게 할 것인지 논의하고 싶다. (최대한 감성/인성이랑 엮으려했는데 연계성 조금 떨어진 듯)

04 즉답형

1) **교직관**: 교사는 학생의 잠재력을 발견하고 계발시켜 주는 사람
2) **이유**: 개인적/환경적 문제로 인해 잠재력이 미계발된 학생 - 기본학력책임제로 환경 조성
3) **인지적 영역 지도 방안**: 서울학습도움센터 소개 for 맞춤형 코칭
4) **정의적 영역 지도 방안**: 희망교실 프로그램 for 정서적 안정, 사회적 기술 발전, 자신감

05 즉답형 추가 즉답형

1) **1대1 상담**: 거부 원인 파악
2) **의식상승 교육**: 기본학력의 중요성 설명
3) **다양한 기본학력 책임지도제 프로그램 소개**: 공부 이외의 흥미진진한 프로그램 소개

2022학년도 심층면접 - 경기

01 구상형, Eng.

In the following situation, explain how you would give advice or support to the student who is worried about elective subjects and support your answer.

> Student: I am going to be the second grader next year. But I cannot decide elective subjects. And I haven't decided my future career, so I don't know what to do. Also the subject that I am interested in is not in the list of our school.

02 구상형, Eng.

Non-facial contact has increased because of the COVID-19, the opportunities to foster sociability of students have disappeared. In order to foster students' sociability, choose ONE of the three and design the detailed program and explain the reasons.

> - Peer activity program
> - Creativity Experiential Activity (national curriculum term)
> - Theme-based experiential learning program

03 구상형, Eng.

Student autonomy is important, but some students say complaints such as the following. In the following situation, explain the solution of making classroom rules of conduct.

> Student A: I want to have class discussion to find solutions of problems which take place in my classroom.
> Student B: I don't feel a strong need to have class rules of conduct because we already have school rules of conduct.
> Student C: I had to clean my classroom because I broke the rule of tardiness made by the teacher last year.

04 [즉답형]

다음과 같은 상황에서 동료 교사와의 갈등을 어떻게 해결할 것인지 말하시오.

> 동료 교사인 A가 자신의 교과 시간이 끝나고 우리 반 학생들의 태도가 불량하고 수업을 방해한다고 담임교사인 나에게 데리고 와서 학생들의 학습태도를 지도하라고 자꾸 요구한다. 처음에는 학생들을 생활지도 했는데 계속 이런 요구를 하니 나도 지쳐 간다.

05 [즉답형]

다음은 경기도에서 교사에게 제시한 필수 역량이다. 선생님께서 가장 필요하다고 생각하는 역량을 말하고, 이를 위한 실천 방안을 말하시오.

> (제시문에 설명이 있고 아래에 제시된 역량에 밑줄이 있었어요.)
> - 교수 역량 / 생활지도 역량 / 의사소통 역량 / 공동체 역량 / 자기개발 역량

2022학년도 심층면접 답안 sample 0 - 경기 (PYE)

01 (구상형, Eng.) 3 ways to support Ss for elective subjects

1) introducing 'career.net': multiple intelligence test for finding interest and aptitude
2) 1 on 1 counseling: if not finding based on the test, recommending which subjects to be matched
3) introducing online cluster: if not opened, near schools for diverse subjects

02 (구상형, Eng.) fostering Ss' sociability

- 선택: Peer activity program
- 프로그램: implementing class together day
- 세부 내용
  1) online platform by zoom: each room with ice cream
  2) whole class game like 'mafia / gesture' while eating ice cream
  3) 'Guess Who' game: introduction with padlets without showing names
- 이유
  1) online (zoom) for sociability
  2) sense of community spirit, building rapport, sense of belonging, solidarity

03 (구상형, Eng.) 2 ways to increase class autonomy

1) project-based students' right education: based on Student B, discussing why it is needed, making UCC (love Ss' right UCC)
2) class circle: making rules themselves
   - ex case of wallet stolen - not bringing expensive items
     tardiness - reflective diary

04 (즉답형) 동료 교사와 갈등 해결 방안

1) 동료 교사 A와 진솔한 대화: A 교사가 원하는 부분 파악 (→ Tea Time)
2) 학생들과 1:1 상담: 불량 태도의 원인 파악 (인지적, 정서적)
3) 전학공 참여로 생활지도 역량 개발: 집단지성 발휘

05 (즉답형) 교사 필수 역량 실천 방안

- 선택: 자기개발 역량 for 정체하지 않고 끊임없이 발전
  1) 티처빌 연수: 직무/자율 연수 for 기초학력 / 생활지도
  2) 학생 설문지 활동: 수업 개선
  3) 전학공: 에듀테크 역량 강화, 집단지성 발휘, 교사 성장은 학생 성장으로 이어짐.

2022학년도 심층면접 답안 sample 0 - 경기 (SSH)

01 [구상형, Eng.] 3 ways to support Ss for elective subjects

1) **helping Ss find future career and interest**: career aptitude test / adiga(어디가) online platform / direction and goal
2) **individual counselling**: based on interest and career, giving a list of appropriate elective subjects
3) **cluster curriculum**: local community's school classes and subjects

02 [구상형, Eng.] fostering Ss' sociability

- 선택: Peer activity program
- 프로그램: student consultant program
- 세부 내용: getting volunteer students for student consultants, sharing worries and advice, posting them on classroom wall, building rapport and social relationship
- 이유: Ss can learn how to respect, understand other people, and build communication and cooperation skills

03 [구상형, Eng.] 2 ways to increase class autonomy

1) **empathy concert**: agreement on the importance of making classroom rules of conduct (student B)
2) **whole-class discussion**: making rules together by adding and revising
3) **roles related to the rules**: ex. checking / posting for responsibility / motivation

04 [즉답형] 동료 교사와 갈등 해결 방안

1) **공감**: A 교사의 상황을 이해
2) **담임교사로서 반 학생들 정보 제공** ex 강점, 장점, 특징 등 / for 학생들 잘 파악
3) **수업 나눔 & 공동 활동 모색**: 함께 협력하여 학생들의 집중도와 흥미를 높일 수 있는 활동 모색
4) 교사의 수업일지 또는 배움일지에 기록

05 [즉답형] 교사 필수 역량 실천 방안

- 선택: 공동체 역량
  1) **동료교사와의 동행 프로그램**: 공동의 취미와 관심사 ex 독서 토론회
  2) **전문적 학습 공동체**: 학교공동체 구성원으로서 연구 / 기록 for Ss' 배움과 행복한 학습

2022학년도 심층면접 - 인천

01 (구상형)

A. 다음 요소들 중 가장 중요한 것을 고르고 이유를 말하시오.

> ㄱ. 심리 정서 지원   ㄴ. 학습 결손 보충 지원   ㄷ. 취약 계층 지원   ㄹ. 신체 건강 지원

B. 위에서 고른 요소를 위해 필요한 활동을 4가지 말하시오.

02 (구상형, Eng.)

> According to a survey of Ministry of Education (MOE), 74% of middle school students and 68% of high school students don't know what they're good at and what they like. And they say they don't know what to decide on their future job.

A. Tell FIVE career education programs for the students.

B. Tell FIVE career education competencies required for teachers to implement the FIVE programs.

03 (즉답형)

다음을 읽고 물음에 답하시오.

> ㄱ. 요즈음 혐오 표현과 해로운 언어 사용이 증가하고 있다.
> ㄴ. 학생들은 해로운 웹 사이트에 노출되어 있고 거기서 혐오 표현들을 배운다.
> ㄷ. 혐오 표현은 그러한 언어를 듣는 사람들한테도 해를 끼친다.

위와 같은 상황에서 학생들에게 실시할 혐오 표현에 대한 교육 활동을 5가지 말하시오.

04 (즉답형, Eng.)

Tell FIVE practical methods to build up students' media literacy.

2022학년도 심층면접 답안 sample 0 - 인천 (KDH)

01 (구상형) 교육에서 중요한 요소 선택과 필요한 활동 4가지

- **선택**: ㄴ. 학습 결손
- **이유**: 학습 결손은 단순히 학습결손으로 끝나지 않고 정서적 자존감의 저하와 학업에서의 무기력함으로 이어지기 때문
- **실천 방안 4가지**
  1) **자기관리능력 가르치기**: 기술과 습관. 계속 학교에 안 가면 진도가 밀려서 점점 하기 싫어짐. 자기관리 능력을 가르쳐야 하는데, 이는 '기술'의 영역과 '습관'의 영역이 필요.
     - '기술'적 측면: 아이젠하워 예시, 과제 쪼개기 등 알려줘야 함. 단순히 정신력으로만 극복하는 게 아니라 적절한 기술을 아는 게 중요.
     - '습관'의 영역: 계속 실패하고 좌절할 것임. 그러나 그럴 때마다 격려해주고 동기 부여를 해줘야 함. 그래야 몸에 배고 절차적 지식으로서 내면화가 가능.
  2) **대학생 멘토링**: 나이 상 좀 더 친근한 대학생 멘토로부터 도움을 받음.
  3) **디지털 보급**: 디지털 보급에 따라 격차가 심해지고 있음. 특히 다자녀 집안의 경우. 따라서 모두가 기기를 가지고 있는지, 필요한 아이들을 파악해서 지원 방안 모색하기.
  4) **학습 클리닉**: 특정 과목에 부진이 있을 경우, 보충이 필요함. 이는 교내/교외 둘 다 가능. 교내에서는 점수가 낮은 학생들을 모아다가 특별반을 만들어서 방과후 프로그램을 할 수도 있고, 교외에서는 관련 지역 센터를 연결해주는 방안이 있음.

02 (구상형, Eng.) career education

A. Five career education programs for the students
   1) job fair in school
   2) career aptitude tests like the holland's RIASEC
   3) extracurricular activities such as school club
   4) inviting local college Ss and having them introduce their major and possible career paths
   5) job experience: taking Ss to factories, offices, etc.

B. Five career education competencies required for teachers and FIVE programs
   1) For the in-school job fair, the teachers need to have knowledge.
   2) For the career aptitude examination, the teachers must have good counselling technique.
   3) For the extracurricular activities like school club, the teachers must be good at behavioral guidance.
   4) For the college students' invitation, the teachers need to have competence on local association.
   5) For job experience, the teacher must be good at eliciting Ss' reflection.
   + 인천사이버진로교육원 활용, 직업인 interview, AI aptitude test, my future company 체험 교육 자료 활용, 일일 대학생 체험, 대학수시 모의전형, 학과 자료, i-job 배움터

03 [즉답형] 혐오 표현에 대한 교육 활동 5가지

1) 유해 사이트의 문제점을 알려주기
2) 혐오 표현의 뜻 알려주기
3) 캠페인 및 역할놀이
4) 대체 표현 교육
5) 교사 모범

or

1) 혐오 표현 이해 교육
2) 생각 나누기
3) 학급 규칙 수립
4) SNS 사용 교육
5) 혐오 표현 근절 주간 캠페인

or

1) 독서 교육
2) 온라인 상 바른말 쓰기 또는 캠페인 / SNS 공유
3) 장점 말하기: 교과 연계
4) 그룹 일기 쓰기: 학급 활동
5) 디지털 협업 수업 시 비속어 필터링 기능 활용

04 [즉답형, Eng.] Media Literacy 향상 방안 5가지

1) 미디어의 특성 가르치기: 아날로그 → 영상/디지털 미디어로 전환 시 달라지는 요소 분석 for critical thinking
2) discovery learning: 가짜뉴스/거짓정보 가려내기
3) 사용 시간 규칙 만들기
4) 미디어 활용 홍보: 미디어 리터러시 함양 관련 영상을 만들어서 친구들에게 홍보
5) 학생 관심사에 대해 부적절하다고 가르침

or

1) 신기술(AI, AR, VR, 메타버스) 활용 수업 콘텐츠 활용: 미디어의 순기능 보여주기
2) 전문 상담교사 연계 미디어 활용 시 유의점 매뉴얼 활용
3) 가정과 협력(미디어 노출 환경)
4) 유튜브 알고리즘 기능 이해(유해 채널이 추천되면 스스로 거를 수 있게 도와주기)
5) Critical thinking 교육

2022학년도 심층면접 - 강원

01 [구상형]

외국 전문가는 '인권친화적인 학교'의 정의를 내렸는데, 이는 교사뿐만 아니라 학생도 학교운영에 적극 참여할 수 있는 학교문화라고 한다.

> 〈2011년도 기사문〉
> (국제 엠네스티와 관련된 내용으로 학생의 학교 운영 참여가 활발하기 위한 조건들이었습니다. 예를 들면, 민주적인 학교문화, 위계가 없는 학교문화 등입니다. 분량은 전체의 1/3 정도를 차지하였습니다.)

학교에서는 현재 인권친화적인 학교 문화를 만들기 위해 노력을 하고 있지만 이는 쉽지 않다. 인권친화적인 학교를 만들기 위한 학생의 학교 운영 참여를 저해하는 학생의 차별 유형 4가지를 제시하고, 강원도 정책의 관점에서 학생들의 학교 운영 참여 활성화를 위한 4가지 방안을 제시하시오.

02 [즉답형]

다음 제시문을 읽고 박 교사의 미흡한 점, 그리고 해결 방안을 각각 3가지 제시하시오.

> 박 교사는 신규 교사이다. 박 교사의 학급에 지각을 자주하는 학생 A가 있다. 학생 A의 학부모와 전화로 상담하려 했지만 잘 되지 않았다. 박 교사는 교실에서 학생 A와 지각 문제에 대해 이야기하였다. 학생 A는 소리를 지르며 욕했고, 교사는 감정을 주체하지 못한 채 학생 A를 밀쳤다. (실제 내용은 더 길었습니다.)

03 [즉답형]

다음 제시문을 읽고 교사 차원의 방안을 말하고, 학교 차원에서 방안을 각각 3가지 제시하시오.

> 당신은 통합학교의 담임교사이다. 그런데 특수학생이 수업 때 소리를 지르고 뛰쳐나가기도 한다. 다른 학생들은 이에 불편함을 호소했다. (실제 내용은 더 길었습니다.)

04 [즉답형, Eng.]

Kangwon District Office of Education is implementing ecology and environment education. (추가 설명이 있었습니다.) Tell 4 methods to implement ecology and environment education as a homeroom teacher or subject teacher.

2022학년도 심층면접 답안 sample 0 - 강원 (AYT)

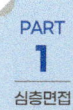

01 [구상형] 학생들의 학교 운영 참여 활성화

1) **차별 유형 4가지**
   - 성 차별, 성적 차별, 나이 차별, 용모 차별
   (실제 면접관의 채점표에는 총 9가지의 차별이 존재했다고 합니다. 출제 배경은 2021년 4월 14일에 강원도 청소년 단체가 강원 학생인권조례 제정을 촉구했던 사건이 강하게 작용했던 것으로 생각됩니다. 덧붙여, 2021년 6월 4일에 학교자치조례가 통과되었습니다.)

2) **학생 참여 활성화 방안 4가지**
   - 학생자치회실 구축, 학생자치역량강화 나라사랑체험 프로그램, 학생자치활동 길잡이 보급, 학생대표와 학교장 간의 간담회 정례화, 청소년 정책토론회

02 [즉답형] 통합교육

1) **미흡한 점 3가지**: 학생과 먼저 대화하지 않고 부모와 대화한 점
   교실에서 대응한 점
   감정적으로 밀친 점
2) **해결 방안 3가지**: 관계중심생활교육 프로그램
   위클래스 상담
   교권침해예방교육 실시

03 [즉답형] 학생 생활지도

1) **교사 차원 방안**: 행동 중재 프로그램, 특수교사와 협력, 장애이해교육 실시
2) **학교 차원 방안**: 심리안정실 구축, 특수교육지원센터 협력, 대안교육 제공

04 [즉답형, Eng.] 생태환경 교육 방안 4가지

1) Cultivating a school farm
2) Implementing various challenges: plastic free challenge
3) Inviting a village teacher
4) English project: regarding local environmental issues

- 구상형: 1 - 1은 시책 및 강원 비전 2030에 등장하지 않았던 개념입니다. 또한 제시문의 맥락은 단순히 수험생을 헷갈리게 하기 위한 장치였다고 합니다. 이를 대비하기 위해서는 강원도 교육청과 관련된 교육 기사 1년 치를 상세히 살펴보는 꼼꼼함이 필요합니다.
- 즉답형: 이전 해에는 강원도의 정책을 물어보는 문제가 출제되었지만, 올해는 상황을 제시한 뒤 이를 분석하고 해결하는 문제가 나왔습니다. 향후 강원도 2차를 준비하기 위해서는 시책에 있는 각 정책이 어떠한 상황에서 사용될 수 있는지 자세히 알아야 합니다. 또한 분석력을 기르기 위해 기존의 시책 중심의 공부에서 벗어나 평가원 유형의 문제에 대비하는 훈련도 필요해 보입니다.

2022학년도 심층면접 - 충북

01 구상형, Eng.

> Teacher A is worried about his case at a weekly grade meeting. Female students put on makeup and look at the mirror in his class. He says the students always act like that in all the classes Teacher A teaches and he thinks it is because he is a newly-hired teacher.

1.1. Suggest 3 possible solutions in terms of Teacher A's personal perspective.

1.2. Suggest 3 possible solutions in terms of Teacher A and colleagues cooperation.

02 구상형

> 학생 A: 다문화 어머니를 따라 학교에 온다. 학생 A는 활기찬 생활을 하지만 또래 학생과의 어울림은 거의 없고, 점차 학습 동기가 저하되고 있다.
> 학생 B: 자신이 좋아하는 수업만 듣고 관심 없는 교과 수업시간에는 딴 짓을 하고 방해한다.
> 학생 C: 교과 성적은 매우 우수하나 성적과 관련 없는 활동에는 참여하지 않는다.

2.1. 각 학생에 대한 개별 지도 방안을 1개씩 제시하고 그 이유를 말하시오.

2.2. 3월 새 학기 수업 관계 집중의 달을 위한 활동을 2가지 제시하고 그 이유를 말하시오.

* 새 학기 수업 관계 집중의 달은 교사가 3월 새 학기를 맞아 수업 및 관계를 형성하기 위해 노력하는 시기이다.

03 [즉답형]

한 학생이 학교 회장 선거에서 PC 게임존 설치를 공약으로 내세우고 회장에 당선되었다. 회장 당선 후 학생 자치회의를 통해 교내 PC 게임존 설치안이 통과되었고, 학생들은 PC 게임존을 설치하자고 교사에게 찾아 왔다. 이 상황에서 당신의 입장은?

1) PC존을 설치한다.
2) PC존을 설치하지 않는다.

3.1. 위의 두 입장 중 하나를 고르고 자신의 교육 가치관에 따라 이유를 2가지 설명하시오.

3.2. 위 상황에서 교사로서 어떻게 대처할 것인지 방안을 3가지 말하시오.

04 [즉답형]

4.1. 지역교육생태계 조성이 중요한 이유를 2가지 제시하시오.

4.2. 당신의 교과와 연계하여 지역교육생태계 관련 활동 방안을 2가지 말하시오.

2022학년도 심층면접 - 세종

01 (구상형)

A 학생: 친구들이랑 잘 어울리는 편이다. 수업에 자주 지각한다. 학습에 흥미나 관심이 없고, 수업 이해도가 떨어졌다.
B 학생: 교칙을 잘 지키는 편이고 수업에 잘 들어온다. 친구들이랑 어울리는 걸 싫어하고 모둠 학습에 소극적이고, 수업 중에 질문도 잘 안 한다. 원격수업을 하면서 집에서 혼자 컴퓨터나 스마트폰을 사용하는 시간이 엄청 길어졌다.

1-1. A, B 학생의 문제점과 관련된 교육 환경 배경을 2가지 말하시오.

1-2. A, B 학생을 담임으로서, 교과 담당교사로서 지도할 방안을 각각 2가지씩 말하시오.

	담임교사로서 지도 방안	교과 교사로서 지도 방안
A 학생	• •	• •
B 학생	• •	• •

02 (구상형, Eng.)

(최교진 교육감 2022 신년사 발췌 영어 번역본 제시)
ⓐ Education Recovery 관련 내용
ⓑ Relationship-centered life education 관련 내용

2-1. Explain the meaning of ⓐ and three abilities teachers should have.
(교육 회복을 위해 교사가 지녀야 할 역량 3가지)

2-2. Provide three ways that can be supported by schools to implement ⓑ.
(학교에서 관계중심 생활교육을 지원할 수 있는 방안 3가지)

03 구상형

(상대평가로 힘들어하는 B 학생 상황 제시)
B 학생은 시험에서 노력해서 원하는 점수를 얻었다. 그런데 친구들이 더 잘해서 잘 한 것 같지 않다. 친구들이 모두 경쟁자로 느껴진다. A 교사는 B 학생과 ㉠_____이라고 상담하였다.

3-1. 상대평가의 장점과 단점을 각각 3가지씩 말하고, 상대평가에 대한 자신의 입장을 논리적으로 말하시오.

3-2. 상대평가의 문제점을 보완할 수 있는 평가 방안을 2가지 말하시오.

3-3. ㉠에 들어갈 B 학생과의 상담 내용을 설명하시오.

04 즉답형

A 학생이 문으로 들어오다가 B 학생과 부딪히면서 학급 내 소화기가 터졌다. 학생들에게 콧물, 구토 등의 증상이 나타났다.

4-1. 상황 대처 방안 3가지와 그 이유 3가지를 말하시오.

대처 방안	이유
1.	1.
2.	2.
3.	3.

4-2. 학교 안전교육 7대 표준안 중 4가지를 제시하고, 안전교육을 위한 교육 방안을 3가지 말하시오.

05 즉답형

5-1. 생태전환교육의 의미를 설명하시오.

5-2. 생태전환교육을 운영할 수 있는 방안 3가지를 설명하시오.

5-3. 세종형 학력 중 생태전환교육과 가장 연관 있는 것을 고르고, 이유를 설명하시오.

2022학년도 심층면접 - 대구 추가

01 구상형, Eng.

(가) A 학생은 결석과 지각이 잦다. 무단결석이 빈번하여 이미 56일이나 된다. 그리고 인근 중학교 학생이랑 패싸움을 했다.
(나) A 학생이 편의점 물건을 훔쳤다.
(다) A 학생의 아버지는 굉장히 강압적이고 가정에 무관심하다. 그런데 자식의 비행행동을 교사 탓으로 돌린다.

1) (가)의 상황은 학교폭력 사안인지 아닌지 말하고, 학교폭력예방법을 근거로 설명하시오.

2) A 학생에게 할 즉시 조치 1가지와 사후 조치 1가지를 말하시오.

3) A 학생의 아버지와 상담 시 래포를 형성하기 위한 2가지 교사 자질을 말하시오.

02 구상형, Eng.

(가) 자유론 (맹목적으로 남을 따르는 사람을 비판하고 자기주도적으로 개성을 지녀 삶을 살기 위해 필요한 역량에 대한 지문)
(나) 삼국사기 (전장에서 장군들끼리 의견을 다투는 내용)
(다) 삼국유사 (눈이 안 보이는 어머니를 모시는 효녀 설화)

1) (가) 제시문에서 말하는 인재로 양성하기 위해 IB 교육과정 등에서 사용 가능한 구체적인 평가 방법 2가지를 말하시오.

2) (나) 제시문 상황에서 토론이 가지는 의미 2가지를 자유론을 근거로 설명하시오.

3) (다) 제시문 속 효(filial piety)의 진정한 의미와 이를 토대로 교실 내에서 효행교육을 실현할 수 있는 방법 2가지를 말하시오.

03 구상형, Eng.

(가) (green smart future school의 장점 설명)
(나) (flipped learning과 같이 여러 가지 참고할 만한 점들 제시)

1) (가)와 관련하여 그린스마트 미래학교의 장점을 제시문에 나온 것을 제외하고 3가지 설명하시오.

2) (나)와 관련하여 학교에서 이를 적용할 때 학생들에게 나타나는 positive effects를 3가지 말하시오.

수험생 현장 스케치

총 B4 3장 분량, 한 문제당 한 페이지에 모든 꼬리 문제당 참고 지문이 각각 있었습니다.

2021학년도 심층면접 기출문제

2021학년도 심층면접 - 평가원

01 구상형, Eng.

As a homeroom teacher, (1) identify ONE problem each student is faced with, and (2) suggest ONE solution to each problem. (for approximately 2 minutes)

> Next week is the course registration period and the homeroom teacher is counseling with the following students.
>
> Minsu: I am interested in Subject A. But I am worried that it would be difficult to get a high grade.
> Suji: I think Subject B would be helpful for my future career. But I think it would be boring because there are so many things to memorize.

02 구상형

(1) A 교사가 지닌 자질 두 가지를 밝히고 설명하시오. (2) 또한 본인이 교사가 되어 각 자질을 갖추기 위해 할 노력에 대해 말하시오. (2분 정도)

> A 교사는 잘 우울해하는 선우에게 관심을 갖고 있어서 유심히 살펴보다가 선우가 글쓰기에 소질이 있다는 것을 발견하여 연극제에서 선우에게 대본 쓰는 역할을 맡겼다. 그랬더니 자신의 소질을 발휘하여 전과 같이 우울해하지 않고 좋아하는 모습을 보였다. 하지만 A 교사는 혼자 있을 때 '혹시 다른 학생들은 내가 놓치는 부분은 없을까?'라는 생각에 잠기곤 한다.

03 구상형

다음에 제시된 교사 A, B, C 중 (1) 자신의 생각과 일치하는 교사상을 고르고 이유를 설명하시오. (2) 그리고 그러한 자신의 교사상에 따라 교육할 때 아이들은 어떤 인간으로 자라날지 말하시오. (2분 정도)

> A 교사: 기초학력을 증진시키는 것이 중요합니다.
> B 교사: 학생들의 자신감을 키워주는 것이 중요합니다.
> C 교사: 원만한 교우관계를 가지도록 하는 것이 중요합니다.

04 즉답형

〈제시문〉 아래 제시문과 관련하여 <u>3가지</u> 질문을 물어봅니다. (4분 정도)
(구상 시간에 미리 제시)

> A 교사는 젊은 신세대 교사로 온라인 활용 능력이 뛰어나다. 온라인 수업이 본격화되면서 정보부장교사가 온라인 교육 관련 업무를 모두 A 교사에게 맡겼다. A 교사는 정보부장교사에게 아무 말도 못하고 업무를 떠맡았다. 그러다 보니 A 교사는 자신의 수업 준비와 생활 지도에도 차질을 빚게 되었다. 그런데 동료 교사들이 온라인 업무 사용법에 대해 자신에게 계속 묻고 심지어 수업 코칭까지 부탁하는 상황이다. A 교사는 힘들어하며 "이건 제 업무가 아닌데요." 라고 말하며 거절하였다. 그러고 나서 교사들 간의 관계가 서먹서먹해졌다.

4-1. A 교사의 입장에서 그렇게 행동한 이유를 말하시오.

4-2. 교직윤리의 관점에서 A 교사의 행동을 비판하시오.

4-3. 자신이 A 교사라면 어떻게 대처할지 말하시오.

2021학년도 평가원 (KMJ)

01 [구상형] 수강 신청 시 학생 문제점 파악 및 해결책 제시

(1) 민수
1) 문제점: stress about high academic achievement
2) 해결책: planner writing session을 담임교사로서 같이 가져서 민수랑 1주일에 1번 민수가 꿈을 향해 어떻게 차곡차곡 계획하고 있는지 체크해주겠다. (그렇게 해서 민수가 외재적 동기가 아닌 내재적 동기로 꿈을 실현하려고 하고 set goals within oneself 하게끔 도와주겠다.)

(2) 수지
1) 문제점: interest-oriented한 career-based curriculum을 못 찾고 있다는 것이 문제
2) 해결책: curriculum reconstruction을 해서 교과-진로가 통합되도록 학생의 배움에 진로의 내용을 넣고, 지역의 진로콘서트나 진로박람회, 진로 brochure 등을 매 수업 끝날 때마다 제공하겠다.

02 [구상형] 교사 자질 3가지와 자신의 노력

(1) 관찰 역량: 교무블로그를 운영해서 학생들의 개별 특성을 보관하고 기록하겠다.
(2) 배려와 성찰 역량
1) 학급 소통 우체통을 이용해서 학생들의 고민, 교우관계 등을 들어주는 교사가 되겠다.
2) 밴드를 활용하여 시를 통해 인문학 감성을 길러주는 교사가 되어 문학 작품을 공유하면서 서로 하루를 성찰해보는 시간을 갖겠다.

03 [구상형] 교사상 선택과 학생관

(1) B 교사로, 자신감을 키워주는 교사가 되고 싶다. 4차 산업혁명 시대에는 어렵고 힘든 일이 많다. 이겨내려면 내면의 강한 힘과 끈기가 있어야 한다. 자신감이 있어야 교우관계도 좋고 성적도 잘나오며, 인성까지 갖춘다.
(2) 내가 이런 아이들을 기른다면 아이들은 미래에 바른 인성을 가진 창의 융합형 인재로 거듭날 것이다.

04 [즉답형] 교원 간 협업 상황 대처 방안

(1) 자신의 수업전문성과 업무 효율성을 달성하기 위해 그랬다. 학교에는 각 교사가 저마다 맡은 역할이 있다. 그런데 다른 사람의 일까지 계속 봐주다보면 정작 자신이 맡은 일에 책임감을 다하지 못할 우려 때문에 거절한 것이다.
(2) 공동체 의식과 의사소통 역량에 어긋난다. 학교는 공동체이고 코로나19라는 전례 없는 상황을 모두 함께 이겨내야 하는 건데 동료교사들의 요청을 거절한 건 공동체 윤리에 어긋나 보인다.
(3) 온라인 교육 관련 포트폴리오 메뉴얼을 만들어 교무실에 놔두겠다. 다른 선생님들이 궁금하신 게 있을 때 참고하실 수 있도록 사진과 영상이나 작동 방법을 기록해두겠다. 그리고 전학공에 참여하여 집단지성을 활용하여 선생님들과 함께 온라인교육, 예를 들어 구글, 네이버폼 등과 같은 플랫폼에 대해 연구하겠다. 이러한 방법으로 삶의 힘을 키우는 따뜻한 경북교육에 큰 보탬이 되겠다.

2021학년도 평가원 - sample key words

01 [구상형] 수강 신청 시 학생 문제점 파악 및 해결책 제시

(1) **민수**
  1) 문제점: 상대평가에 대한 두려움
    해결 방법: 개인상담 실시 - 흥미가 있으면 교과 성적은 오르게 되어 있다고 말해주겠다. 학창시절 나도 학교 선생님이 좋아서 그 과목에 흥미가 생겼고 그러다보니 저절로 성적이 올랐다. 이런 나의 경험을 이야기해주며 학생이 과목을 선택할 수 있도록 권하겠다.
  2) 문제점: 성적에 대해 자신감이 부족.
    해결 방법: 할 수 있다는 격려. 학급에서 성적이 좋은 아이와 1대1 멘토링
  3) 문제점: lack of challenge
    해결 방안: 다른 측면에서 생각할 기회 주기. 다른 아이들도 어렵다.

(2) **수지**
  1) 문제점: 과목의 중요성을 인식 못하고 있음.
    해결 방법: 진로교육 - 자신의 진로와 그 과목이 어떤 연관이 있는지 왜 중요한지 등을 교육
  2) 문제점: 지루한 과목이 너의 진로를 위한 디딤돌이 될 것이라 얘기
    해결 방법: 지루한 과목에 대한 인식을 긍정적으로 변화시키기
  3) 문제점: lack of motivation
    해결 방안: memorization을 할 때에 자신의 진로와 연결지어서 personalization하도록 지도

02 [구상형] 교사 자질 3가지와 자신의 노력

(1) 자질 1: 관찰력 - 매일 학생일지를 쓰겠다. 학생들을 잘 관찰하여 장단점뿐만 아니라 학생과 상담을 통한 학교생활의 어려운 점 등을 학생일지로 작성하겠다.
  자질 2: 책임감 - 사제동행 프로그램으로 학생에 대한 책임감을 갖도록 노력하겠다. 학창시절 선생님과 토요일마다 등산을 갔던 나의 경험을 이야기하며 그 선생님처럼 나도 학생들을 책임감을 가지고 지도하는 교사가 되겠다.

(2) 자질 1: 관심 - 지속적 상담. 먼저 적극적으로 다가가기. 쉬는 시간, 점심시간 등 취약한 시간에 먼저 학급에 가서 아이들에게 다가가기. + 경험에 빗대어 설명. 석식 시간에 운동장 상담을 통하여 학급 학생들과 래포를 쌓았고 그로 인한 장점 설명
  자질 2: 성찰 - 교사 일지 작성. 나를 되돌아보고 그것을 바탕으로 더 나은 교육을 하도록 노력

(3) 자질 1: 학생의 잠재력을 발견하는 자질 - 긍정노트(?)를 만들어서 학생의 장점이나 잠재력이 보일 때마다 메모하겠다. 칭찬을 할 때에 학부모와도 연계하여 가정에서까지 지도가 되도록 하겠다.
  자질 2: 성찰적 자질 - 교단일기를 적고 공유. "나는 1년차 교사입니다"라는 책을 읽은 적이 있다. 이 책을 읽으며 기회가 된다면 저도 교단일기를 엮어서 출판을 하고 싶다는 생각을 했다. 블로그나 다음 카페 등 커뮤니티를 활용해 교단일기를 공유하는 교사들이 많다. 같이 공유하고 협력해나가고 싶다.

03 [구상형] 교사상 선택과 학생관

(1) **선택 및 교육관**
  1) C 교우 관계: 학교는 작은 사회이다. 학교 안에서 교우관계가 결국 사회에서 대인관계로 이어진다. 그러므로 교우관계는 매우 중요하고 학교에서도 사회성과 대인관계를 잘 가르쳐야 한다.

2) 다양성 존중과 성장. 이는 교우 관계 속에서 각기 다른 친구들과 어울리며 다양성을 존중하는 방법을 배우고, 다투고 해결하는 과정에서 성장. 따라서 C 교사 선택. 교우관계를 통해 존중과 배려까지도 함양할 수 있음.
3) C 교우 관계: 인간은 사회적 동물이다. 견고한 신뢰관계가 학생이 학교로부터 이탈되는 것을 막을 수 있을 것이다. 더불어 4차 산업혁명에서 강조하고 있는 필요한 역량 중 하나가 협업 능력이다.

(2) **학생관**
1) 내가 가르칠 장애학생들은 사회에 나갔을 때 남들보다 업무 능력이 뛰어나지 못할 수 있다. 하지만 사회성은 제일 좋은 사람, 대인관계만큼은 잘 하는 사람으로 길러내고 싶다.
2) 교우관계를 통해 존중/배려를 배움. 이는 곧 민주시민으로서 성장하는 데 기여
3) 협업할 줄 아는 인재를 기를 수 있도록 지도하겠다. 지도할 때에 학생들의 배움과 성장을 촉진하는 안내자 역할을 하겠다.

04 (즉답형) 교원 간 협업 상황 대처 방안

(1) **A 교사의 입장 변호**
1) 업무가 많아서 현재 자신의 수업준비와 업무도 못할 정도이므로 다른 동료교사들을 챙길 여력이 없었을 것 같다.
2) 경험과 연계하여 답변. 처음 업무를 받았을 때 업무 미숙으로 많이 힘들어했음. 자신의 업무를 제대로 할 수 없는 상황에서 다른 교사의 업무를 맡아주었다가 업무적 피해를 끼칠까봐 거절한 적이 있었음. A 교사도 업무 과중으로 업무 진행이 힘든 상황에서 다른 교사의 업무에 피해를 끼칠까봐 거절한 것이라 생각함.
3) A 교사는 평소 학생 지도와 온라인 학습을 잘 기획하는 것으로 보아 학생 지도가 우선이라 생각되어 동료교사의 부탁을 거절한 것 같다.

(2) **교직윤리 관점에서 비판**
1) 동료교사와 협력 부족: 학교에서 혼자 해결할 수 있는 일은 아무것도 없다고 생각한다. 그러므로 제시문의 교사는 동료들과 협력하지 않은 것이 문제라고 할 수 있다.
2) 공동체와 협업 측면에서 비판: 학교의 업무는 유기적으로 이어짐. 따라서 협력이 필요함. 업무 거절로 인해 교사 간 공동체 의식이 저하되는 파급 효과가 있을 수 있음.
3) 공동체 역량 부족: 학교라는 곳은 공동체가 함께 살아가는 공간. 교육 구성원으로서 서로 협업해야 하는데 그렇지 않아 공동체 역량, 협업 역량이 부족한 것으로 보아 교직 윤리 의식에서 비판받을 수 있음.

(3) **자신의 대처 방안**
1) 맡은 일을 최선을 다해 열심히 하겠지만 그럼에도 불구하고 너무 어렵다면 부장교사 선생님께 업무의 어려움을 정중하게 말씀드리고 업무를 조정해주시길 부탁드리겠다. 동료교사와도 협력하겠다.
2) 수업 코칭을 저에게 맡긴 것은 저의 능력을 인정해주는 것이기에 저라면 수업 코칭을 할 것. 그러나 문제 상황은 수업 코칭을 거절하고 교사 간 관계가 악화된 상황. 자신도 이런 경험이 있었음. 처음 맡은 업무가 학교 중요 부서의 업무. 미숙한 탓에 거절해서 교사 관계가 좋지 않았음. 그래서 부서의 선배 교사에게 조언을 구함. 그것을 바탕으로 아침마다 하는 교사 회의에서 먼저 다과를 사들고 가서 분위기를 풀고 저의 상황을 설명하고 양해 말씀을 드렸음. 따라서 저는 악화된 관계가 오더라도 거기서 어려워하지 않고 먼저 다가가 악화된 관계를 회복하기 위해 노력할 것.
3) ○○ 교육청에서 실시하고 있는 컨설팅 프로그램 이름 말함. 더불어 YouTube에 최근 올라온 '수업나눔 축제' 이름을 언급함. 컨설팅 장학도 얘기하며 이런 온라인 수업 관련 '연수'를 기획할 수 있도록 하겠다. 기회가 된다면 제가 하고 있는 것을 나눌 수 있는 장을 마련하겠다.

2021학년도 심층면접 - 평가원 <충북 추가>

01 [즉답형]

다음은 「행복씨앗학교」와 관련한 글이다. 「행복씨앗학교」의 주요 목표는 (1)~(3)이다. 제시된 (1), (2), (3) 중 하나를 선택하여, 이를 실현시킬 수 있는 교육 활동을 4가지 제시하시오.

> 행복 씨앗학교란 (1)<u>학교공동체가 협력적인 문화를 형성하고</u>, (2)<u>창의적인 교육활동을 실현하여</u>, (3)<u>따뜻한 품성을 가진 역량 있는 민주시민으로</u> 함께 성장하는 공교육 모델 학교이다.
> (+ 각 번호에 제시된 개념의 정의가 1문장씩 추가된 글, 전체 4~5줄 정도)

(충북 즉답형 추가 문항은 사전에 제시문이 주어지지 않았고, 평가실에서 따로 마련된 책갈피에 끼워져 있었습니다. 평가원 문항 포함 전체 답변 시간 15분)

2021학년도 충북 추가 심층면접 답안 sample - (YS)

01 [즉답형]

(2번 창의적 교육활동을 선택했습니다. 답변 시작에 행복씨앗학교의 정의를 간단히 언급하고 바로 4가지를 제시했습니다.)

1. **체험형 진로교육**: 충북 진로 교육원에서 제시하는 테마형 진로 체험 교육
2. **충북 문화원 예봄 갤러리 사제동행 미술 전시회**
3. **학교 도서관 축제**: 교사, 학생, 학부모가 함께 만드는 독서 한마당
4. **온마을 학교 축제**: 학생들이 방과후, 동아리 활동 중 갈고닦은 꿈과 끼를 펼치고 마을 공동체의 예술 전문인들과 공연을 보이며 온 마을 공동체가 한 자리에 모여서 이를 진행

2021학년도 심층면접 - 평가원 비교과

01 구상형

다음과 같은 상황에서 학생에게 보이는 문제점을 정서적, 행동적 측면에서 각각 1개씩 말하고, 자신이 M 교사라면 어떻게 대처할 것인지 각각 1개씩 대처 방안을 말하시오.

> M 교사: ㅇㅇ야, 손에 붕대는 어쩌다 그런 거야?
> 학생: 공모전에 참여했는데 떨어져서 화가 나서 책상을 내리쳤어요. 공모전에 떨어져서 학교도 가기 싫어요.

02 구상형

교사 A가 현재 가지고 있는 자질과 갖춰야 할 자질에 대해 말하고, 그러한 자질을 키우기 위해 자신이 노력했던 점을 각각 이야기하시오.

> 교사 A는 학생에게 관심을 가지고 이야기를 잘 하며 관계가 좋다. 격의 없이 지내서 상처를 받을 때도 있다. 동료교사들과도 협력하려고 하고 동료교사도 괜찮아 하지만 가끔 부담스러워 한다.

03 구상형, 04 즉답형

※ 교과와 동일

2021학년도 심층면접 sample - 평가원 비교과

01 구상형

- **정서적 문제**: 유진이가 대회에 탈락하여 위축되었다는 점. "본문에서 ~를 보아 이를 알 수 있었습니다."
  대처 방안: 성공 경험 증진, 구체적으로 학부모님과 연계하여 학생이 잘하는 것 파악, 예를 들어 유진이가 축구를 잘 하는 학생이라고 하면 축구대회를 열어 유진이의 자존감 높이기
- **행동적 문제**: 유진이가 감정에 올바르지 못한 행동으로 표출되고 있다는 점. "본문에서 감정이 격해져 주먹으로 책상으로 내리치고 있는 것을 봤을 때 이를 알 수 있습니다."
  대처 방안: 행동계약, 구체적으로는 유진이가 화가 날 때 책상을 내리치는 것이 아니라 물을 한 모금 마시기, 심호흡하기 등을 하는 등의 행동 정하기

02 구상형

- **교사가 가지고 있는 자질**: 소통/협력하는 자질입니다. 본문에서 학생들과 사이가 좋고 교사들과 협업을 잘 하는 모습을 보고 이렇게 생각하였습니다.
- **교사가 부족한 자질**: 타인을 배려/존중하는 자질입니다. 본문에서 적극적인 마음으로 타 교사에게 협업을 제안하였지만 타 교사님께서 부담을 느끼는 것으로 보아 A 교사는 타인의 상황을 존중/배려하여 행동하여야 합니다.
- **소통/협력 자질 노력**: 123 법칙 사용 노력, 123 법칙이란 1분간 내 이야기를 하고 2분간 타인의 이야기를 경청하고 3번의 공감표현을 하는 것
- **타인 배려/존중 자질 노력**: 1달에 1번씩 경로당 봉사활동, 사진 찍어 드리기

03 구상형

- **C 교사 선택**: C 교사는 교우관계를 원만히 하자는 것인데, 저의 교사상은 '혼자 가면 빨리 갈 수 있지만 함께 가면 멀리 간다'입니다. 현재 4차 산업혁명을 맞이하여 초연결사회, AI 교육이 실현되고 있고, 코로나-19라는 처음 겪는 초유의 상황에 이러한 위기를 헤쳐 나가려면 함께 협업, 소통해야 합니다.
- **학생관**: 학생들은 소통, 화합하는 존재로 성장할 것이라 생각합니다. 저는 학생 때 선생님과 사제동행 등산을 한 적이 있는데 선생님과 산을 오르며 이런저런 이야기를 주고받으며 긍정적 영향을 받은 적이 있습니다.

04 즉답형

1) A 교사는 온라인 수업 능력이 뛰어나서 부장선생님께 업무를 과다하게 받아서 부담을 많이 느낀 것으로 보입니다. 다른 선생님들이 부탁했을 때 협력하고 싶었겠지만 현재 자신의 수업도 제대로 못하고 있는 상황으로 이를 못 들어준 것으로 파악됩니다.
2) A 교사는 물론 부담을 느꼈을지라도 "제 일이 아니므로 협조할 수 없습니다." 이렇게 딱 잘라서 거절한 것은 상대방에 대해 존중, 배려가 부족했다고 생각합니다. 정말 부담을 느끼고 거절하려고 하였다면 상대방의 감정을 존중하고 정확하게 자신의 이야기를 전달하는 나-전달법 등을 이용하여 현명하게 대처했어야 할 것입니다.
3) **대처 방안**: 열정/솔선수범하는 자세로 열심히 협력, 선배 교사들에게 도움 요청, 성찰하는 시간 갖기

2021학년도 심층면접 - 서울

01 구상형, Eng.

(제시문은 실제로는 한 문단에 한 4줄씩 분량)

March 13th

Student A accidentally collided with Student B, but didn't apologize. Student B got angry and punched him in the stomach. Also Student B used swear words loudly at Student A. Many other students were there, so they witnessed what happened.

March 20th

This school violence case was concluded as a minor one. So the school finalized the case under principal's ruling under Student A's and Student B's consent.

Student A: Although Student B din't hurt me a lot, I don't feel so good. Other students in the classroom watched him punching and swearing at me, and it damaged my self-esteem. Student B apologized but I still feel uncomfortable seeing him.

Student B: I feel like everything has been messed up since Student A didn't apologize to me in the first place. Because of the case, I have a trouble. Now, I think other students consider me as weird.

Give advice to student A and student B that the homeroom teacher, Mr. Kim, can give to restore their relationship in the above situation. **Make sure to include a specific action plan that involves empathy, apology, and rebuilding the relationship among all the students in the class.**

💬 **수험생 현장 스케치**

구상형 문제는 A4 용지에 단면으로 한쪽에 문제 하나씩이었습니다. 글씨 크기는 크게 한 페이지에 거의 꽉 찰 정도로 제시합니다. 구상형 추가 즉답형과 즉답형 추가 즉답형 문제는 종이에 쓰여 있지 않고 평가관이 문제를 읽어줍니다.

02 [구상형, Eng.]

Several problems occurred regarding online classes. Provide problems for the cases. Then, suggest a solution for each problem. (실제 문제에서는 Student A, B, C가 아니었고 이름으로 제시됨.)

⟨Case 1⟩ The school started online classes, and many classes were given with one-way video lectures. Student A used to be earnest in face-to-face classes, but her participation is poor in online classes since they are lecture-based online classes. Student A also says that sometimes she doesn't understand the content of a lesson well, but cannot get an immediate answer and so is frustrated.

⟨Case 2⟩ Student B only cares about the attendance grade by accessing online class at the beginning of the class. Student B doesn't stay until the end of the class and tends to leave after checking the attendance. The teacher sends him messages and calls him a lot of times, but he does not catch the calls.

⟨Case 3⟩ Student C reveals a complaint about the process-oriented performance-based assessment using online face to face programs. She thinks students can ask other people for help and share answers with their friends through social media.

03 [구상형 추가 즉답형]

신학기에 담임교사로서 첫 학급 활동을 온라인으로 하게 된다면 어떤 활동을 하고 싶은지 이야기하고 구체적으로 설명하시오. 그리고 자신의 교사관과 관련지어 구체적으로 설명하시오.

04 [즉답형]

아래의 상황에서 기본학력책임지도제를 통해 학생 A를 지원해야 하는 이유를 자신의 교직관과 연결해서 말하시오. 그리고 학생 A의 인지적 영역과 정의적 영역 각각에 대한 지원을 제공하는 지도 방안을 제시하시오.

⟨학생 A의 특징⟩
- 국어, 영어, 수학 학습 능력이 부족하다.
- 정서적으로 산만하고 ADHD가 있다.
- 친구들과 대인관계가 원만하지 않고, 자존감이 낮다.
- 기본생활습관이 잘 잡혀있지 않고, 끼니를 거르는 경우가 많다.

05 [즉답형 추가 즉답형]

기본학력책임지도제 프로그램에 참여를 거부하는 학생이 있다면 어떻게 지도할 것인지 방안 3가지를 말하시오.

2021학년도 심층면접 답안 sample - 서울 (DY)

01 구상형, Eng.
1) **both Ss**: deep talk to reflect themselves for changing their behavior, empty chair
2) **all class**: problem-solving circle - feeling empathy and making solutions, trust circle

02 구상형, Eng.

	Problem	Solution
Case 1	- no immediate feedback from lecture-based classes	- online real-time face-to-face program - various S-centered activities
Case 2	- poor participation	- group attendance event: peer pressure
Case 3	- unfair process-oriented performance assessment	- turning on the camera

03 구상형 추가 즉답형
1) '나를 찾아봐': 관심을 사진으로 공유 후 uploader 맞히기 for 우정
2) 교사관: 학생과의 소통 → 관심사/강점 발견 → 잠재력 계발

04 즉답형
1) 교직관: 교사는 학생의 잠재력을 발견하고 계발시켜 주는 사람이다.
2) 이유: 개인적/환경적 문제로 인해 잠재력이 미계발된 학생 - 기본학력책임제가 환경 조성
3) 인지적 영역 지도 방안: 서울학습도움센터 소개 for 맞춤형 코칭, 동행 program
4) 정의적 영역 지도 방안: 희망교실 프로그램 for 정서적 안정, 사회적 기술 발전, 자신감, wee class, 감사일기
   + padlet 이용 온라인 게시판: 표지 그리기/바꾸기 활동 (low-level), 결말 바꾸기 활동 (high-level)
   + YouTube 사용: 같은 책을 읽고 영상 만들기
   + book review writing (dialog journal), discussion w/ ZOOM or google MEET after reading graded readers
   + chain writing, headline making
   + shorts (짤) making

05 즉답형 추가 즉답형
1) 1대1 상담: 거부 원인 파악 (→ 학습 mentoring: 맞춤형 solution 제공)
2) 의식상승 교육: 기본학력의 중요성 설명
3) 다양한 기본학력 책임지도제 프로그램 소개: 공부 이외의 흥미진진한 프로그램 소개, 동행 project, 랜선 야학

2021학년도 개별심층면접 - 경기

01 (구상형, Eng.)

Your school has done performance assessment for project-based integrated classes of multiple subjects through 3 periods. There was a performance assessment in each period and teachers provided a scoring rubric for each period in advance. Meanwhile, Student C did take the test task in the first and second classes but did not submit her work in the third class because of the USB problem. It did not work. The two teachers have different opinions on this matter. Which teacher's opinion do you agree to, Teacher A or Teacher B? And give reason(s).

(1) Teacher A: We should evaluate student C's performance only based on 1st and 2nd periods.
(2) Teacher B: We need to give an opportunity to Student C, so we should include 3rd period work.

02 (구상형, Eng.)

As a homeroom teacher, you want to improve your counselling abilities for students in the following. Tell us the method to comprehensively help the three students.

(1) Student A looks away from me. He gives me no eye contact.
(2) Student B is tardy and sometimes he doesn't get to school on time.
(3) Student C disturbs classes. So I warned him not to do, but he still disturbs the class.

03 (구상형, Eng.)

Because of COVID-19, we have online classes a lot these days. Compared to the online class, explain the educational effectiveness of in-person classes in terms of academic and behavioral guidance.

04 (즉답형)

학생들이 다른 매체를 통하여 독서 경험을 표현하고자 한다. 귀하의 교과와 관련하여 독서 교육을 할 수 있는 방안을 구체적으로 이야기하시오.

05 (즉답형)

A 교사는 이미 맡고 있는 업무가 많은 상황인데, 전학년 진로 교육을 총괄하는 B 교사가 진로 체험 활동 업무를 맡겼다. A 교사는 이 업무를 해본 적이 없어서 난감한 상황이다. 당신이 A 교사의 입장이라면 원만한 해결을 위해 어떻게 할 것인지 말하시오.

2021학년도 심층면접 - 경기 sample 0 (HE)

01 (구상형, Eng.)

1) validity & reliability
2) process- rather than product-oriented
3) washback effect

02 (구상형, Eng.)

1) building rapport: relationship → open-minded
2) collaboration with education community: parents → guidance / S-peer → peer pressure
3) behavior contract: solving problems in an autonomous way → set their own goals & plans

03 (구상형, Eng.)

1) academic: resisting learning discrepancy
2) behavioral: building rapport & teaching social skills

04 (즉답형)

offline: "나도 영어책 작가" - EBS 시청 경험 / online: 작가와 pen-pal 맺기

05 (즉답형)

1) 공감적 이해
2) 업무 분석 및 확인
3) 선배 교사에게 조언 구하기

2021학년도 심층면접 - 경기 sample 0 (GH)

01 (구상형, Eng.)

Firstly, I agree to the opinion of teacher B. There are two reasons as follows.

First, if T does not provide another chance for A to submit the assignment, there could be a problem about the equality of assessment. Specifically, in the given material it says that the project work and assessment has multiple subjects that are integrated through 3 periods. If T doesn't include student A's 3rd period work and only reflect two subjects, issue of equality arises among all the students.

Second, T should consider that the reason of failure to submit the work on time is due to the device. In the situation, it says that the student's USB doesn't work. In such situation, T should give another chance for him or her to submit and show what the student had done. If T cannot reflect S's efforts because of just the device, S will be discouraged so that it would not be desirable in terms of educational perspective in the long-term.

02 구상형, Eng.

Most of all in three cases T needs to start from building rapport and positive relationship with students. For each student I'd like to suggest method as follows.

For A, reading the given information that A doesn't eye contact to T, I guess that A is not ready to open his or her mind to share a story with the teacher. To improve this situation, I think it would be helpful for T to prepare an interesting story or play student's favorite song in order to make A feel comfortable first. If T shows such effort to A, I do believe that A will open his or her mind and there could be better atmosphere for counseling S.

For B, T should find out the reason first. Because there could be other reasons of such behavior - for instance, problems with parents or friends - instead of blaming such behavior, T needs to approach with warm attitude and show understanding and empathy first and then ask the reason to S. If S feels being cared by the teacher, that will be the great starting point of counseling students like B.

For C, although warning could be effective sometimes, in my perspective, T needs to deal with the problem by starting from building favorable relationship with S. I'd like to suggest two methods for improving counseling. Firstly T needs to deliver sincere thought about how T felt when C disturbs classes by using I-message. If T uses I-message and tries to express thoughts carefully in the way of nonviolent conversation, C will reflect his or her behavior deeply. And after that, I will assign an active role to student C. Because it seems that C is very active in classes even though it wasn't along with my classes. So, by assigning a role like Questioner or Student angel, I believe that C can be well motivated because of responsibility about his or her own role.

03 구상형, Eng.

Even though there are lots of merits the online classes have in these days, I do believe that there must be more chances for T and S to do in-person classes. The reasons are as follows.

Firstly, in terms of academic part, the most effective merit of in-person classes is the synchronous face-to-face interaction between T and S, and S and S. Specifically, during in-person classes, all of the participants can observe, listen, respond more actively than the online classes. Such real time interaction is necessary in order to make students motivated and realize learning-centered classes.

Additionally students' self-management skill also can be improved in in-person classes because they can be scaffolded by T and also assisted from peers in the class.

Next in terms of behavior guidance, I'd like to suggest two merits of in-person classes.

Firstly, students can improve their attitude as democratic citizens in school. By attending in-person classes, students participate not only in classes but also various group activities such as school club activities, school representatives, student council in class. Such activities make students internalize the democratic way to reflect their thoughts and decide something important.

Secondly, personality education is effectively conducted in in-person classes. Specifically, students in school share perspectives with each other, learn how to respect peers, and have tons of chances to realize the importance of desirable characters in their lives.

Like I've mentioned, in-person classes have great importance to T and S. If I can be with my students from March, I hope to meet them in in-person classes frequently for happy learning and happy school.

04 즉답형

독서 교육은 지금 물음에서 언급된 것과 같이 교과와 연계하는 것이 매우 중요하다고 생각합니다. 특히 경기도교육청에서는 2018년부터 공공성 독서 프로젝트 즉 공동체와 함께 하는 독서, 공감하는 독서, 성장하는 독서를 제시하며 교과와 연계한 다양한 독서 교육을 장려하고 있습니다.

저는 영어 교과와 연계할 수 있다면 다음의 두 가지 방안을 해보고 싶습니다.

첫째, 온라인 매체를 활용한 독서 경험의 표현 방법입니다. 구체적으로 학급 내의 학생들이 공통된 한 권의 영어책을 함께 읽고 멘티미터라는 프로그램을 활용하여 키워드를 영어로 모아보는 작업을 해볼 수 있습니다. 만약 학생들이 책의 주제에 대하여 떠오르는 생각을 영어로 키워드로 적어보거나, 책 속의 유용한 영어 키워드를 적어보면, 이 결과물은 여러 단어들이 조화롭게 한 화면 내에서 커다란 구름의 모양으로 만들어집니다. 이렇게 모든 학생들의 아이디어로 하나의 결과물을 만드는 작업은 간단해보이지만, 학생들에게는 경험을 공유하는 이야기의 시작점을 제시해줄 수도 있고, 같은 책을 읽고도 다양한 관점에서 책을 읽을 수 있음을 알게 될 것입니다. 멘티미터를 활용해 하나의 결과물을 보게 됨으로써 공동체와 함께 하는 독서를, 그리고 자신과 다른 친구들의 생각을 공유해보는 공감하는 독서를 가능하게 해줄 것이라고 생각합니다.

두 번째, 오프라인 매체를 활용한 독서 경험 표현으로서, 자신이 읽은 책의 작가가 되어보는 방법을 제안하고 싶습니다. 구체적으로는 학생들은 저마다 자신이 읽은 한국어 혹은 영어 책의 작가의 입장이 되어, 결말을 다른 버전으로 영어로 써보거나, 이야기 속의 인물에게 편지를 영어로 써보는 작문 활동을 진행하는 것입니다. 영어에서 중요시 여기는 네 가지 기술인 청해 능력, 담화 능력, 독해 능력, 작문 능력 중 저는 작문이 가장 학생들에게 어렵고 참여를 유도하기 힘든 기술이라고 생각합니다. 그러나 만약 자신이 읽은 책과 관련하여 직접 작가가 되어보는 상상을 곁들인다면 학생들은 흥미롭게 작문을 해볼 수 있고, 창의력과 상상력을 발휘하여 결과물을 만들 수 있을 것이라고 생각합니다.

05 즉답형

제가 만약 A 교사의 입장에 처했다면 저는 문제 해결을 위해 다음의 두 가지 방안을 실천하겠습니다.

첫째, 진로지도와 관련한 정보를 얻을 수 있는 온라인 플랫폼을 적극 활용하겠습니다. 제시문에서 A는 한 번도 맡은 바 없던 일이라 어려움을 겪고 있습니다. 그렇기에 우선 유용한 정보를 얻기 위해선, 'adiga.kr(어디가, 진로 대입정보 포털)', '경기교사on'과 같은 커뮤니티와 경기진로진학지원센터와 같은 교육청에서 제공하는 플랫폼을 활용하여 진로지도에 필요한 지식을 채우도록 하겠습니다.

둘째, B 교사에게 함께 전문적 학습 공동체를 참여할 것을 권유하고 함께 참여하겠습니다. 현재 A 교사는 B 교사의 계속되는 업무 요청에 부담을 느끼는 상황이고, 이런 경우에는 A 교사가 혼자 해결하려고 하기보다는 지금의 나의 어려움을 진솔하게 이야기하고, 함께 진로 지도와 관련된 전문적 학습 공동체를 권유한다면 B 교사 역시 긍정적으로 반응할 것이라고 생각됩니다. 저는 학교란 교사 혼자 할 수 있는 일보다는 다 함께 협력하여 해나갈 수 있는 일이 더 많다고 생각됩니다. 그리고 신규 교사는 더욱이 진로지도뿐 아니라 다양한 영역에서 도움이 많이 필요할 수 있다고 생각합니다. A 교사 입장에서 B 교사에게 도움을 청했듯이, 저는 혼자서 버거운 상황이 된다면 동료 교사에게 그리고 저보다 경험이 많으신 교장 선생님, 교감 선생님에게 언제나 여쭙고 배우고자 하는 경기 교사가 되고자 합니다.

2021학년도 심층면접 - 인천

01 [구상형, Eng.]

다음을 참고하여 1) 생태환경교육과 관련하여 자신이 만들고 싶은 동아리의 이름을 말하고 그 이유를 설명하시오. 2) 해당 동아리의 구체적 활동을 자신의 전공교과와 관련지어 5가지를 말하시오.

> 인천시 교육청에서는 코로나19, 지구 온난화, 미세먼지 등으로 대표되는 기후 및 환경 위기 시대에서 환경교육은 전문성을 갖추고 확대·강화하고 전 세계적 환경 위기에 대응하는 한편 해양생태계 보전 및 자원순환 선진도시 실현이라는 지역 특성에 대처하기 위해 '제3차 인천시 환경교육 종합계획'을 수립하고, 이를 실현하기 위해 4대 정책 추진전략으로 ▲기후위기와 환경재난에 대응하는 환경교육 ▲지역사회·마을과 함께하는 환경교육 ▲통합적이고 실천적 지원을 통한 환경교육 ▲생활양식을 전환하는 환경교육 ▲해양생태문화가 살아있는 환경교육 ▲자원순환과 함께하는 환경교육을 제시했다.

02 [구상형, Eng.]

다음을 참고하여, 1) 블렌디드 러닝을 할 때 필요한 교사의 역량 4가지와 이유를 함께 제시하시오. 2) 위의 역량을 함양하기 위해 할 수 있는 구체적 방안을 각각 1가지씩 제시하시오.

> 인천 교육은 온·오프라인 수업이 혼합된 블렌디드 러닝이 자리 잡는 '미래교육'이 한층 강화될 전망이다. 시교육청은 올 한해 '먼저 온 미래'라는 슬로건 아래 '인천을 품고 세계로, 우리인천교육'이란 비전을 세우고 '에듀테크 기반 인천미래교육' 정책 아래 수립된 2개 사업 9개 과제 추진을 통해 디지털 인프라를 확대 구축하고, 미래 학교 교육 지원을 강화한다. 지난해 코로나19 여파로 경험한 '온라인 개학'이 (코로나19) 사태 종식 후에도 '일상'으로 자리 잡을 것이란 교육계 전망에서다.

03 [즉답형, role-play]

평가관을 학부모님이라고 생각하고 상담을 시연하시오.

> 학부모님이 코로나에 따른 학생의 학교생활에 있어서 안전에 대해 걱정하신다. 또한 마스크 착용에 있어서 문제가 있다고 걱정하신다.

04 [즉답형]

아래와 같은 학급상황에서 담임교사로서 학부모에게 안내할 가정 통신문에서 언급할 학급의 운영 원칙을 구체적으로 5가지 제시하시오.

> 우리 반은 다문화 학생, 특수 학생, 탈북 학생, 기초학력부진 학생 등이 존재하는 통합 학급이다.

2021학년도 심층면접 - 인천 답안 sample key words (면접 시간 20분)

01 (구상형, Eng.)

1) (생략)
2) 구체적 활동
   - e 절약, 플라스틱 사용 줄이기, 음식물 쓰레기 줄이기
   - 환경 관련 토론
   - 텃밭 가꾸기
   - eco summit meeting

02 (구상형, Eng.)

1) 블렌디드 학습을 내 수업에 적용하기 위한 역량 4가지 + 이유
   - 디지털 리터러시 (플랫폼과 매체 활용 역량): 다양한 스마트 기기와 기술 사용
   - 협력: 온, 오프 수업을 혼자 구상하기 힘듦
   - 교육과정 재구성 역량: 온라인에서 학생 지도의 어려움이 커질 수 있음
   - 학생중심 수업 설계 역량: 온라인에서 학생 참여가 떨어질 수 있음
   - 개인차 및 환경 파악 역량
   - 과정중심 평가 역량

2) 자질을 기르기 위한 방안
   - 교사 연수, 교육청 우수 사례집 연구
   - 전학공: 온라인 - 블렌디드 수업 온라인 플랫폼 설명, 자기 수업 촬영 분석 후 성찰일기 작성
   - 자기 장학 / 동료 장학
   - padlet 등 활용
   - 상담/설문지 활용
   - regular conferencing session

03 (즉답형, role-play)

- 학급 방역 도우미를 지정하여 학급 소독
- 담임이 매 쉬는 시간 마스크 확인
- 학교 차원에서 보건소와 협력하여 학교 시설 전체 방역

04 (즉답형)

더불어 사는 학급이라는 학급 교훈을 근거로 하여 학급 운영 방안 5개에 대해 가정통신문을 통해 학부모 참여 독려
- 다문화: 다양성
- 특수 학생: 배려, 포용, 아량
- 탈북 학생: 평등, 어울림
- 기초학력 부진 학생: 협력 (동료 교수)
→ 민주시민, 개성 존중, 세계시민성, 화합

2021학년도 심층면접 - 강원

01 구상형
도표와 제시문 (가)를 읽고 문제점을 말하고, 이를 해결하기 위한 교사로서의 실천 방안 3가지를 말하시오.

> 도표: 교사 역량, 교사 협력 (이런 키워드들이 서로 연결되어 있는 형태)

> (가)
> • 교사 간 ICT 기술 활용 능력 차이가 있다.
> • 함께 고민하는 것이 가장 효과적인데 이에 참여하지 않는 교사가 있다.

02 구상형
제시문 (나)를 읽고 교육 격차 측면에서 시사점을 말하고, 교사와 학교 측면에서 각각 해결 방안을 말하시오.

> (나)
> • 스마트폰으로 원격 수업과 과제를 수행해서 집중도가 떨어진다.
> • 진도가 너무 빠르다.
> • 수업을 듣고 과제를 다 하고 나면 시간이 남아서 다른 일을 한다.
> • 등교 수업과 원격 수업 내용이 이어지지 않는다.

03 즉답형
고교학점제의 정의를 말하고, 고교학점제의 중점 의미와 관련하여 A 고등학교의 문제점 3가지를 말하시오.

> A 고등학교의 고교학점제 개설 과목은 교사가 운영하기 쉬운 것으로 구성되어 있다. 학생들 중 50%는 자신이 원하는 진로가 뭔지 몰라 과목 선택에 어려움을 겪고 있다.

04 즉답형
신규교사 A는 학생 B와의 상담에서 자해 흔적을 발견했다. 이와 관련하여 강원교육의 안전망 측면에서 해결 방안 4가지를 말하시오.

05 즉답형, Eng.
강원 혁신학교의 4가지 추진 과제를 말하고, 그 중 2가지를 설명하고 구체적 추진 방안을 각각 2가지 설명하시오.

2021학년도 심층면접 - 세종

01 구상형

(요즘 아이들의 문해력이 떨어졌다는 기사)

(초등학교 때부터 공부를 못해서 포기했다는 민수에 대한 이야기)

1-1. 문해력이 부족한 학생의 학습 측면에서의 문제점 3가지를 말하시오.

1-2. 민수의 문제 상황의 원인 2가지와 해결 방안 3가지를 말하시오.

02 구상형, Eng.

A 교사: 원격 수업을 잘한다. B 교사를 돕고 싶지만 한 번 도와주면 계속 도와줘야 할까봐 나서지 않고 있다.
B 교사: 대면 수업을 잘 하지만 원격 수업 능력이 부족하다. 도움을 요청하고 싶지만 동료 교사에게 부담될까봐 안 하고 있다.

2-1. Tell us ONE flaw of each teacher and 2 endeavors to correct each flaw.

flaw	endeavor

2-2. 내가 이 학교의 구성원이라면 어떻게 할 것인지 3가지를 말하시오.

03 구상형

(미래사회 관련 기사)

3-1. 미래사회에 교사가 해야 할 교육의 지향점 4가지를 말하시오.

3-2. 미래사회에서 교사의 역할 변화와 관련하여 초임교사가 갖춰야 할 역량 4가지를 말하시오.

04 즉답형

> (원격 수업 상의 불만들이 제시됨. 선생님이 수업을 대충해서 불만인 학부모 등)

위와 같은 상황에서 교사가 수업 전문성 측면에서 다음에 제시된 상호작용을 늘리기 위한 교사의 역량을 각각 2개씩 제시하시오.

1) 학생과 교육 내용 간

2) 학생과 교사 간

3) 학생과 학생 간

05 즉답형

> (미래사회와 미래형 교육과정 관련 내용)

> (꿈과 끼 관련 내용)

5-1. 제시된 미래형 교육과정을 실시할 때 학생들의 개별 특성을 존중하는 방안을 교육과정-수업-평가-기록의 측면에서 각각 서술하시오.

5-2. 학생의 개별 특성을 존중하기 위해 세종시에서 시행하고 있는 중등교육정책 2가지를 제시하시오.

2021학년도 세종심층면접 답안 sample key words

01 구상형,
1-1. 지식: 학습 부진
    기능: 고차적 사고력 발휘의 어려움
    태도: 자신감 부족
1-2. (생략)

02 구상형, Eng.
2-1. A: 이기주의 - 재능 기부, 성찰일기 작성
    B: 전문성 부족 - 전학공(1일 1질문 주고받기), 동료장학
2-2. 1) 원격수업 질의응답 게시판 운영, 질문게시판 만들기 건의
    2) 동교과 협력 콘텐츠 개발 by 구글 닥스
    3) 세종시 교사대학 참여
    + 전학공: 수업기술품앗이, 수업 자료 개발

03 구상형,
3-1. 디지털 리터러시 교육, 감성 교육, 세계 시민성 교육, 창의융합 교육
3-2. 에듀 테크 역량, 공감 역량, 민감성, 다른 교사와 협력 역량

04 즉답형,
1) 학생-교육 내용: 교육과정 재구성 역량, 심화/보충 수업 설계 역량, 콘텐츠 제작 역량, digital literacy
2) 학생-교사: (확산적 사고를 위한) 발문 역량, 비판적 성찰 역량
3) 학생-학생: 모둠 조직 역량(이질집단 구성, 역할 부여), 민주시민 역량, 협력적 문제 해결 역량

05 즉답형,
5-1. 교육과정: 경험 교육과정
    수업: Holland 적성 검사, MBTI
    평가: portfolio
5-2. 누리 봉사단, 보인다 시리즈

2021학년도 심층면접 - 대구

- 면접 구성: 평가원 4 (구상형 3 + 즉답형 1) + 대구 자체 3 (구상형 3)
- 면접 비중: 평가원 20점 + 대구 자체 40점
- 문제지 분량: 평가원 B4 1장 + 대구 자체 B4 3장
- 답변 시간: 평가원 구상형 (각 약 2분) / 즉답형 (약 4분) + 대구 자체 (시간 표기 없음)

01 [구상형, Eng.]

아침 일찍, 한 학생이 급하게 들어와서 이야기한다. 최근 A 학생이 코로나19에 걸리지 않았음에도 불구하고 B 학생이 '코로나 바이러스'라며 놀려댔다고 한다. 어제 밤 A 학생이 손목을 그은 사진을 자신에게 보냈다. 학생은 깜짝 놀라 이야기를 들어준다고 했다. 이야기를 한참 나눴다고 한다. 이런 상황이라 교사에게 도움을 요청하고 있다.

1-1. 위와 같은 상황에서 학교에서의 대응 방안 3가지를 말하시오.

1-2. B 학생에 대한 지도 방안 2가지를 말하시오.

02 [구상형, Eng.]

(가)
"왜 그러니, ⓐ조나단? 왜 그래? 여느 새들처럼 사는 게 그리 어려운 게냐, 조나단? 저공비행은 펠리컨이나 알바트로스에게 맡기면 안 되겠니? 왜 먹지 않는 게냐? 얘야, 비쩍 마른 것 좀 봐라!"
"비쩍 말라도 상관없어요, 엄마. 저는 공중에서 무얼 할 수 있고, 무얼 할 수 없는지 알고 싶을 뿐이에요, 그게 다예요. 그냥 알고 싶어요."
ⓑ아버지가 인자하게 말했다.
"이것 봐라, 조나단. 겨울이 멀지 않았다. 배들이 나오지 않을 거고, 수면 가까이 있던 물고기 떼는 깊이 들어가겠지. 연구해야겠다면 먹이에 대해, 먹이를 어떻게 잡을지에 대해 연구하거라."

(나)
체찰사가 내가 머물고 있다는 소식을 듣고 먼저 군관을 보내더니, 조금 있다가 또 군관을 보내어 조문하기를, "일찍 상을 당했다는 소식을 듣지 못하였다가 이제야 비로소 듣고 놀라 애도한다."고 하고, 저녁에 만날 수 있는가를 물었다. 나는 대답하기를 "저녁에 마땅히 가서 뵙겠다."고 하였다. 어두울 무렵 가서 뵈오니, 체찰사는 소복을 입고 접대한다. 조용히 일을 의논하고 나올 때 남 종사(從事)가 사람을 보내어 문안했다.
(검색해보니 어머니가 돌아가신 후, 백의종군 중인 1597년 5월 20일로 나옵니다. 실제 난중일기에서는 체찰사 이원익, 군관 이지각 등 이름까지 구체적으로 나왔었는데 면접 지문에서는 이름이 빠져 있었습니다.)

(다)
- 자하가 말했다. "학문을 널리 배우고 자신의 뜻을 독실하게 하며, 모르는 것은 열심히 파고들어 묻고 가까운 것, 쉬운 것부터 생각해 나가면, 그러는 중에 인(仁)은 저절로 생겨나게 된다." (명심보감 근학편)
- 아무리 어리석은 사람이라도 남을 탓할 땐 영악하고 아무리 총명한 사람이라도 자신을 돌아볼 땐 흐리멍덩하다.

2-1. (가)에서 나타난 Ⓐ와 Ⓑ의 세상을 살아가는 가치관의 차이점을 비교하시오.

2-2. (나)에서 알 수 있는 대구미래역량 1가지를 제시하고 관련된 교육 정책 2가지와 이유를 설명하시오.

2-3. (다) 제시문의 교육적 시사점과 관련하여 IB 학습자상을 차례대로 제시하시오.

03 구상형, Eng.

(대구 미래교육 관련 4~5줄 정도)
- 첫째 줄에 '미래 사회를 주체적으로/주도적으로(?) 이끌어 나가는 인재'
- 마지막 줄에 '4개의 미래역량(창의융합적 사고 역량, 자기관리 역량, 공감 소통 역량, 공동체 역량)의 균형 있는 발달, 17개의 실천 과제가 있다.'

(대한중학교의 상황 6줄 정도)
- 다문화 가정이 있다.
- 코로나19 시대에 원격 수업으로 인해 학력 격차가 심해졌다.

3-1. (가)와 (나)를 바탕으로 하여 대구시교육청의 교육 정책 2가지를 제시하고, 그것이 필요한 이유를 미래역량과 관련지어 설명하시오.

3-2. (가)와 관련하여 미래역량을 기르기 위한 교사의 지도 방안 2가지를 말하시오.

2021학년도 대구심층면접 답안 sample

01 구상형, Eng.

1-1. 통지서 배부, 안내 수칙 배부, Wee Class 연계, 오픈 카카오 채팅방 (학부모 소통 창구) 공지, 조회 시 인식 개선 교육, 방지 캠페인 / 포스터 공모전 등

1-2. 반성적 성찰문 쓰기, 역할극, I-message 활용

02 구상형, Eng.

2-1. Ⓐ: 개혁적, Ⓑ: 보수적
2-2. (생략)
2-3. (내용⁺ 참고)

03 구상형, Eng.

3-1. (생략)
3-2. 학생 참여형 수업과 과정 중심 평가 실시, 온택트 학부모 역량 강화 지원

내용⁺ 🔍 IB (International Baccalaureate)

1. IB란?
스위스에 본부를 둔 비영리교육재단인 IB본부(International Baccalaureate Organization)에서 개발·운영하는 국제 인증 학교 교육 프로그램이다. 역량 중심 교육과정을 기반으로 개념 이해 및 탐구 학습 활동을 통한 학습자의 자기주도적 성장을 추구하는 학교 교육 체제이며, 세계 153개국 5,234교(2020년 1월 기준)에서 운영 중이다.

2. IB 사명문 (Mission statement)
IB의 목표는 서로 다른 문화를 이해하고 존중하며, 더 나은 평화로운 세상을 실현하는 데 기여할 수 있는, 지식이 풍부하고 탐구심과 배려심이 많은 청소년을 기르는 것입니다. 이를 위해 본 기관은 학교, 정부 및 국제기구와 협력하여 국제적 수준의 교육과 엄격한 평가 시스템을 갖춘 도전적인 교육 프로그램을 개발하고 있습니다. IB 프로그램은 전 세계 학생들이 적극적이고 공감할 줄 알며, 서로 다름을 이해하고 존중하는 평생 학습자가 될 것을 장려합니다.

3. IB 학습자상 (Learner profile)
- Inquirers 탐구하는 사람
- Knowledgeable 지식이 풍부한 사람
- Thinkers 사고하는 사람
- Communicators 소통하는 사람
- Principled 원칙을 지키는 사람
- Open-minded 열린 마음을 지닌 사람
- Caring 배려하는 사람
- Risk-takers 도전하는 사람
- Balanced 균형 잡힌 사람
- Reflective 성찰하는 사람

2020학년도 심층면접 기출문제

2020학년도 심층면접 - 평가원

01 구상형, Eng.

Based on the following situation, tell us 3 problems and 3 solutions.
(다음과 같은 상황에서 문제점 3가지와 해결책 3가지를 말하시오.)

〈Students' opinions on performance assessment〉
- Student A: We take performance assessment during the class times every day. We feel exhausted.
- Student B: We have already done performance assessments of four subjects this week.
- Student C: I think the performance assessment is not helpful. I don't know why we did it. I think multiple-choice test is much better.

(학생 A: 평가 하나에 과제가 너무 많다. / 학생 B: 여러 과목의 평가 시기가 겹친다. / 학생 C: 평가가 도움이 안 된다. 차라리 객관식 시험이 좋겠다.)

02 구상형

다음과 같은 상황에서 필요한 교사의 자질 2가지와 이러한 자질을 갖추기 위해 본인의 노력을 실천하기 위한 방안 2가지를 말하시오.

현우는 지각과 결석이 잦다. 그래서 교사인 내가 "너 이런 식이면 유급이야."라고 말했다. 그러나 현우의 생활은 나아지지 않았다. 현우에 대해 포기하고 싶다.

03 구상형

다음 제시문의 밑줄 친 ㉠과 ㉡이 적용되는 학교 상황의 사례를 각각 설명하고, ㉠과 ㉡에 관련된 본인의 교육관을 말하시오.

> 혹자는 ㉠"말이 스스로 샘에 가서 목을 축이게 해야 한다."고 말한다. 다른 이는 ㉡"말을 억지로라도 끌고 가서 물을 먹여야 한다."고 말한다.

04 즉답형

- A 연구부장: 면대면으로 다같이 협동으로 일 처리 선호
- B 연구부장: 온라인으로 개인적으로 일 처리 선호

4-1. 위의 두 교사의 방식 중 선호하는 방식과 그 이유를 말하시오.

4-2. 자신이 선호하지 않는 방식을 가진 연구부장과 갈등이 생기면 어떻게 대처하겠는지 말하시오.

2020학년도 심층면접 - 평가원 답안 sample key words

01 [구상형] 수행평가에 대한 학생 의견
- **Student A**: not performance assessment but assessment during Ss' performance, block time
- **Student B**: scheduling in T's conference
- **Student C**: giving feedback, consciousness-raising, realizing purpose of assessment

02 [구상형] 교사의 자질과 본인의 노력
- **관심과 사랑**: 꾸준히 관찰하며 아낌없는 사랑
- **소통**: 현우가 왜 지각과 결석이 잦은지 문제점을 해결하기 위해 함께 노력
- **공감**: 편지쓰기 실시
- **단호함**: 지각일기 작성 독려

03 [구상형] 학교 상황의 사례와 본인의 교육관
- ㉠: 학생이 스스로 해결할 수 있는 문제의 경우, low level, 학습 초기, 안전 관련 교육, 자살시도나 왕따, 학교폭력
- ㉡: 학생이 스스로 해결할 수 없는 문제의 경우, high level, 자기 주도적 학습
- **교육관**: 저는 상황에 따라 다르겠지만 ㉠의 입장이 저의 교직관과 비슷하다 생각합니다. 저는 학생이란 스스로 성장하는 존재라고 생각합니다. 그렇기에 교사는 학생의 장점, 단점, 잠재력을 파악하고 스스로 나아가도록 조력자로서의 역할을 해야 합니다. '밉게 보면 잡초 아닌 풀이 없고 곱게 보면 꽃이 아닌 사람 없다.'고 했습니다. 그렇기에 저는 학생들을 언제나 따스한 시선으로 바라보고 넓은 마음으로 포용하며 성장할 수 있는 조력자의 역할을 하는 것이 교사라고 생각합니다.

04 [즉답형] 두 가지 교사 업무 방식

4-1. 선호 방식
→ 저는 A 부장교사와 함께 일하고 싶습니다. 물론 메신저를 통해 소통한다면 시간을 줄일 수 있기에 업무처리에 관해 효율성을 높일 수 있다고 생각합니다. 하지만 저는 교사 조직에서 가장 중요한 것은 소통이라고 생각합니다. 소통이란, 서로 눈과 눈을 마주보고 감정을 파악하고 상대방의 의견에 집중하고 나의 의견을 원활히 전달하며 의사소통하는 것이라 생각합니다. 그렇기에 메신저보다도 직접 대화하고 소통하는 A 부장교사와 함께 일하고 싶습니다.

4-2. 갈등 시 대처 방안
→ 만약 제가 선호하지 않는 부장교사와 일하게 되었다면 우선 저는 그 부장교사를 이해하기 위해 노력할 것입니다. 저의 업무 방식과 비교하여 부장교사의 업무처리 방식의 장점을 이해할 것입니다. 그 후, 신규교사인 저보다 경력이 풍부하신 부장선생님의 방식을 배우려 노력할 것입니다. 업무 방식이 다를지라도 기본적으로 교사조직에서 소통은 중요하다 생각하므로 부장교사와 꾸준한 소통을 통해 서로를 이해하고 성장할 수 있도록 노력해야 한다고 생각합니다.
+ emotion coaching, 배우려는/경청하는 자세, on/offline으로 나눠서 접근

2020학년도 심층면접 - 서울

01 구상형, Eng.

Tell us what Mr. Kim overlooks in these cases, and suggest instructional methods for each case.

⟨Case 1⟩ Student A who had suffered from leukemia came back to school after the absence for two years. Mr. Kim made him take a break from P. E. classes and appointed a student helper who can help Student A. But Student A does not adapt to the school life.

⟨Case 2⟩ Mr. Kim is mainly interested in environmental issues. That's why he selected the theme of environment as cooperative integrated arts activities. In addition, he organized the groups and assigned roles at his disposal. However, the students are not pleased.

02. 구상형, Eng.

Based on the personality education plan of SMMOE(Seoul Metropolitan Ministry of Education), provide three methods to improve the following lesson plan. And reflecting on your suggestions, state one specific action plan for English class in detail.
(다음은 인성교육을 위한 ○○고등학교의 연간 시행 계획표이다. 서울 인성교육 시행 계획에 근거하여 다음 계획표의 개선 방향을 3가지 말하시오. 또한 자신의 전공과 연계하여 인성교육을 시행할 수 있는 방안을 1가지 말하시오.)

1. 교육 목적: ⟨생략⟩
2. ⟨생략⟩
3. 시행계획 ⟨Lesson plan for personality education⟩

Term	Program Content	Audience	Place	Date	Remark
1st Semester	Special lecture: Beauty of ethical life (Listening to a university professor)	all Ss	hall	7.15	guidance of the teachers in charge
2nd Semester	Honesty (Watching a documentary and writing review)	all Ss	classroom	12.23	homeroom teacher's guidance

03 구상형 추가 즉답형

인성교육을 위해 교사로서 필요한 자질과 그 자질을 기르기 위해 자신이 했던 노력을 말하시오.

04 즉답형

다음과 같은 상황에서 A와 B 학생 중 어떤 학생을 먼저 도울 것인지 선택하고, 그 이유를 말하시오. 자신의 교직관은 무엇인지 말하고, 그에 따라 자신이 고른 학생에게 줄 조언을 설명하시오.

- A 학생: 게임은 잘 하지 못하지만 게임 1인 방송을 하는 YouTuber가 되어 유명해지고 돈을 많이 벌고 싶어요.
- B 학생: 저는 이루기 힘든 큰 꿈은 꾸기 싫어요. 그냥 아르바이트를 하고 취미생활을 하면서 소소하지만 확실한 행복을 느끼는 삶을 살겠어요.

05 즉답형 추가 즉답형

위 제시문에서 선택하지 않은 학생에게 줄 조언을 말하시오.

수험생 현장 스케치

서울은 15분 동안 면접을 실시합니다. 한 평가실에서 모든 문제를 답변합니다. 공고에는 모든 문항을 3분 이내로 답변하라는 지시가 있었지만 실제로는 강제 사항이 아닌 권고 사항으로 적용되었습니다. 구상형 추가 즉답형과 즉답형 추가 즉답형 문제는 종이에 쓰여 있지 않고 평가관이 문제를 읽어줍니다.

2020학년도 심층면접 - 서울 답안 sample (JY)

01 (구상형, Eng.) Instructional methods for each case

⟨Case 1⟩ ① asking to P. E. teacher 1 to 1 counseling
　　　　② class discussion session for more interaction thru. making and supporting groups

⟨Case 2⟩ ③ student council to make S-centered activities
　　　　④ school SNS survey

02 (구상형, Eng.) SSMOE

(1) Three methods
　① discussion in the 1st semester
　② sharing time in the 2nd semester
　③ role play together

(2) One specific action
　video clip of dilemma situation → open discussion → essay writing

03 (구상형 추가 즉답형) 인성교육에 필요한 교사의 자질

(1) 자질
　① 책임감: 미숙한 아이들 담당, 모범
　② 인내심: 교육은 장기간의 과업

(2) 노력: 일기 쓰기

04 (즉답형) 도울 학생과 본인의 교직관

(1) 선택: 학생 A (or 학생 B: 꿈이 아예 없기 때문에)
(2) 이유: 외재적 동기
(3) 교직관: 잠재력을 믿고 도움을 주는 조력자
(4) 조언: 적성 찾기 격려, 내재적 목적의 중요성 상기

05 (즉답형 추가 즉답형) 학생에게 조언

① 적성 찾기 격려
② 성공 경험 기회 제공
③ 취미 - 직업 연계 인식

2020학년도 심층면접 - 서울 (비교과)

01 구상형, Eng.

서울시 교육청에서는 협력적 인성을 강조하고 있다. 제시문 [가]를 읽고 협력적 인성을 기르기 위한 방안을 자신의 교과와 연계하여 2가지 말하시오. 또한, 제시문 [나]를 읽고 이를 바탕으로 자신이 교사로서 적합한 이유를 자신의 경험과 관련지어 말하시오.

> [가] (협력적 인성에 대한 정의와 설명)
> [나] 교사는 학생에게 가치를 주는 존재이다. (중략) 교사는 학생에게 학업적·사회적 영역뿐만 아니라 자아개념 형성에도 영향을 미친다.

02 구상형

다음 제시문은 교사, 학생, 학부모가 상담교사에게 찾아온 장면이다. 이를 읽고 A, B, C에 대해 각각 시연하고, 이들에 대한 지도 방안을 말하시오.

> ⟨장면 1⟩
> 교사 A: 우리 반 길동이가 항상 아이들과 싸우고 말썽을 일으켜서 지도하기가 너무 힘들어요. 선생님이 상담 좀 해주세요.
>
> ⟨장면 2⟩
> 학생 B: 친구들이 저만 미워하고 왕따 시켜서 학교에 오고 싶지 않고 학교를 그만두고 싶어요. 그냥 위클래스에서 상담만 받고 집에 가면 안 되나요?
>
> ⟨장면 3⟩
> 학부모 C: 자녀가 공부는 하는데 자꾸 성적이 안 올라요. 지능이 문제가 있는 것이 아닐까요? 지능검사 좀 해주세요.

03 구상형 추가 즉답형

학생 B를 지도할 때 발생할 수 있는 문제점 3가지를 말하고, 이에 대한 해결 방안을 각각 제시하시오.

04 즉답형, **05** 즉답형 추가 즉답형

※ 교과와 동일

2020학년도 심층면접 - 경기

01 구상형, Eng.

Based on the survey result in the following, provide suggestions for solving the problems.

> This is the result of the survey about the school lunch regulations. The following is the survey result on the questionnaire 'Do you think that our students follow the school lunch regulations well?'
>
> | | Very likely | Likely | Sometimes | Unlikely | Very unlikely | No answer |
> |----------|-------------|--------|-----------|----------|---------------|-----------|
> | Students | 2% | 9% | 20% | 30% | 28% | 11% |
> | Teachers | 7% | 4% | 31% | 25% | 26% | 7% |

02 구상형, Eng.

How can Mr. Kim help Student A for her enjoyable school life?

> The following is a homeroom teacher's reflective journal after the consultation with Student A.
>
> - April 1st: Student A did not reach the basic standard in the test.
> - May 11th: Student A said that she is not happy in school and expressed a desire to drop out of school.
> - June 21st: Student A asked me to give her a bandage. It turned out that Student A's wound on the wrist was self-inflicted on purpose.

03 [즉답형]

다음 사례들이 학교 개인정보보호법을 위반했는지 안 했는지 각각 밝히고, 그 이유를 말하시오.

- 사례 1: 교사가 학생의 개인정보를 업무용 수첩에 기재하고 학생과 상담할 때에 사용하였다.
- 사례 2: 원활한 연락을 위해 학부모 봉사 조직의 대표 학부모에게 참여하는 학부모의 연락처를 제공했다.
- 사례 3: 학급 자치활동 결과로 칭찬할 학생 '김○수', 노력해야 할 학생 '오○우'라고 학급게시판에 게시했다.

04 [즉답형]

모둠 활동 시 무임승차로 인해 생길 수 있는 문제점과 그에 대한 해결 방안을 제시하시오.

05 [자성서 추가 질문]

(관리번호에 따라 4명씩 다른 문항이 주어짐)

5-1. 고교학점제 도입 시 어떤 교과를 담당하고 싶고, 그 교과를 가르치기 위해 어떻게 노력할지 말하시오.

5-2. 지역사회와 연계하여 동아리를 운영한다면 어떤 방식으로 할지 자신의 경험을 바탕으로 이야기하시오.

5-3. 농어촌 지역에 발령 시 어떻게 질 높은 교육을 제공할 것인지 말하시오. or 농어촌 지역으로 발령이 나면 학생들과 하고 싶은 활동(교육 프로그램)과 그 이유를 말하시오.

내용+ 개인정보 관련 주의사항

1. 담임교사가 업무용 수첩에 수기로 작성한 개인정보의 경우 동의서를 받지 않아도 되는지? 이때, 수기로 작성한 내용을 컴퓨터에 파일화시켜 저장하게 되면 개인정보보호법에 위배되는 것인가?
   → 위의 사항은 「초·중등교육법」, 「초·중등교육법 시행령」 등에서 정한 교육 업무를 수행하기 위하여 불가피한 경우로 보이며, 이런 경우 정보 주체의 동의를 구하지 않더라도 수집이 가능하나 최소수집의 원칙을 지켜야 합니다.
   → 또한, 이러한 자료를 엑셀 등 파일 형태로 저장·관리할 경우 암호화 등 안전조치를 취한 후 관리해야 합니다.

2. 개인정보보호법에서 허용 가능한 행위(경기 면접 즉답형 3번 문제 답변)
   ① 학생 상담은 교사 소관 업무라고 볼 수 있어서 위반이 아니다.
   ② 정보 주체의 동의가 없어서 위반이다.
   ③ 칭찬·노력해야 할 학생은 개인정보가 아니라는 주장이 있었는데, 개인정보의 정의는 개인을 식별할 수 있는 정보이며 하나의 정보만으로 식별 가능할 필요는 없고 다른 정보와 종합하면 가능하다. 이름은 개인정보이며 '김○희' 등으로 적었을 때 우리 반에서 누구인지 유추 가능하여 개인정보에 해당하므로 위반이다.

(단순 의견이며 틀릴 순 있어요.)

2020학년도 심층면접 - 경기 답안 sample 0 (BJ/HR)

01 [구상형, Eng.] 급식 관련 설문조사

(1) 해결 방안 (BJ)
① needs analysis
② learning community
③ classroom circle

(2) 해결 방안 (HR)
① lunch regulations campaign for awareness-raising
② project work in English class

02 [구상형, Eng.] 즐거운 학교생활을 위한 해결 방안

(1) 해결 방안 (BJ)
① level-differentiated lesson
② alternative classroom
③ joining 경기 G-sports club 랙 mental problems thru. physical activities

(2) 해결 방안 (HR)
① DoDream Program for minimal standard - academic support, individual counseling
② 사람책 Program for sense of purpose + peer mentoring
③ consulting with Wee class teachers + cooperative activities → making local maps

03 [즉답형] 개인정보보호법

사례 1. 위반 ○ (정답: 위반 ×)
사례 2. 위반 ○
사례 3. 위반 ○

04 [즉답형] 모둠 활동 시 문제점

(1) **문제점**: 배움 저해, 봉 효과
(2) **해결 방안**: 매번 다른 구성원으로 모둠 형성 or 개별적 과제/역할 부여, STAD, 자기/동료 평가

05 [자성서 추가 질문]

5-1. **고교학점제 (HR)**: 영어 원서 읽기, 온책 읽기, '앵무새 죽이기' by 인종차별의 역사, for 다문화 감수성
5-2. **지역 연계 동아리 운영 방안 (BJ)**: 이민 관련 그림책 결론 다시 쓰기 for 다문화 교육, 다문화 감수성 교육

2020학년도 심층면접 - 경기 답안 sample 0 (HE)

01 구상형, Eng. 급식 관련 설문조사

(1) **문제**: 아이들과 교사 모두 50% 이상이 아이들이 점심 규칙을 잘 지키지 않는다고 생각한다.
(2) **해결 방안**
① 학생 자치, 직접 규칙 정하기: 책임감도 상승하고, 스스로 규칙을 만들고 지키면서 민주시민의식도 신장한다.
② 교사도 함께 점심 먹기: 교사가 같이 있으면 좋은 관계를 유지하고 싶어 규칙을 더욱 잘 지킬 것이다. 그 후에 규칙을 잘 지키고 점심시간의 질서를 잘 유지하기 위해 노력한 학생에게 incentive를 제공한다.
③ Lunch hall에 음악 틀기: 클래식 같은 평화로운 음악으로 학생들이 차분하게 점심을 먹을 수 있게 한다.

02 구상형, Eng. 즐거운 학교생활을 위한 해결 방안

① 전문상담교사와 연계해서 전문적인 도움을 받게 한다. 자기 자신을 다치게 할 수도 있는 상황이기 때문에 체계적인 상담이 필요하다.
② rapport를 형성한다. '함께 사제동행 → 같이 캠핑 다녀오기 → one caring adult'가 있다는 것 알도록 한다.
③ Wee class/지역 Wee center와 연계해서 심리적 도움과 학업적 도움을 받게 한다.

03 즉답형 개인정보보호법

사례 1. 위반 × - 교무수첩에 중요한 내용을 적어서 상담을 진행하는 것은 괜찮다.
사례 2. 위반 ○ - 학부모 연락처도 개인정보이므로 개인정보를 사전 허락 없이 단체에 돌리면 안 된다.
사례 3. 위반 × - 하지만 교육적으로 좋지 않다. 못한 학생을 공개적으로 붙여놓으면 다른 아이들이 유추해서 알 수 있기 때문이다. (정답: 위반 ○)

04 즉답형 모둠 활동 시 문제점

(1) **문제점**: 봉 효과
(2) **해결 방안**
① 역할 및 과제 분담: 직소를 같이 진행한다. 자신이 안 하면 모둠 전체가 목표 성취를 못하므로 참여하게 된다.
② 향상 점수에 근거한 모둠 점수 제공: 점수가 낮은 아이들이 모둠 성공에 기여할 가능성이 높으므로 모둠 안의 모든 아이들이 점수 낮은 아이를 참여시키기 위해 노력하며, 그 학생 본인도 성취감을 느끼고 동기 부여될 수 있다.
③ (셋째, 하는데 종 울림. 웃으니까 평가관도 같이 웃어주심)

05 자성서 추가 질문

5-2. 지역 연계 동아리 운영 방안 – 내 경험을 바탕으로 설명

고등학생 때 구립 어린이 도서관에서 영어동화책 읽어주기 봉사활동을 기억한다. 처음에는 영어동화책이어서 겁부터 먹었던 아이들이 나중에는 너무 즐겁게 영어동화책을 먼저 찾아서 읽는 모습을 보았다. 이를 토대로 영어동화책 읽기 동아리를 맡고 싶다. 지역 도서관과 연계해 그곳에서 영어동화책을 읽는다면 아이들이 읽고 싶은 책을 골라 읽으면서 영어를 더 편하게 느끼게 될 것이다. 그리고 즐거운 분위기 속에서 읽으면서 영어를 더 친근하게 느낄 것이다. 다 읽고…
("간단하게 읽은 책에 대해 소개하도록 하겠다."라고 얘기하려 했는데 종 울림)

2020학년도 심층면접 - 경기 (비교과)

01 구상형
특별실 공간 구성을 통해 학생의 학습과 성장을 이끌어 내기 위한 방안을 말하시오.

02 구상형
학교축제에서 전공과 연계하여 교육 주체를 참여시킨 프로그램 운영 방안을 말하시오.

03 즉답형
정서적 폭력 지도 방안을 말하시오.

04 즉답형
신입생에게 줄 입학 설명회 자료(?)에 자신의 교과와 관련하여 어떤 내용을 넣을 것인지 3가지를 말하시오.

2020학년도 심층면접 - 인천

01 [구상형, Eng.]

다음의 사례에 따른 교육의 방향 3가지와 각 단위학교에서의 구체적 실천 방안 2가지를 제시하시오.

> 〈미래교육〉
> (A) 인공지능의 지능이 인간보다 더 높아질 때가 얼마 안 남았다.
> (B) 과학기술의 발달로 미래는 하나의 직업으로는 살아갈 수 없다. 3~5개의 직업이 필요하다.
> (C) 다문화 가정이 늘고 있다.

02 [구상형, Eng.]

위의 제시문에 나타난 학교 조직문화의 문제 3가지를 제시하고, 이를 해결하기 위한 방안 3가지를 말하시오.

> 학생들 사이에서 갈등이 생겼다. A 교사는 이를 해결하기 위해 회복적 생활교육을 하자고 여러 번 제시했지만 시간이 오래 걸리고 복잡하기 때문에 기존 방식대로 해결하자는 의견으로 인해 시도하지 못했다.

03 [즉답형]

'이택상주'(도성훈 교육감 신년사에서 나온 한자성어)에 대한 글에서 알 수 있는 교육적 요소와 이러한 자세를 위한 교사의 역할 5가지를 말하시오.

04 [즉답형]

자신의 학생상을 제시하고, 이와 관련하여 2020년 3월 2일 입학식 날 학생들에게 전할 첫 인사말을 말하시오(단, 수험생의 이름을 말하지 말 것).

내용+ 이택상주

… '이택상주(麗澤相注)'라는 말이 있습니다. '두 개의 맞닿은 연못이 서로 물을 대며 마르지 않는다.'라는 뜻으로, 서로 협력하며 함께 발전하고 성장하는 것을 의미합니다. 인천교육이 인천의 자부심이 되고 우리 아이들의 희망찬 길이 되기 위해서는 우리 모두가 이택상주(麗澤相注)의 자세로 인천교육의 미래를 빈틈없이 준비해야 합니다. 여러분의 변함없는 관심과 지원을 당부드립니다.

2020년 새해 아침 인천광역시 교육감 도성훈

2020학년도 심층면접 - 강원

구상형 제시문

학교폭력 예방 및 대책에 관한 법률 (약칭. 학교폭력 예방법) 제13조의 2에 의거하여 학교폭력이 발생한 사실을 신고 받거나 보고 받은 경우 학교의 장은 학교폭력 사건을 자체적으로 해결할 수 있다. 단, 피해학생 및 그 보호자가 심의위원회의 개최를 원하지 아니하고 네 가지 조건을 모두 만족하는 경미한 학교폭력의 경우에 해당한다.

01 구상형
학교폭력 발생 시 학교장 자체해결제를 실시하기 위한 조건을 4가지 말하시오.

02 구상형
학교장 자체해결제의 등장 배경을 2가지 말하고 담임교사로서 생활교육 방안을 2가지 말하시오.

03 즉답형
돈이 안 드는 교육을 완성하기 위한 방안을 4가지 말하시오.

04 즉답형
다음에 제시된 학급의 다문화 학생을 돕는 방안을 4가지 말하시오.

> 학생 A는 다문화 학생으로 한국어가 서툴고, 한국문화에 대한 적응이 잘 되어 있지 않다. 그리고 수학을 못해서 어떻게 가르칠지 걱정이다.

05 즉답형, Eng.

Based on the process-centered assessment, tell us one problem which each teacher made and suggest one solution for each problem.

- Teacher A gave the same point to all the group members.
- Teacher B evaluated students by homework what students had not finished during the class time.
- Teacher C evaluated students only by the self-assessment.

2020학년도 심층면접 - 강원 답안 sample 0 (JY)

01 구상형

intro 학교폭력 + 사이버 폭력으로 번지는 상황 언급 & 화해·소통·신뢰 중심의 관계 중심 생활교육의 중요성이 대두됨을 강조함. 특히, 학교장 자체해결제를 통해 학교폭력을 예방하고 평화롭고 신뢰로운 관계 중심의 학교 문화를 만들 수 있을 것을 기대함.
(적용 조건은 지어낸 거 + 얼핏 기억나는 거 섞어서 했어요.ㅠ 그래서 패스할게요!)

02 구상형

1) **등장 배경**
① 기존의 처벌 중심 응보적 생활지도의 부정적 영향을 언급 → 가해학생이 진심으로 뉘우치고 자신의 잘못 돌아보며 피해학생의 피해를 책임지고 회복하기 위해 & 관계를 회복해 재발 방지를 위해 & 피해학생의 정서적 회복을 위해
② 관계 중심 생활교육의 도래에 따라 문제 해결에 모든 구성원이 참여하고 또 문제를 예방하고자 할 때에도 모두 함께 의논함으로써 평화롭고 안전한 학교생활 및 공동체 구성원 모두의 따뜻한 공감 능력 + 공동체적 책임감 증진을 위해

2) **생활교육 방안**
(생활교육 방안은 시책 내용 중 학교폭력을 중심으로 말하겠다고 하고 시책 내 학생 생활교육 부분 중 학교폭력 예방 부분을 중심적으로 말했습니다.)
① 담임이 중심이 되어 관계 중심 생활교육을 하며 신학기 학교폭력 예방 캠페인 실시
   → 1학기엔 언어 및 사이버 폭력 예방 주간, 2학기엔 캠페인 공모전 등 활용
② 담임으로서 학교 내에선 학교폭력 실태조사 실시 및 예방과 대처를 실시하고 학교 밖에선 가정과 협력해 학교폭력을 예방하고자 학부모의 학교폭력 예방교육을 강화하여 학교 안팎으로 학교폭력으로부터 안전한 생활교육 실시

03 즉답형 돈 안 드는 교육 완성 방안 4가지

① 중·고등학교 신입생 교복비 지원, 학교 주관 구매의 경우만, 생활교복 등 학생 의견 반영
② 고등학교 2, 3학년도 무상교육 확대
③ 저소득층 자녀 대상으로 교육정보화 - PC 보급 및 정보통신비 지원
④ 다자녀 입학 준비물품 비용 지원

04 즉답형 다문화 학생 지원 방안 4가지

① 통합 언어교육
② 사제동행 멘토링: 학생 개인 특성별 지도로 유대 관계 증진 및 기초학력 증진 가능
③ 정책-학교 연결: 초·중등 학급에서는 일반 교과와 다문화 교육을 연계하여 프로젝트형으로 교육, 한국어 학급에서 한국어와 문화를 배울 기회 제공
④ 다문화 이해교육: 학생 및 교직원 대상으로 실시

05 [즉답형, Eng.] 과정 중심 평가(process-centered assessment)의 problems and solutions

(1) **Teacher A**: 조 활동 결과 같은 점수를 모두에게 준 것이 공정하지도 않으며, 개별 맞춤형 발달과 성장 정보를 제공한 것도 아니므로 과정 중심 평가의 의의와 다른 것이 문제이다.
  → 따라서 모든 구성원의 개별 맞춤형 성장 발달을 지원하는 모둠 평가 방식으로 변화가 필요하며, 개별 점수를 부여해야 한다.
  → STAD를 활용해 개인 향상 점수를 통해 팀 점수를 부여하면 모든 학생들의 성장 촉진 및 개별 책무성, 성공 기회 균등 분배가 가능하다.
  (말하면서 약간 과정 중심 평가의 문제점이 아닌 느낌이 들어서 조금 핀트가 어긋난 기분 들었는데 그냥 말했어요. 그리고 STAD를 말할 때 면접관님이 필기를 슥슥 하셨어서 틀린 거 같은 기분이 들었어요.ㅋ)

(2) **Teacher B**: 숙제를 통해 평가하는 것이 문제이다. 그 이유는 과정 중심 평가의 개념 자체가 학생들이 활동 수행을 하고 있는 과정에서 평가가 이뤄져야 하기 때문이다.
  → 따라서 학생들이 과제를 수행하는 과정에서 평가가 이뤄져야 한다. 이때 교사는 명확한 평가 기준을 가지고 관찰 등을 통해 평가를 해나가야 한다.

(3) **Teacher C**: 자기평가만 실시한 점이 문제점이다. 그 이유는 과정 중심 평가의 정의에 따르면 다양한 평가 방식, 예를 들어 포트폴리오 평가, 자기평가, 동료평가, 관찰평가 등을 활용해야 하기 때문이다.
  → 따라서 이 문제를 해결하기 위해 포트폴리오 평가와 교사의 직접 관찰 평가 등을 다양하게 활용해야 한다.

2020학년도 심층면접 - 세종

01 [구상형]

	교직 경력	담임 / 행정 업무	특이사항
A 교사	5년 (?)	교무부 평가계	임신 5개월
B 교사	6년	3학년 담임	
C 교사	22년	학생부장	
D 교사	0년	2학년 담임	신규교사

- 1학년: 3시간 × 8반 = 24시수
- 2학년: 3시간 × 6반 = 18시수
- 3학년: 3시간 × 8반 = 24시수

1-1. 위 교사들이 동교과협의회에서 수업 배분을 할 때 고려할 사항 3가지를 말하시오.

1-2. 가장 합리적인 방법으로 각 교사들에게 학년과 시수를 배정하고 그 이유를 말하시오.
(보통 한 교사는 1개의 학년 또는 2개의 학년을 맡고, 평균 한 교사 당 수업 시수는 약 16시간임.)

	들어갈 학년	각 학년 당 수업 시수	이유
A 교사	( )학년 / ( )학년	( )시수 / ( )시수	
B 교사	( )학년 / ( )학년	( )시수 / ( )시수	
C 교사	( )학년 / ( )학년	( )시수 / ( )시수	
D 교사	( )학년 / ( )학년	( )시수 / ( )시수	

02 [구상형, Eng.]

- 학생들이 SNS를 사용하는 비율을 나타내는 원그래프 (SNS 사용 비율이 많다는 내용 한바닥)
- 사이버 폭력
- 세종시에서는 전자칠판, 전자보드, 태블릿 등을 동 지역, 읍면 지역 학교들이 모두 갖추도록 하고 있다.
(세종시가 스마트 교육을 위해 모든 학교에 스마트 기기를 보급하고 있다는 내용)

2-1. How can teachers use the given environment? Provide three things.

2-2. Tell us three conflicts which students would experience, two educational activities which schools improve the given environment and two methods which can be done to support the parents. Then, tell us two measures which the department of education in Sejong to prevent and address the cyber-bullying.

03 구상형

> <독서교육 관련> 김 교사는 학기 초 학생들에게 ○○대학 추천 도서 목록을 제공하고, 책을 읽어오면 학교생활기록부에 기록을 남겨주겠다고 말했다. 그런데 학기 말에 확인해보니까 학생들이 꾸준히 읽지도 않고, 인터넷에서 내용을 베끼는 등 결과가 엉망이다.

3-1. 독서교육을 통해 학생들이 갖출 수 있는 능력(목적)은 무엇인지 말하시오.

3-2. 김 교사의 독서교육 지도 방안의 문제점 3가지를 말하시오.

3-3. 본인은 독서교육을 어떻게 '계획-실행-평가'할 것인지 말하시오.

04 즉답형

> 미세먼지의 위험성이 심각한 수준이다. 하지만 학생들은 잘 인지하지 못하고 있다.

4-1. 교사가 위와 같은 상황을 개선하기 위해 할 수 있는 것 3가지를 말하시오.

4-2. 미세먼지가 발생하는 원인 2가지를 말하시오.

4-3. 환경교육을 위해 (학교에서?) 할 수 있는 활동 3가지를 말하시오.

05 즉답형

> <민주시민교육 관련> 선거권 연령이 낮아졌다. 학생들의 자치활동/자율활동을 활성화시켜야 한다.

5-1. 위와 같은 상황에서 교사가 학교에서 학생들을 지도하는 방안 3가지를 말하시오.

5-2. 선거권 연령 하향에 대한 본인의 생각을 '기대'와 '우려' 중 하나를 택하여 그 이유와 함께 설명하시오.

5-3. 학생들의 자치활동/자율활동을 활성화시킬 수 있는 방안을 말하시오.

💬 수험생 현장 스케치

면접 시간은 15분입니다. 구상형 문제는 A4 용지 1장당 1문제씩 출제되어 있었습니다. 즉답형 문제는 상장 파일에 있고 이 파일을 펴면 왼쪽 A4 용지에 즉답형 문제 1번, 오른쪽 A4 용지에 즉답형 문제 2번이 출제되어 있었습니다.

2020학년도 심층면접 - 세종 답안 sample 0 (HG)

01 구상형

1-1. 수업 배분 시 고려 사항 3가지
① 각 교사의 특이사항 예) A 교사 임신, D 교사 신규
② 신규·고경력 교사 matching
③ 담임/행정 업무

1-2. 학년 / 시수 배정과 그 이유

	들어갈 학년	각 학년 당 수업 시수	이유
A 교사	(1)학년	시수의 반	평가 업무 집중, 자유학기제 고려
B 교사	(3)학년	보통 시수	
C 교사	(1)학년 / (2)학년	보통 시수	D 교사의 mentor
D 교사	(2)학년 / (3)학년	보통 시수	

(수업 시수를 숫자로 말했어야 했는데 못해서 아쉬워요..)

02 구상형, Eng.

2-1. three measures of using online environment
① digital textbook, e-board
② tablet PCs
③ online platform for parents, e.g., class blog

2-2. three conflicts of students, two educational activities, two methods for parents, two measures of the department of education in Sejong against cyber-bullying
① 3 conflicts: electronic devices, Ss' competition, paying attention
② 2 activities: campaign for making UCC/slogans, class debate for life agreement
③ 2 methods: parents' concert for smart phone addiction, school-home relation
④ 2 measures: digital literacy for preventive actions, 아람누리 program (세종시 시책) for reactive actions

03 구상형

3-1. 독서교육을 통해 갖출 수 있는 능력(목적)
　　① 비판적 사고력, ② 의사소통 능력, ③ 심미적 감성 능력

3-2. 독서 교육 지도 방안의 문제점 3가지
　　① 일방적 독서 목록 제공, ② 외재적 동기 부여 only, ③ 학기말 확인 평가

3-3. 본인의 독서교육 '계획 – 실행 – 평가'
　　① 계획: 꿈끼 실행 달력표
　　② 실행: portfolio
　　③ 평가: 과정 중심 평가 (실천왕 뽑기, 감상문 공유)

04 즉답형

4-1. 교실 상황을 개선 방안 3가지
　　① presentation 수업, ② 아침 맞이 환기 운동, ③ 손 씻기 운동 지도

4-2. 미세먼지 발생 원인 2가지
　　① 화석연료 사용, ② 중국 사막의 모래바람

4-4. 환경교육 활동 3가지
　　① 환경교육 공모전, ② 작은 환경활동 실천, ③ 국제 환경 issue 논의 – 융합교육

05 즉답형

5-1. 자율활동을 위한 교사의 학생 지도 방안 3가지
　　① 교사가 학생 의견 존중, 개방적 태도
　　② 한울 학생회 program – 사제동행
　　③ 동아리 활동 활성화

5-2. 선거권 연령 하향에 대한 '기대'와 '우려' 선택과 그 이유
　　① 선택: 기대
　　② 이유: 주권의식을 함양, 학생의 목소리를 정책에 반영

5-3. 자치활동/자율활동 활성화 방안
　　① 학생에게 작은 역할 부여 – 칭찬지기, 청소지기
　　② 토론/토의 활성화 – 생활협약, 3주체 협의회
　　③ 지역사회 연계 봉사활동 전개

(5-1번 문항과 5-3번 문항이 유사해서 어려웠어요.)

2019학년도 심층면접 기출문제

2019학년도 심층면접 - 평가원

01 [구상형, Eng.]

김 교사는 수업 시간에 뒤에 앉은 몇몇 아이들이 떠드는 등 수업에 집중하지 않는 행동을 해서 잠시 (briefly) 주의를 주고 다시 수업을 진행하였다. 그런데 또 떠들고 수업을 방해해서 이번엔 수업을 멈추고 그 아이들에게로 걸어가서 조용히 하라고 하였다. 그랬더니 수업 시간에 집중을 잘하는 민수라는 아이가 "쌤, 저희 진도도 느린데 빨리 수업이나 계속 하시죠.(We are behind the schedule. Can we hurry up and continue …?)"라고 하였다.

위와 같은 상황에서 김 교사의 문제점 2가지와 즉각적인(on the spot) 해결 방안을 각각 1가지 말하시오. (2분 내외)

02 [구상형]

통일이 된 지 3년이 지났다. 함경도에 아이들은 있는데 학교와 교사가 부족하다.

위와 같은 상황에서 당신은 전보 신청을 할 것인가 여부를 이유와 함께 말하시오. 그리고 통일된 한반도의 교사로서 임하는 태도를 말하시오. (단, 2분 내외 / 전보 신청에 대한 선택은 점수에 반영되지 않음.)

03 [구상형]

현재 로봇이 발달하는 중이며, 미래 교육에서 교사 대신 인공지능 로봇이 수업을 수행하도록 대체하자는 의견이 나오고 있다. 하지만 반대 의견도 있다.

위와 같은 미래 학교의 상황에서 인공지능 로봇과 인간 중 교육의 주체는 누구인가를 자신의 교육관과 함께 말하시오. 그리고 당신의 교육관으로 학생들을 가르치면 학생들이 어떤 사람으로 자라게 될지를 말하시오.

04 즉답형

(제시문은 구상 시간에 미리 제시)
- A 교사: 학생들과 동료교사 중 학생들에게 더 집중하여 학생과 래포 형성에 초점을 두고 평소에 학생들과 소통을 많이 한다. 수업 준비는 잘 안 하지만 유머와 말솜씨 등 임기응변으로 학생들의 반응과 수업 만족도가 높다.
- B 교사: 학생들과 동료교사 중 동료교사에게 더 집중하여 동료교사와의 협력을 잘 하며 학교 행사에도 잘 참여한다. 또한, 행정업무도 잘 한다. 수업 준비도 열심히 하고 잘 하는데 그 연구한 내용을 수업에 잘 적용하지 못해서 학생들의 만족도는 낮다.

4-1. 성실성 측면에서 A와 B 교사 중에서 본인은 어느 교사에게 더 가까운지 자기 경험을 연결해서 말하시오.

4-2. 자신이 선택한 교사를 교사의 책임과 역할을 고려하여 비판하시오.

4-3. 당신이 A와 B 교사의 동료교사라면 어떤 교사와 협업할 것인지 이유와 함께 말하시오.

수험생 현장 스케치

전반적으로 제시문이 다 짧았습니다! 1번 문제만 영어였고요! 그리고 4번 즉답형에 A 교사와 B 교사의 성향에 대한 제시문은 구상실에 들어갈 때 구상지에 이미 나와 있었고 대답해야 하는 4-1-2-3번만 책상에 붙어 있었어요. 시계는 측면에 있었고 면접관은 5명이였습니다. 그리고 두 팀으로 나눠서 동시 진행했어요!

2019학년도 심층면접 - 평가원 답안 sample key words

01 (구상형) 김 교사의 수업 지도

(1) no competency → I-message
(2) infringing learning right → secret promises (gesture)
    + open questions, flipped learning

02 (구상형) 북한 전보 신청

(1) 북한에 간다. 교육 기회를 제공하는 것은 교사의 의무이고, 개인적으로 풍성한 삶을 위해서 가고 싶다.
(2) 편견 없는 태도가 필요하다.
    + ① 협력 자세: 관계 유지
      ② 관용의 자세, 다양한 문화 수용
      ③ 배려의 자세: 학생 상담

03 (구상형) 인공지능 vs. 인간

(1) 교사가 가르쳐야 한다. (+ mitigation)
(2) 교육에서는 지식뿐만 아니라 공감적 이해와 소통이 필요하다. 학생과 눈높이를 맞추는 교사가 필요하다.

04 (즉답형)

4-1. A 교사
4-2. 교사 전문성과 협업 능력이 부족하다.
4-3. B 교사, 시너지 효과를 낼 수 있고, 적극적 태도를 배울 수 있기 때문이다.
 + 4-1. B 교사, 기간제 중 학생 수업을 준비하느라 평일과 주말 시간을 모두 할애했다.
   4-2. 학생에게 전달하는 것보다 학생이 수용하는 것에 초점과 관심을 기울여야 하나 그렇지 못한다.
   4-3. B 교사, 동료교사와 협력하는 것을 좋아하며, 문제점을 고쳐주고 보완하면 더 큰 성장이 가능하다.

2019학년도 심층면접 - 평가원 (비교과)

01 구상형

K 고등학교에서는 작년 학업 성취도 평가에서 좋지 않은 결과를 해결하기 위해서 학교 운영위원회의 결정으로 방과후 활동에서 수업 위주의 프로그램을 실천하고 있다. 그러나 학생들은 방과후 학습 활동은 재미도 없고 진로와 관련도 없어서 도움이 안 된다고 하며 참여하지 않는다. 학생들은 진로 탐색을 위한 다양한 활동을 하고 싶어 한다.

위와 같은 상황에서 문제점은 무엇인지 말하고, 이에 대한 해결 방안과 근거를 1가지 제시하시오. (2분 내외)

02 구상형

당신은 독서토론 동아리를 맡아서 운영하는 담당자이다. 독서토론 동아리에서는 학생의 의사소통 역량을 기르는 것이 중요하다.

교사로서 의사소통 역량을 기르기 위한 전문성 신장 노력을 자신의 경험과 연관 지어 이야기하고, 그러한 경험과 노력에서 배운 점은 무엇인지 말하시오. 그리고 자신에게 부족한 점을 개선하기 위한 향후 계획을 말하시오. (2분 내외)

03, 04
※ 교과와 동일

2019학년도 심층면접 - 평가원 (비교과) 답안 sample

01 구상형
(1) **문제점**: 개성과 다양성 무시, 경쟁 심화
(2) **해결 방안**: 지능검사, 적성검사 등으로 강점과 적성 확인 후 개별화 교육 실시

02 구상형 독서토론
slow reading: 한 학기 동안 한 권의 책을 심층적으로 이해하는 프로그램
학생 중심 수업(하브루타, 프로젝트 수업 등)을 배우기 위해 노력

2019학년도 심층면접 - 서울

01 구상형, Eng.

다음에 제시된 A의 상황에서 문제의 원인을 2개 찾고, B에 근거해서 교사가 할 수 있는 3가지 방안(3 instructional methods)을 제시하시오.

제시문 A

'교복이 학생인권을 침해하는가?'에 대해서 토론하는 상황이다. 김 선생이 토론을 시작하기 전에 교칙의 중요성에 대해 강조했다. 학생들은 대체로 침해한다는 입장이었고 그 쪽이 발언 기회를 더 많이 얻어 토론에서 우세했다. 그래서 결국 '인권 침해다!'라고 결론이 났고 소수의 의견은 무시되었다. 수업이 끝나고 이긴 쪽은 신난 반면 진 아이들은 화가 났다 (소수 의견이 무시당했다고).

(Students are discussing the issue of "School uniforms infringe students' right?". Mr. Kim emphasized the necessity of school dress code regulation before starting the discussion. Most students are on the side of 'pro' and they held the floor more frequently, so dominated the discussion. As a result, the conclusion was that school uniforms infringe students' right and …)

제시문 B

1976년, 보수와 진보의 갈등이 첨예했던 독일의 교육자들은 학생들에게 정치적 주제를 어떻게 가르칠지에 관해 한 자리에 모여 협약을 맺었다. 학생에게 '올바른 견해'라는 이름으로 특정 이념을 강제로 주입하지 않을 것, 토론 수업 중에는 논쟁 상황이 그대로 드러나도록 해 다양한 관점을 제시할 것, 쟁점이 되는 사안에 대해 학생 스스로 판단해 자신의 관점을 정하도록 할 것 등의 내용이 담겼다. 세 가지 원칙은 '보이텔스바흐 합의(Beutelsbacher Consensus)'라는 이름으로 오늘날 세계 여러 나라에서 시사 이슈를 교육(Civic Education)할 때 적용하는 보편적 원칙으로 널리 활용되고 있다. '학생은 정치적 문제를 다뤄서는 안 된다.'라거나 '교육의 정치적 중립성이 잘못 이해되고 있다.'라는 견해는 지양하고 '다양한 사회 문제를 학교에서 외면하거나, 보편적 정답이 있는 것처럼 가르쳐서는 안 되며 특정 견해를 주입하지 말고 논쟁을 통해 학생이 스스로 판단하도록 하도록 해야 한다.'는 것이다.

> 💬 수험생 현장 스케치
>
> 구상형은 문제지 1장 당 1문제가 제시되었습니다. 즉답형/즉답 추가형은 실제로 문항 번호가 제시되지 않았습니다.

02 구상형, Eng.

담임교사로서 다음에 제시된 각각의 학생 그룹을 지도할 수 있는 방안을 이유와 함께 제시하시오.
(State the reasons for instructional methods.)

Type	Characteristics	Number of students
A	• 대학 진학에 관심이 있다. • 수업 시간에 열심히 참여한다. • 몇몇은 진로에 대한 계획이 없다.	14명
B	• 공부에 흥미가 없어서(lack of interest in learning) 평소 멍 때리거나(apathetic) 잠을 잔다. • 수업에 inattentive한 모습을 보인다. • 성취도가 낮다. (확실하지 않음.)	9명
C	• psychological disorder가 있다. • 평소 disruptive in class 하다. • 충동이나 화를 억제하지 못한다.	4명
D	• 경미한 인지 장애(minor cognitive disorder)가 있다. • 학급 활동 참여에 관심이 많아 참여하기를 원하지만 혼자 힘으로는 할 수 없어서 dependent하다.	1명

03 구상형 추가 즉답형

위에 제시된 A, B, C, D가 모두 조화롭게 참여하면서 학급 차원에서 함께 할 수 있는 프로그램을 구상하시오.
(평가관 음성으로 제시, 책상에 한국어로 답하라는 문구 제시)

04 즉답형

기능주의 교육과 갈등주의 교육의 특징에 대해 설명하고, 본인이 더 바람직하다고 생각하는 입장을 고르고 설명한 뒤, 이러한 입장의 한계점 2가지를 우리의 교육현실에 비추어 제시하시오.

05 즉답형 추가 즉답형

현재 서울시교육청이 실시하는 '정의로운 차등' 정책의 필요성에 대해 말하고, 교사로서 이를 실현하기 위한 방안 2가지를 말하시오.

2019학년도 심층면접 - 서울 답안 sample 0

01 [구상형, Eng.] 토론 수업

(1) **원인**: 교사의 의견이 투영되었다는 것, 소수 의견이 무시되었다는 것
(2) **instructional 방안**
  ① 보이텔스바흐 합의에 대해 미리 교육하기 (3가지 합의 내용에 대해 언급함.)
  ② 교과시간에 discussion-oriented learning할 수 있도록 돕기. 그러면 의사소통 역량, 협업 등 다 좋다.~
  ③ discussion은 winning or losing이 아니라 reaching agreement가 중점이며, 따라서 소수 의견을 무시해서는 안 된다고 명시하기

02 [구상형, Eng.] 학생 그룹 지도 방안

(1) Group A
  • needs analysis를 통한 strengths & weaknesses 파악, 그걸 바탕으로 개별적 career education으로 연결, only one 교육 언급
(2) Group B
  • 평소 regular counseling을 통해 emotional support를 보여줄 것
  • Learned helplessness를 겪고 있는 것으로 보이므로 individualized learning을 위한 자료 및 관심
(3) Group C
  • expert help를 받도록 함. 즉 상담선생님, Wee class/center와 연계 (psychological disorder는 담임으로서 지도하기에 부족함이 있을 수 있음.)
  • 회복적 생활교육, 비폭력대화, 감정코칭
(4) Student D
  • 특수교사와의 협업
  • 반 차원에서 inclusive education 강조 (사회는 장애인과 비장애인이 함께 살아가기 때문)
  • 학급 내 peer supporter, student angel을 통해 emotional support를 받고 befriend할 수 있게 돕겠다.

03 [구상형 추가 즉답형] 프로그램 구상

프로젝트 학습 실시·주제는 '우리들의 꿈'. 모두가 확실한 꿈을 가지면 목표 의식이 생겨서. 어쩌구. 방황도 덜하고. 모두는 꿈을 가졌다는 점에서 같고 어쩌구(라고 말함)

04 [즉답형] 기능주의 vs. 갈등주의

(1) **기능주의**: 교육의 선발적 기능과 사회화 기능에 대해서 설명
(2) **갈등주의**: 교육 시스템 자체의 계층편향성(상위계층에게 유리함)을 이야기하면서 아비투스 및 문화자본 언급
(3) **선택한 교육관**: 갈등주의
(4) **한계점**
  ① 비판은 하면서 뚜렷한 대안이나 대책을 제시하지 않음.
  ② 현재 대입 위주의 교육시스템에 맞지 않으며, 현실과 충돌(기능론은 선발에 대한 설명이 가능하나 ~)

05 즉답형 추가 즉답형 '정의로운 차등' 정책 필요성, 실현 방안

(1) **정책 필요성**: 태어난 조건의 차이와 상관없이 동일한 출발선상에서 교육을 받도록 하기 위해서, 이를 통하여 개개인의 꿈과 끼를 실현할 수 있도록

(2) **실현 방안**
  ① 서울희망교실을 설명하고 이를 적극적으로 활용하겠다. 평소 관심이 많아서 많이 찾아봤다. 교과랑 연계해서 도움을 주겠다.
  ② 방과후 교실을 통해 사교육을 받기 힘들거나 기초학력이 부진한 학생들을 지도하겠다. 추가 자료 교부 및 개별적 관심을 가져줄 수 있을 것이다.

내용+ 기능주의 vs. 갈등주의

1. 개념

구분	내용
기능주의	• 사회의 본질을 상호 의존적인 관계 또는 부분의 집합으로 구성된 체제로 보며, 사회를 유기체에 비유 • 학자: 사회학의 아버지로 불리는 Conte, 사회유기체설을 제시한 Spencer, 도덕교육을 강조한 Durkheim, 사회 체제론을 주장한 Parsons 등)
갈등주의	• 사회의 본질을 끊임없는 경쟁과 갈등의 연속으로 간주 • 학자: 역사의 발전은 유산계급과 무산계급 사이의 투쟁의 결과로 보는 Max와 Weber, 사회 진출을 위한 도구로 전락해 버린 학교의 전면적인 구조 개편을 주장한 Bowles와 Gintis 등

2. 기능주의와 갈등주의 비교

구분	기능주의	갈등주의
공통점	• 교육을 정치, 경제적 구조의 종속변수로만 인식 • 교육이 사회의 존속을 위한 그 나름의 기능을 수행하고 있다고 간주 • 교육의 본질이 아닌 외적인 기능에만 초점	
교육관	교육은 사회 존속을 위한 기능 수행	기존 계층 구조의 재생산을 정당화
교육의 기능	재능 활용의 능률과 사회의 통합	불평등의 정당화와 지배층 문화 주입

2019학년도 심층면접 - 서울 답안 sample key words

01 [구상형, Eng.] 토론 수업

(1) **문제점**
  ① 교사의 중립된 자세 부재: 토론 전 자신의 의견을 피력
  ② 학생의 평등한 발언권 보장 미흡: 일방적으로 발언 기회를 독점하고 이를 경쟁적으로 받아들여 토론의 목적과 의의가 퇴색

(2) **지도 방안**: 보이텔스바흐 3원칙 지키기
  ① 강압 금지: 교사가 토론에 직접 개입 자제, 주입식 교육 금지, 교사는 중립적인 태도
  ② 논쟁의 투명성: 공정한 발언 시간 보장, 찬/반 관련 객관적인 자료 제시, 공동체와 의사소통 역량 함양
  ③ 수요자 지향성: 소수의 의견 무시 방지, 서로의 의견을 존중하고 이해, 민주시민교육 실시

02 [구상형, Eng.] 학생 그룹 지도 방안

(1) **A** - 각종 진로 체험(not 직업 교육), '꿈과 끼', 꿈NUM꿈. 청진기, 서울시 진업 체험 박람회, 창체/동아리 시간 체험
(2) **B** - 교육과정 재구성, 학생 중심 수업, 적성/지능검사 실시 후 교과 반영, 협동 모둠 학습 및 성공 경험 제공
(3) **C** - 정서 행동 검사 진행 후 상담, 위클래스/위센터 연계, 자기성찰일지 작성 격려
(4) **D** - 학급 프로젝트로 어울림 프로그램 실시: 일반학생과 장애학생이 어울리도록 미화, 심리, 상담 등 여러 가지 프로그램으로 장애이해교육 및 장애학생의 적극적 동기 반영 가능

03 [구상형 추가 즉답형] 프로그램 구상

- 협력 종합 예술 활동: 연극 진행, 협력적 인성교육, 학생이 기획부터 공연까지 계획하여 자기 주도적
- 또래 상담
- 교실 꾸미기 program / dream together program: 직업 상황판 만들기

04 [즉답형] 기능주의 vs. 갈등주의

(1) **기능주의**: 능력주의 규범에 따라 능력에 맞춰 성취 결과에 맞는 교육 결과를 받는 것
(2) **갈등주의**: 사회적 불평등을 강조하며 정의로운 차등을 목적으로 하는 것
(3) **기능주의 선택**: 우리나라 교육 현실에 긍정적, 모든 아이들에게 동등한 출발선을 제공하여 공평한 교육
(4) **한계점**: ① 과도한 경쟁, 교육 격차로 인한 사회적 양극화, 공교육의 위상 저하
  ② 집단지성 발휘의 어려움, 선발 기준과 준거의 모호성

05 [즉답형 추가 즉답형] '정의로운 차등' 정책 필요성, 실현 방안

(1) **정책 필요성**: 보상적 평등관의 관점, 학생들이 알맞은 지원을 받아 꿈과 끼를 살릴 수 있도록 도울 수 있음.
(2) **실현 방안**: ① 희망교실 운영: 문화적 경험과 기초학력 보장
  ② 교육복지우선지원사업 홍보, 서울시가족교육기부단
  ③ 학생 상대로 멘토링 실시: 기초학력 극복 조력
  ④ 개별 상담 실시: 정서 결손 극복 격려, 모두의 가능성을 여는 책임 교육 실현 가능

내용+ 보이텔스바흐 합의 (Beutelsbach Consensus)

1. 개념
보이텔스바흐 합의는 독일 정치교육의 기본 원칙이라고 할 수 있다. 학교 교육, 연방정치교육원과 주정치교육원 등 공공 영역의 정치교육은 이른바 '보이텔스바흐 합의'로 불리는 세 가지 기본 원칙을 따른다. 보이텔스바흐 합의는 독일 정치교육의 상징이라고도 할 수 있으며 교사 직업윤리의 필수적인 구성 요소라고 할 수 있다.

2. 보이텔스바흐 합의의 역사적 배경
(1) 독일은 1968년 학생운동을 거치면서 보수와 진보의 정치적 양극화 현상이 심화된다. 사민당과 기민당 간의 논쟁과 대립은 정치교육 교과 과정의 내용에도 영향을 미쳤고, 이론적 입장도 주(州) 정부의 정치 성향에 따라 각각 다르게 나타났다. 이러한 상황에서 초당파적·중립적인 입장을 견지해야 하는 연방정치교육원과 주(州)정치교육원은 정치교육의 정치적 도구화를 방지하고 이념적 갈등 해소 방안을 모색하게 되었다.

(2) 이를 위해 1976년 11월 19일과 20일 양일간 독일 남서부의 소도시 보이텔스바흐에서 "정치교육에서의 합의 문제(Das Konsensproblem in der politischen Bildung)"라는 대주제하에 진보와 보수 진영의 저명한 정치교육학자들을 초청하여 학술대회를 개최하였다. 보이텔스바흐 회의를 총괄했던 한스-게오르그 벨링(Hans-Georg Wehling) 바덴-뷔르텐베르크 주(州)정치교육원 편집국장은 책으로 발간할 목적으로 보이텔스바흐 학술대회의 발제문들과 논쟁 내용을 요약하여 '보이텔스바흐 합의'로 불리는 세 가지 원칙을 정식화하였다. 이 보이텔스바흐 합의는 현재까지 독일 정치교육의 기본 원칙으로 여겨지고 있다.

3. 보이텔스바흐 합의(Beutelsbacher Konsensus)의 세 가지 원칙

(1) 강압 금지(Überwältigungsverbot) 원칙
바람직한 견해라는 이유로 학생들에게 생각할 여유를 주지 않음으로써 독자적인 판단을 방해하는 것은 용인되지 않는다는 원칙이다. 이 원칙은 주입식교육금지 원칙이라고도 해석되고 있다.

(2) 논쟁의 투명성(Kontroversität) 원칙
학문과 정치에서 논쟁적인 것은 수업에서도 논쟁적인 사안으로 다루어져야 한다(Was in Wissenschaft und Politik kontrovers ist, muss auch im Unterricht kontrovers erscheinen)는 것이다. 논쟁의 투명성 원칙을 강조하는 이유는 상이한 입장들이 균형적으로 고려되지 않거나, 선택의 여지를 주지 않거나, 대안들에 대한 논의가 충분히 이루어지지 않으면 세뇌나 교화로 빠져들 수 있기 때문이다.

(3) 수요자 지향성(Interessenorientierung) 원칙
학생은 정치적 상황과 자신의 개인적 관심에 대해 분석하는 능력을 갖추어야 한다(Der Schüler muss in die Lage versetzt werden, eine politische Situation und seine eigene Interessenlage zu analysieren)는 원칙으로, 자신의 현재 상황에 영향을 미칠 수 있는 수단과 방법을 찾을 수 있는 능력을 갖추어야 한다는 것이다. 즉, 학생의 분석능력과 개인의 관심 존중을 강조한 원칙이다.

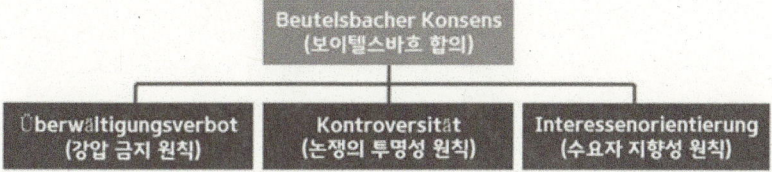

"보이텔스바흐 합의는 헌법의 규범적 핵심에 대한 지향이 바로 민주시민교육을 위한 최소한의 방법적 합의인 것이다. 또한, 보이텔스바흐 합의는 관점의 다양성에 대한 필연성, 즉 바꾸어 말하자면 이견(異見)의 정당성에 대한 합의라고 할 수 있다." (최영돈, 2016)

2019학년도 심층면접 - 경기

01 구상형, Eng.

(교사의 고민이 담긴 교단일지 4~5줄 제시 in English)
학생들이 교과 활동도 학급 활동도 관심이 없다. 왜 그러는지 모르겠다. 자신들의 혜택(own benefits)에만 관심을 가지고 그 외에는 관심이 없다. 그리고 서로 협력하거나 도와주지 않는다. 그래서 학급 협동 시간 등에 크게 관심도 없고 참여도 적고, 서로를 잘 배려하고 이해하지 않는다. 또한 다른 교과목에도 흥미가 없고 참여도도 적다. 이 부분에 대해서는 다른 교과 선생님들도 내게 언급을 하셨다. (타교사가 그냥 그런 것 같다고 말했다고 했지, 불평까지는 아니었습니다.)

Based on the above situation, as a homeroom teacher, provide specific suggestions for communal group activities to cooperate with each other.

02 구상형, Eng.

The education to the third graders in middle school and high school after the high school entrance exams and college entrance exams has been problems in our school system. Schools do not have a full schedule. We need to provide our students with the opportunities of various programs related to career exploration, talent searching, humanity experience, meeting other people and so on.

Based on the above passage, tell us specific methods that teachers can use in the self-development period.

> 💬 **수험생 현장 스케치**
> 1번의 경우 가짓수는 제한이 없었지만 2개 이상은 언급해야 했던 것 같습니다(suggestions라고 되어 있었음).

03 [즉답형]

학생들이 실천하는 민주시민으로서 성장하는 것이 중요하다. 이를 위해 학생들이 민주시민으로서의 역량을 기르도록 어떻게 교육 활동을 전개할 것인지 말하시오.

04 [즉답형]

훌륭한 책을 읽는 것은 훌륭한 사람을 만나는 것과 같다. 자신이 생각하는 독서교육의 필요성과, 독서교육을 교과와 연계할 수 있는 방안을 말하시오.

05 [자성소 추가 질문]

5-1. 4.16 교육체제의 가장 중요한 가치를 하나 고르고 그 이유를 말하시오.

5-2. 동아리가 지원자의 삶에 어떤 영향을 미쳤고 어떤 교직관을 가지게 되었는지 말하시오.

5-3. 학교에서 가장 시급하게 고쳐야 할 문제점이 무엇이라고 생각하는지 말하고 그 이유를 말하시오.

수험생 현장 스케치

저는 자성서 내용과 전혀 다른 질문이었고, 다른 선생님들께도 여쭤보니 저 질문을 받은 선생님들이 많으셨더라고요, 그리고 문제점과 이유만 물어보았고 그 방안까지는 물어보지 않았습니다!

내용+ 자기개발시기 교육과정 관련 기사

교육부는 대학수학능력시험 이후 학교 교육과정 운영의 내실화를 위해 자기개발시기 교육활동을 강화한다고 밝혔다. 교육부는 그동안 시·도 교육청과 협력해 학사 관리 및 꿈·끼 탐색 주간 운영의 내실화 정책 추진에 힘써 왔다. 특히 매년 반복되는 수능 이후의 각급 학교 교육과정의 파행 운영과 학생 관리 부실 등의 관행을 개선하도록 했다. 교육청에서는 단위학교의 학사 운영 및 출결 관리 실태를 파악해 효과적인 학사 운영과 개선에 필요한 지원책을 강구하고 자기개발시기에 다양한 학생 참여 체험 활동 프로그램을 종합 안내·운영토록 했다. 단위 학교에서는 자기개발시기에 학생들의 꿈과 끼를 살릴 수 있도록 '꿈·끼 탐색 주간'으로 정하고 진로체험, 문화체험, 진로·진학상담 시간 운영 등 구체적인 교육 계획을 수립해 내실 있는 학교 교육과정 운영과 출결 등 학사관리를 철저히 하도록 했다.

2019학년도 심층면접 - 경기 답안 sample 0 (MJ)

01 [구상형, Eng.] **공동체 활동(communal group activities)**
① **생활지도 측면**: trust circle - 미래에 행복하게 살 수 있는 방법·공동체
② **학급경영 측면**: volunteer work - 특히 global citizen으로서 World Vision이나 SAVE THE CHILDREN
③ **교과지도 측면**: jigsaw/STAD - 긍정적 상호의존성

02 [구상형, Eng.] **자기개발시기(self-development period)**
① parents'의 career shadow day
② reading week + 토의, 토론
③ mentoring program - juniors의 mentor가 되기. 학창시절을 성찰하는 기회

03 [즉답형] **민주시민 교육 활동**
융합형 프로젝트 수업 with 사회 선생님, 음악 선생님
• 지역사회를 탐방해서 스스로 주제 선정, 해결 방안을 찾아보기
• 노래로 표현
• 사회 선생님에게 우리 사회의 장점과 개선점 여쭤보기
• 음악 선생님과 협력해서 영어 홍보 노래 만들기

04 [즉답형] **독서교육 교과 연계 방안**
① **영어 진로 읽기**: 도서관의 graded readers를 빌려서 볼 수 있다. 자신의 흥미 분야에 대해 extensive reading 할 수 있도록 한다.
② **나의 경험**: Mr. Ives' Christmas라는 소설책을 읽었는데 자신의 아들을 살해한 범인에게 끊임없이 편지하고 교육적인 지원을 통해 삶을 변화시킨 내용이었다. 교사는 끊임없이 희망을 갖고 교육적으로 지지해주는 존재라는 걸 배웠다.

05 [자성소 추가 질문]
5-1. 4.16 교육체제의 가장 중요한 가치를 하나 고르고 그 이유를 말하시오.
    (1) **가치**: 협력
    (2) **이유**
        ① 자율, 창의 모두 협력 없이는 불가능하다.
        ② 학생들에게 큰 영향을 주는 교사로서 학생들의 본보기가 되어야 한다.
        ③ 전문적 학습공동체: 융합 수업, 평화통일 교육

(처음에 "가장 중요한 가치를 말하고"라고 들어서 협력, 자율, 창의, 생태, 공공 전체를 아우른다고 생각하는 '희망'을 말했다가 반응이 이상해서 "죄송하지만 질문을 다시 한 번 말씀해 주세요." 하고 여쭤봤더니 가장 중요한 가치를 하나 고르라고 더 분명하게 다시 말씀해주셨음)

2019학년도 심층면접 - 인천

01 (구상형, Eng.)

다음은 다문화 가정의 민희가 SNS에 올린 글이다. 다음의 상황에서 담임교사로서 5가지 문제점과 5가지 해결 방안을 제시하시오.

> 부모님은 일하시느라 늦게 오시기 때문에 나는 항상 집에 혼자 있게 되어 외롭다. 그래서 집에 들어가기 싫다. 학교에서는 다문화 배경(multicultural background) 때문에 항상 친구들이 나를 이상하게 바라보는 것 같다. 학교에서 점심시간에 같이 밥 먹을 친구가 없을 때는 밥을 먹지 않는다. 인터넷에서 자해(self-injury)를 하면 기분이 나아진다(great)는 글을 보았다. 자해를 하면 기분이 나아질까? 이런 나를 위로해 주는 것은 온라인 게임뿐이다.

02 (구상형)

다음의 상황에서 공통적으로 나타나는 두 교사의 5가지 문제점과 5가지 개선 방안을 제시하시오.

> 〈A 교사〉
> - 수업 시간에 질문을 해도 학생들이 잘 대답하지 않는다.
> - 학생들의 동일한 행동에 때로는 화를 내고 때로는 수용한다.
> - 수업 시간에 분위기가 산만하고 어수선하다.
> - 학생들의 이해가 안 된다는 요구에도 시간이 없어서 그냥 넘어간다.
>
> 〈B 교사〉
> - 토론과 활동 위주의 수업을 많이 진행하지만 학생들의 참여도가 좋지 않다.
> - 학생들이 개념을 잘 이해하지 못해서 지루해 한다.
> - 학생들이 질문을 하면 화를 낸다. (or 수업 시간에 학생들이 사용하는 신조어를 많이 사용한다.)
> - 감정적으로 격앙된 표현을 사용할 때가 있다. (or 학생들에게 강압적인 어투를 사용한다.)
>
> (A 교사의 상황 4개, B 교사의 상황 4개였는데 어떤 것이 각 교사에 해당하는 건지 헷갈려요. 모두 다 이렇게 짧게 한 문장으로 제시되었어요.)

03 즉답형, Eng.

다음 제시문과 같은 상황에서 자신이 되고 싶은 교사상을 바탕으로 교육적 방안(educational method)을 제시하시오. (가지 수는 제시되지 않았어요.)

> 교실에서 지켜야 하는 학급 규칙에 대해서 선생님이 직접 만들어서 붙였다. 학생들은 "선생님 마음대로 학급 규칙을 정하면 어떡해요~" 하면서 선생님이 일방적으로 규칙을 정했다고 불평하며 마음에 안 들어 한다.

04 즉답형

다음의 상황에서 담임교사로서 학부모를 어떻게 대응할 것인지 방법(태도)과 말할 내용에 대해서 말하시오.

> (학부모가 학교 담임선생님께 전화를 해서 학생이 학교에서 다쳐서 귀가했는데 학교에서 치료도 받지 않고 보냈다며 불만을 토로한다.)
>
> 학부모: 선생님, 우리 애가 발이 삐어서 집에 왔네요. 어떻게 애가 다쳤다는 전화도 해주시지 않고 집에 보냈나요? 선생님 원래 그런 사람인가요? ~

2019학년도 심층면접 - 인천 답안 sample 0 (MJ)

01 구상형, Eng.

intro - 다문화 가정의 학생들은 학교생활 및 교우관계에서 문제를 보일 수 있기 때문에 담임교사로서 다문화가정의 학생들을 지도하는 방안을 알고 있어야 하며, 적절한 도움을 제공할 수 있어야 한다.

(1) 문제점

① 가정에서 적절한 parenting을 제공받지 못하고 있다. 따라서 방과후 집에 있는 시간을 싫어하며 부모의 정서적 지원이 없기에 정서적으로 불안정한 경향을 보인다.
② 친구들과의 좋은 관계를 형성하지 못하고 있다.
③ 자아존중감이 매우 낮고 정서적으로 매우 우울하다. 자해까지 시도한 것으로 보아 심각한 정서적 문제를 가지고 있는 것으로 보인다.
④ 다문화에 대한 적절한 이해가 없다. 다른 학생들이 다문화에 대한 이해가 없기 때문에 민희를 차별하고 있고, 민희 역시 자신의 다문화 배경을 이상하다고 여긴다.
⑤ 방과 후에 혼자 방치되고 의미 있는 활동에 참여하지 못하고 있다. 온라인 게임만이 민희가 방과후에 할 수 있는 일이기에 온라인 게임에 중독될 수 있는 위험이 있다.

(2) 해결 방안

① intensive counseling을 한다. 심층적 상담을 통해서 민희의 문제점과 도움이 필요한 영역을 깨닫게 될 수 있다. 또한 상담을 통해 민희의 자아 존중감을 높일 수 있도록 격려한다.
② 학부모와의 상담을 진행한다. 학부모님께 민희의 현재 상태를 정확히 알려드리고 가정에서 도움을 요청하고, 다문화 부모님들에게 지역사회에서 제공하는 프로그램을 소개해드려 도움을 받을 수 있도록 한다.
③ Wee-class를 활용한다. 민희는 자해를 시도하는 등의 정서적인 부분에서 심각한 문제점을 보이기 때문에, Wee-class를 통해 전문적인 상담과 지원을 지속적으로 받을 수 있도록 한다.
④ 방과 후 프로그램을 소개하고 참여하도록 안내한다. 민희는 방과 후 집에 혼자 있는 것도 싫어하므로 온라인 게임 외에 의미 있는 방과 후 시간을 보내도록 돕기 위해서 방과후 프로그램을 안내한다. 지역사회에서도 특히 다문화 학생들을 위한 언어 프로그램과 멘토링 프로그램이 지원되고 있기 때문에, 이에 참여하여 민희가 학교생활에 적응할 수 있도록 지원한다.
⑤ 학급 친구들과 좋은 관계를 형성할 수 있도록 다양한 학급 프로그램을 연다.
　예) 마니또, 학급 스포츠 대회, 합창. 또한 학생들과 민희가 올바른 다문화 인식을 가질 수 있도록 돕는다.

02 구상형

intro - 교사에게 수업 전문성은 가장 중요한 역량이므로, 수업을 연구하고 개선시키려고 성찰하는 노력은 교사에게 매우 중요하다.

(1) 문제점
① 올바른 상호작용이 이루어지지 않고 있다. 수업은 교사와 학생의 상호작용이라고 생각하는데, 학생들이 질문에도 답을 잘 하지 않고 교사도 학생의 요구에 반응하지 않는 것으로 보아 올바른 상호작용이 이루어지지 않는다고 할 수 있다.
② 권위적이다. 학생 중심 수업이 아닌 교사의 일방적인 권위적 수업이 진행되고 있다.
③ 일관성이 없다. 따라서 학생들이 불만을 가질 것이다.
④ 학생의 요구가 수업에 반영되지 않는다.
⑤ 교사가 감정적으로 반응하고, 학생들과의 좋은 래포가 형성되지 않고 있다. (정확히 기억이 안 나요.ㅠ)

(2) 해결 방안
① 질문이 있는 수업을 만들겠다. 구체적으로 수업을 5분 일찍 끝내고 학생들의 질문을 듣고 답하는 시간을 가짐으로써 학생들이 이해 안 되는 부분을 다시 체크하고, 소통하겠다. (인천시 비전인 '소통'도 언급했어요.)
② dialogue journal을 학생들과 함께 쓴다. 학생들이 일지를 통해 모르는 부분을 다시 한 번 체크할 수 있고, 교사와도 좋은 래포를 형성할 수 있다.
③ 학기 초 수업 전에 학생들과 함께 규칙을 정한 후에 일관되게 적용한다.
④ 학생들이 더 많이 참여하게 한다. 구체적으로 학생들에게 돌아가면서 역할을 부여하고 많은 활동을 계획하여 집중하게 한다. (구체적인 예를 들었는데 기억이 안 나요.ㅠ)
⑤ 자기장학을 한다. 수업을 녹화하고 다시 보면서, 수업 시간에 사용한 teacher talk에서 어떤 문제점이 있었는지, 학생들에게 감정적으로 격앙되거나 권위적 태도를 보이지 않았는지 스스로 점검할 수 있고 개선시킬 수 있다. 나아가 수업 시간에 발견하지 못한 학생들의 태도도 점검이 가능하다.

03 즉답형, Eng.

(생략)

04 즉답형

우선 아이를 걱정하는 학부모의 마음은 당연한 것이기 때문에 어머니가 아이가 다쳐서 얼마나 걱정을 하셨는지에 대해 충분히 이해하고 공감한다. 그 이후에 학교에서 조치가 이루어지지 못한 점에 대하여 사과드린다. 또한 학부모님께서는 학교에서 아이가 왜 다치고 혹시 다른 문제가 없을지에 대해 궁금하고 염려하실 것이기 때문에 아이가 다치게 된 이유와 상황을 설명드린다. 마지막으로 다시는 이런 일이 없도록 학생들을 지도할 것을 약속드리고 혹시라도 이런 일이 일어났을 경우 학생들이 곧바로 적절한 조치를 받게 할 것을 약속드린다.

2019학년도 심층면접 - 강원

다음에 제시된 글을 읽고 물음에 답하시오.

> 존 롤즈가 제시하는 정의관의 핵심은 소득과 재산의 분배를 자연에 맡기는 사회는 정의롭지 못하며, 자연으로부터 차별당한 이들을 보상하는 사회가 정의롭다는 것이다. 그는 정의관을 세우기 위해 가장 앞세워야 할 제1원칙으로 '평등한 자유의 원칙'을 내세운다. 정치적 자유(투표권·공직출마권·언론 및 집회의 자유), 사상과 양심의 자유, 사유재산을 취득하고 보유할 권리(재산권), 공정한 재판을 받을 권리, 자의적 체포로부터의 자유 등 자유주의가 강조하는 가장 기본적인 자유들을 평등하게 보장하는 것을 대전제로 삼고 있다. 그러나 이 자유의 카테고리에서 자본주의적 시장의 자유라 할 수 있는 생산수단의 사유, 생산물의 점유, 소유물의 상속·증여의 자유는 제외하고 있다. 롤즈의 입장에서 그러한 자유는 기본적 자유에 해당하지 않으며 경험적으로 결정해야 할 정치·사회적 문제로 보고 있다.
>
> 거기에 기회균등의 원칙과 차등의 원칙을 제2원칙으로 내세웠다. 최소 극대화 원리를 제시하면서 최소 수혜자에게 최대 혜택을 주는, 즉 사회의 혜택을 가장 적게 받는 사람들에게 가장 많은 혜택이 돌아갈 수 있도록 사회적·경제적 불균등 분배를 정당화하자는 것이다. 결국 제1원칙은 평등한 시민의 기본적 자유를 희생해선 안 되는 자유주의적 핵심을 나타내며, 제2원칙은 자유주의적 자유가 사회적으로 불리한 처지에 놓인 사람들에게 보완될 수 있게 하는 사회주의적 핵심을 보여준다. 이것이 존 롤즈의 '자유주의적 평등주의'의 특징이라고 할 수 있다.

01 구상형

학생 A, 학생 B, 학생 C가 야구 관람을 하러 갔다. 학생들에게 같은 높이의 받침대를 주었는데 학생 A는 키가 커서 그냥 야구 경기를 볼 수 있었고, 학생 B는 받침대를 주자 그 위에서 야구 경기를 볼 수 있었지만, 학생 C는 키가 작아서 경기를 볼 수 없었다. 이를 교육공공성으로 표현할 때 공교육의 단점과 이에 대한 개선 방안을 3가지 제시하시오.

02 구상형

교사는 학습 수준의 차이가 다양한 학급을 운영하기 마련이다. 신규 교사로서 당신의 반에 다문화 학생 5명(북한 출신 1명), 기초학력 부진 학생 3명, 특수 학생 1명이 있을 때 이들을 위한 지원 방안을 4가지 제시하시오.

03 (즉답형)

다음과 같은 상황에서 진로 관련 선택교육과정 운영 방안 4가지를 제시하시오.

> 우리 학교는 도시에서 1km 정도 떨어져 있는 소규모 학교로서 전체 6개 학급밖에 없다. 각 학급당 학생 수는 20명 정도이다. 게다가 농촌 지역에 위치해서 교원 수급에도 문제가 있다.

04 (즉답형)

다음을 참고하여 청소년 민주주의 교육을 위한 강원도 교육청의 정책 4가지를 제시하시오.

> 강원도 교육청에서는 청소년 민주주의 교육을 위한 여러 가지 정책을 시행하고 있다.

05 (즉답형, Eng.)

다음과 같은 상황에서 A 교사에게 필요한 역량 2가지와, 동료교사로서 A 교사에게 조언할 수 있는 방안 2가지를 제시하시오.

> A 교사가 담임으로 있는 학급에 이전 학교에서 학교폭력으로 징계를 받은 한 학생이 전학 왔다. 그 뒤로 학생들이 A 교사의 말을 듣지 않는다. 다른 동료교사들도 수업 진행이 어려워 불만이 많다.

내용+ 평등관

구분		내용
기회의 평등	허용적 평등	모든 사람들에게 동등한 교육의 기회 부여 (능력 있는 사람만이 기회를 향유할 수 있다는 가정)
	보장적 평등	경제적·지리적·사회적 제반 장애를 제거하고 교육의 기회 보장 (무상교육, 학비 보조, 기숙사 설치, 통학버스 운영 등)
내용의 평등	과정적 평등	동일한 수준의 교육을 위해 교육 조건의 차이 제거 (콜맨 - 가정 배경, 경제 자본, 인간 자본, 사회 자본 중 사회자본의 영향이 가장 큼 → 학교 평준화)
	보상적 평등	교육 결과인 학업 성취의 평등을 위한 적극적 조치 (우수 학생보다는 열등 학생에게 더 많은 관심과 지원을 통해 동일한 결과 도출, 역차별 발생의 문제점 → 농어촌 특별 전형, 미국의 Head Start)

2019학년도 심층면접 - 강원 답안 sample

01 구상형

1-1. 공교육의 단점과 개선 방안
  (1) 단점: 개인차를 고려하지 않고 획일적, 일방적인 교육 복지 제공
  (2) 개선 방안
   ① 상담, 사제동행 희망교실, 가정 방문 등을 통해서 학생 각각의 개인차 확인
   ② 확인한 개인차에 적합한 개별적 교육 복지 제공
     예) 거리가 먼 학생 - 강원 에듀버스 / 경제적으로 어려운 학생 - 강원 행복나눔교육복지사업
   ③ 교육 복지를 받는 학생이 프라이버시나 자아존중감이 손상되지 않도록 주의, 모든 학생들에게 교육 복지가 수혜나 동정 차원이 아님을 교육

1-2. 개인차 지원 방안
   ① 다문화 학생: 모든 학습의 시작과 사회 교류의 기본은 언어이기 때문에 통합언어 지원교육 필요
   ② 기초학력 부진 학생: 두드림 학교, 학습 종합 클리닉 제공
   ③ 특수 학생: 교내 특수교사와 전문적 학습공동체를 형성하여 특수 학생에게 적합한 교육적 지원 탐색 및 제공
   ④ 북한 학생: 통일 교육 자원으로 활용
   + 학급 내에 존재하는 다른 학생들에게도 개인차를 확인하여 적절한 교육적 자원 제공
     예) 방과후 학교, 협력 교사제

02 즉답형 선택교육과정 운영 방안
① 도시와 떨어져 있기 때문에 마을 생태 환경을 활용한 체험 중심 교육과정을 운영
② 강원 꿈 더하기 공동 교육과정 활용
③ 마을 선생님 초빙
④ 온마을 학교를 구축하여 아이들이 지역 사회에서 직접 체험 교육을 받을 수 있도록 운영

03 즉답형 청소년 민주주의 교육
① 체험 중심 민주주의 교육 → 나라사랑 캠프
② 학급 자치회의 월 2회, 학생대표·교장 간담회 월 1회 개최
③ change maker 활동 권장
④ 학생 자치회의실 구축

04 즉답형, Eng. 학급 운영 방안
(1) 역량
   ① 인내 역량, 아이들의 문제 행동에 대해 교사가 감정적으로 대응하면 안 됨.
   ② 생활 지도 전문성 역량
(2) 동료 교사 역할
   ① 관계 중심 생활교육을 위한 전문적 학습공동체 형성
   ② 교육청에서 주관하는 생활지도 연수 소개

2019학년도 심층면접 - 세종

01 구상형, Eng.

(세종시 특징이 반영된 도표 자료 제시 - 3개의 원그래프, A 학교의 특성을 인구 비율 그래프로 나타냄)

- 첫 번째 원 - 전입 학생(newly-transferred students)이 많다.
- 두 번째 원 - 각 가정의 수입원(income sources)으로 맞벌이하는 부모(both parents who are working)가 많다.
- 세 번째 원 - 외동인 학생(only child)이 많다.

1-1. A 학교의 특성을 나타내는 위 그래프 자료를 보고, 각 특성의 장점과 단점(strengths and weaknesses)을 말하시오.

1-2. 각 단점(weaknesses)을 보완(improve/overcome)할 방안을 제시하시오.

02 구상형

(기사 자료 제시)

가정과 마을 내 유대감이 약화되었다. → 이혼율, 청소년 자살률, 학업중단, 학교폭력 등이 증가하고 있다.

2-1. 위와 같은 상황에서 학교에서 할 수 있는 교육 활동 3가지를 제시하시오.

2-2. 위와 같은 상황에서 교사에게 요구되는 역량 3가지를 제시하시오.

03 구상형

(자료 제시)
진로교육의 중요성

3-1. 교과담당교사로서 실천할 진로교육 방안 3가지를 말하시오.

3-2. 담임교사로서 진로와 관련한 '계획 – 실행 – 평가'를 어떻게 할 것인지 말하시오.

04 즉답형

(자료 제시)
A 교사는 지각도 많이 하고, 수업도 늦게 가고 학생들과 싸우기도 한다. 또한, 학생들로부터의 불만 사항이 많아 동료 교사들까지도 불편해한다.

4-1. 두 가지 관점에서 A 교사가 잘못하고 있는 것은 무엇인지 말하시오.

4-2. 이러한 문제점을 해결하기 위해 교사로서 할 수 있는 방안을 각각 1가지씩 말하시오.

05 즉답형

(자료 제시)

5-1. 2019년 세종시가 추구하는 교육 방향을 4가지 제시하시오.

5-2. 예술교육/문화 증진이 중요해지고 있다. 이를 위해 학교/교육청/지역사회가 할 수 있는 방안을 2가지씩 말하시오.

Chapter 03 집단토의

집단토의 기본

1. 기조발언과 정리발언 준비
집단토의 기조발언과 정리발언은 각 1분씩으로 미리 스크립트를 만들어 시간 측정을 하면서 말하는 연습을 해야 한다. 그러나 틀에 박힌 문구를 쓰거나 외워서 한다는 인상을 주면 감점 요인이 되므로 틀은 갖추되 얽매이지 않는다.

2. 구상 전략
(1) 구상실에서 제시된 토의 문제의 다양한 측면으로 고려하여 가지치기 전략으로 아이디어를 구상한다.
(2) 이때 자신이 가지고 있는 기조발언의 틀을 활용하여 2~3가지 version의 발언을 준비해야 한다. 이는 이전 발언자와 내용이 중복될 가능성을 고려한 것이다.
(3) 제시문의 용어를 활용하는 것이 최선이다. 따라서 제시문을 꼼꼼하게 분석한다.

3. 경청 전략
(1) 자신이 준비한 용지만 바라보지 않는다. 이는 협동적 말하기인 토의에 위배되는 행동이다.
(2) 다른 사람이 말할 때 고개를 끄덕이며 경청하고, 중요한 내용은 필기한다.
(3) 동의를 할 때에는 이전 발언자가 말한 것을 재진술하지 말고, 자신의 경험 등 구체적인 이유를 언급하며 진술한다. 구체적으로 "~ 부분에 동의합니다."라고 의견을 피력해야 한다.
(4) 반론을 할 때도 공격적이거나 진퇴양난에 빠뜨리려는 의도로 말하지 말고 미소를 띤다.

4. 발언 전략

(1) 항상 주제를 상기하고 가급적 최초 발언자가 되도록 노력한다. 이때 내용(교육청 정책)을 적절히 언급한다.
(2) 자주 발언하기보다는 내용이 있는 핵심 발언을 하도록 노력한다.
(3) 말끝을 흐리거나 '~에요.'라는 식으로 진술하지 말고, 명료하고 자신감 있게 '~라고 생각합니다.'라는 방식으로 진술한다.
(4) 필기가 가능하므로 적극적으로 활용한다.
(5) 특정 발언자를 지목하여 공격적으로 질문해서 대답을 요구하지 않는다.
(6) 이전 발언자에 대해 반대보다는 다른 측면을 고려하여 보충적으로 진술한다.
(7) 이전 발언자에 대해 동의할 때 구체적으로 다른 이유나 경험을 진술하는 것이 바람직하다.
(8) 이전 발언자에 대해 반박할 때에는 먼저 상대방의 발언을 요약하여 정리한 후 자신의 경험과 사례를 제시하며 논리정연하게 진술한다.
(9) 두 의견이 대립할 때 정반합의 과정을 통해 간략하게 중재하고, 새로운 주제를 제시한다.
(10) 토의자들의 의견이 하나로 수렴할 때는 그 의견에 대한 '구체적 실천 방안' 또는 '적용 시 문제점' 등을 고려하도록 토의 주제를 유도한다.
(11) 어려운 문제일수록 주제를 상기하며 역발상 기법을 활용하여 진술한다.
   예) white noise, 게임중독 – 교육용 게임, 담임교사의 역할, coding 교육, entry
(12) 토의자들은 자신이 준비한 주제를 말하기 위해 자주 화제를 전환한다. 이에 본인도 화제 전환의 timing을 잘 잡아 치고 나가는 것도 필요하다.

수험생 현장 스케치

토의는 배려하는 자세를 본다고 들어서 다른 사람들 이야기할 때 집중해서 들으면서 반응하는 모습을 보이려고 노력했어요. 먼저 발언하려고 나서기보다는 다른 사람들 의견을 듣고 난 후에 보충해서 얘기하는 쪽을 선택했어요. 대신 내가 발언하는 순간에는 부드럽지만 논리적으로 말하려고 연습했고요. 되도록 토의가 협력적으로 진행될 수 있도록 했어요. 흐름이 끊어지면 보충해서 얘기할 것들을 같이 생각해보자고 하기도 하고, 동의한다는 의사 표현도 여러 번 하고요. 토의의 포인트는 배려와 협력인 것 같았어요. 저희 조에 다른 사람 얘기는 잘 안 듣고 자기가 준비한 것 의욕적으로 말씀하시는 분 계셨는데 면접관님들 표정이 안 좋더라고요.

2020학년도 심층면접 집단토의 기출문제

2020학년도 심층면접 집단토의 - 경기

학교 민주주의 교육의 방향에 대해서 다음의 제시문과 조건에 맞게 논의하시오.

1. (민주시민교육의 정의) 민주시민 교육의 지식과 가치·태도에서 넘어선 사회적 실천이 필요하다.
   (출처: 경기도교육청 민주시민교육 진흥 조례)
2. (시민교육에 관해 언급) 학생들을 도덕적으로 계몽시키는 것만이 민주시민 교육이 아니다. 진정한 민주시민 교육은 이를 넘어서 자신과 공동체의 변화를 위해 실천하는 능력을 기르는 것이다.
   (출처: 더불어 사는 민주시민 교과서)
3. 세계시민협회의 기준에 따라 학생 9000여 명을 설문조사한 결과 우리나라 학생들은 민주시민으로서 갖추고 있어야 하는 옳고 그름에 대한 인지와 민주시민에 관한 지식은 세계 2위로 상위권이지만 학교 밖에서 이를 실천하는 부분(청소년, 환경, 인권, 빈곤, 외국인 문화, 기후 등 - 모두 6개 영역)은 다른 나라에 비하여 봉사활동 등에 참여 비율이 낮아 OECD 국가 중 최하위 수준이다.
   (출처: ○○신문)

─ 조건 ─

- 학교 민주시민 교육의 방향에 대한 자신의 생각
- 자신의 교과와 연계하여 민주시민 교육을 실천할 수 있는 방안
- 민주주의 역량을 기르기 위한 학생 중심의 민주주의 교육 실천 방안

수험생 현장 스케치

1. 집단토의를 준비할 때 반드시 7번부터 12번 관리번호로 연습하는 것을 강추합니다. 당일에 많이들 당황하셨다고 하더라고요. 저는 마지막 집단토의 때 7~12번으로 연습은 한 번 했는데 연습할 때도 다들 관리번호를 헷갈려 하셔서 이거는 분명히 연습이 필요한 거 같습니다.
2. 1월에 대기실 번호가 공개되면 서로 대기실 다른 사람끼리 스터디 조 편성하고(서로 다른 대기실이면 수업 방식, 면접 방식 겹쳐도 평가관이 달라서 상관없음) 집단토의는 아는 사람끼리 들어가면 심적 안정감이 있으니까 같은 대기실끼리 편성해서 연습하면 좋을 것 같습니다.

2020학년도 심층면접 집단토의 - 경기 답안 sample 0 (HE)

[기조발언]
관리번호. 안녕하세요. 반갑습니다. 제시문에서는 민주시민 교육에 대해 ~. 민주주의 국가의 주인은 국민이라고 합니다. 이 나라의 주인으로서 건강한 시민으로 자라날 수 있도록 민주시민 교육의 실천이 매우 중요하다고 생각합니다. 오늘 다양한 의견을 나눌 때 특별한 배움이 일어나는 시간이길 원합니다.

[자율토의]
(조건 2부터 시작해서 당황)
- (조건 1을 충족하려고 노력하며) 민주시민 교육은 단순 지식 습득에서 그치지 말고 실천적 역량을 기르는 방향으로 나아가야 한다고 생각합니다. 그를 위해 교과와 연계하는 방안으로 ~.
- 프로젝트법: 월드비전, 유네스코 등에 대해 배우고, 특히 환경, 인권, 등 세계적 주제 중 하나를 잡아서 그에 대해 배우고 영어 보고서를 작성하는 활동
- 학생자치회, 학생교육의회, 지역사회 축제, 학교 입학식, 졸업식, 축제 등 행사 계획: 민주시민으로서 필요한 자기관리 역량, 협력적 문제 해결 역량 등 신장 가능

[정리발언]
특히, 아고라 광장 설치, 몽실학교 등이 인상 깊었습니다. 학생들에게 실천을 강조하는 만큼 나도 실천하는 교사가 되겠습니다. 오늘 토의 내용에 대해 숙지하고 전문성 신장을 위해 노력하겠습니다.

2020학년도 심층면접 집단토의 - 경기 답안 sample 0 (GH)

[기조발언]
경기교육은 행복한 배움뿐 아니라 더 나아가 사회의 구성원으로서 자신의 권리와 책임을 알고, 타인에 대해 배려하고 존중하는 자세를 지닌 민주시민이 되도록 하는 교육을 지향한다. 학교가 민주주의를 단순히 배우는 곳이 아닌 민주주의의 장이 되어야 한다. (제시문에 뭐 있는지 언급하고) 집단지성을 활용하여 여러분과 고민하고 구체적 방안에 대해 논의해보고 싶다.
※ 총 세 번 발언 (각 턴에서 세 번째, 다섯 번째, 여섯 번째에 발언함.)

[1턴]
(앞서 선생님들이 실천 중심을 강조하셔서) 그것들의 효과를 높이기 위해선 경기도 교육청에서 강조하는 '시민적 인성교육'에 대해 살펴볼 필요가 있겠다. 제시문 두 번째에서 (나뿐만 아니라 다 함께 성장하는 민주시민 어쩌저쩌구 나와서 그거 언급하면서) ~.
공동체 협력을 통해 민주시민 자질을 함양하려면 '개인의 효와 예의와 같은 가치덕목뿐 아니라 공동체 협력을 토대로 민주시민의 필수 자질인 시민적 용기, 공동체성, 존중 등을 배우는' 시민적 인성교육을 강조해야 한다.
구체적인 실천 방안으로는 교실에서 용기, 존중, 배려, 약속 같은 가치카드를 만들어 학생들이 1인 1가치 실천하기, 갈등이 생길 시 카드를 활용해 소통하고 화해하기 등을 생각해볼 수 있다.

[2턴]
(교과 연계로 두 번째 턴으로 넘어간 이후에, 영어를 사용해서 선거, 모의 법정, 이런 아이디어들이 세 선생님 정도 거쳐 나와서 그거를 통합하며) 앞선 ~한 연계 방안들이 경기도 교육에서 권장하는 영어를 사용하는 영어 교실, '유익한 영어'와도 맥을 같이한다고 생각한다. 인지적 영역뿐 아니라 민주시민 자질을 키우기 위해 저는 토론 진행 시 주제를 인권으로 하면 어떨까 싶다. 그럼 나의 존엄성을 배우고 이를 토대로 타인에 대한 존중과 배려 역시 함양 가능할 것 같다.

[3턴]
(마지막으로 학생 주도 참여 방안인가 그거 언급하면서 앞에서 6번 샘이 공간의 민주적 혁신을 이야기하고, 그거 5번 선생님이 받아서 지역사회와 연계한 공간 혁신까지 이야기함. 그리고 1번 선생님이 학교 민주주의 지수를 이야기함.) 그래서 앞서 6, 5번 선생님께서 말씀하신 공간 혁신의 중요성이 의미 있다. + 게다가 1번 선생님이 학교 민주주의 지수를 언급해주셔서 매우 좋았다. 이유는 제시문과 관련된 이런 민주시민 교육을 위해 경기도교육청은 매년 학교 민주주의 지수를 조사하고 개선하려고 노력하기 때문이다.
그런데 사실 5년째 상승은 하고 있으나 사실 교원-학생-학부모 간 이견이 나타나기도 한다. 그렇기에 이러한 의견 차이를 해결하기 위해 앞서 언급되었던 공간 혁신과 연계하여 단위학교 아고라 speaker's zone을 마련하는 것도 좋을 것 같단 생각이 들었다. 그럼 소통이 잘 되고 이게 민주주의의 장이 되는 것이 아닐까(하며 마무리함).

2019학년도 심층면접 집단토의 기출문제

2019학년도 심층면접 집단토의 - 경기

미래 교육에서는 단순히 문제를 해결하는 것이 아니라 정답이 정해져 있지 않은 문제를 스스로 찾고 탐구를 통해 이를 해결하는 역량이 필요하다. (학생의 자기주도성을 강조하는 글) 학생들이 상상하고 도전하는 미래 교육이 필요하다. 배움을 즐기는 학습인, 실천하는 민주시민, 따뜻한 생활인, 함께하는 세계인이 되어야 한다.

조건
- 학생들이 미래에 필요한 역량 제시하기
- 경기 미래 교육의 방향에 대한 자신의 생각 말하기
- 경기 미래 교육의 발전을 위해 학교에서 할 수 있는 교육 활동 제시하기

2019학년도 심층면접 집단토의 - 경기 답안 sample (MJ)

- 앞 선생님의 의견을 받아서 메이커 교육 - 학부모 초대, 불우한 환경의 아이들에게 체험 활동비 지급
- 앞 선생님의 의견을 받아서 독서교육에 graded readers 추가
- 꿈의대학 & 멘토/멘티 의견을 종합해서 몽실학교와 꿈나래 학교를 제시
- 다문화 교육에 이어서 다문화 어울림교육(강점 찾기 활동), 세계시민교육(월드비전) 제시

(하나 더 있었던 것 같은데 기억이 안나요.)

2019학년도 심층면접 집단토의 (비교과)

('마을교육 공동체' 제시문 제시)

2019학년도 심층면접 집단토의 - 답안 sample (비교과)

1. **생태계 확장 역량**: 공동체 역량 (마을과 협력하며 문제 해결하는 과정을 통해 더불어 사는 가치에 대해 깨달음)
2. **생태계 확장에 대한 의견**: 문제 해결력, 핵심 역량을 길러준다는 점에서 찬성임
3. **학교 내 생태계 확장 방법**: 사람책, 마중물 꿈의학교 (베리베리 팜파티 예시)

2018학년도 심층면접 집단토의 기출문제

2018학년도 심층면접 집단토의 - 경기

최근의 교육은 학생의 '꿈이 성장하는 교육'이다. 이러한 목표를 달성하는 데 있어 다음에 나오는 교육 주체들의 고민을 해결하기 위한 교사의 역할에 대해 논하시오.

- A 학생: 저는 다가오는 4차 산업혁명에 있어서 미래교육이 어떻게 변할지, 미래에 유망한 직업은 무엇이 있을지 더 알고 싶습니다.
- B 교사: 저는 학생들이 학습에 있어서 다양한 학습 경험을 가질 수 있었으면 좋겠습니다. 또한 학생들의 진로교육에도 도움이 되고 싶습니다.
- C 학부모: 지역사회에 있는 교육 인프라를 적극적으로 활용할 수 있으면 좋겠습니다. 아울러 사교육비도 줄였으면 합니다.

(밑줄 친 부분은 각 항목별 키워드입니다. 정확하게 기억이 나는 부분이에요.)

〈자리배치〉

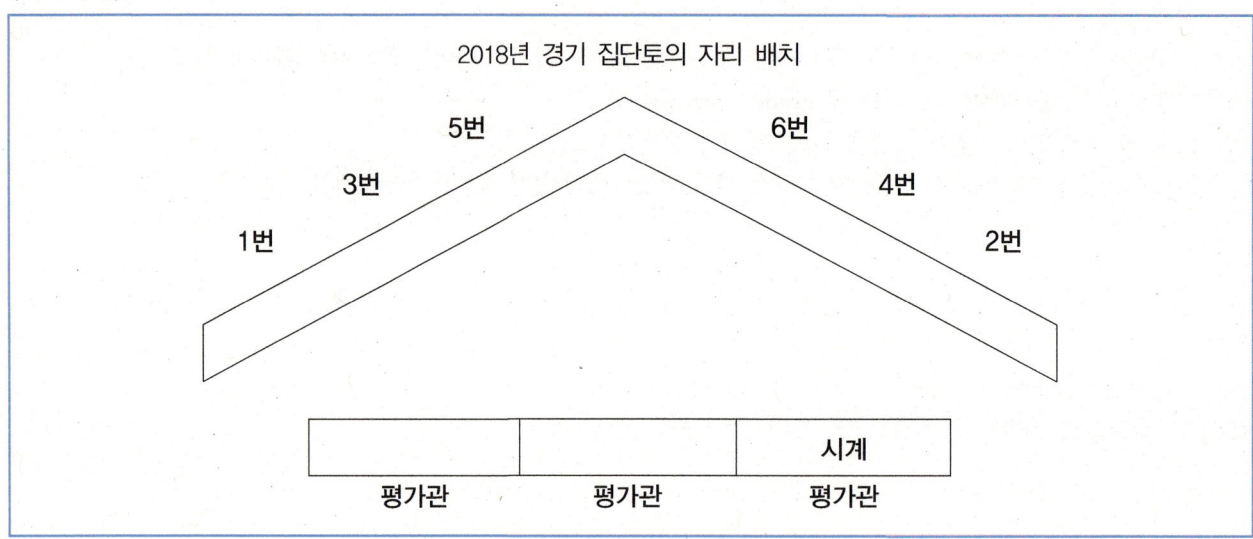

수험생 현장 스케치

계측관은 1일차 수업실연 때는 별다른 거 안 하시고, 2일차 집단토의 때는 초시계로 체크하셨어요. 발언 시작, 마무리 때마다 초시계를 눌렀는데 삐빅 소리가 크게 나서 수험생들이 다 들을 수 있었어요.

2018학년도 심층면접 집단토의 - 경기 답안 sample 0

[기조발언]

관리번호 9번, 기조발언 시작하겠습니다. 반갑습니다. 이렇게 경기 예비교사들과 한자리에 모여 앞으로의 교육의 방향에 대해 이야기할 시간을 갖게 되어서 기쁩니다. 현재 교육의 목표는 2015 개정교육과정의 발의와 더불어 학생들이 시험 부담에서 벗어나 꿈과 끼를 찾을 수 있도록 하는, 즉 학생의 꿈이 성장하는 교육입니다. 이를 위해서 학교교육은 활기찬 학교, 행복한 교실, 성장하는 교사, 즐거운 수업이라는 목표를 향해 나아가야 하고 이를 위해서 저희는 다음 제시문에서 나오는 바와 같이 학생, 교사, 학부모의 입장에서 나올 수 있는 고민을 교사로서 어떻게 해결하도록 도와야 하는지 이야기를 나누었으면 좋겠습니다. 좋은 의견 들려주시기 바랍니다. 이상입니다.

[교사의 재교육]

(제가 첫 번째로 토의를 시작하였습니다.) 우선 학생의 입장에서 살펴보면 학생은 4차 산업과 관련된 교육을 받고 싶어 합니다. 저는 학생들의 이러한 요구를 들어주기 위해서는 교사의 재교육이 필수적이라고 생각합니다. 현재 교육에는, 기존에는 필수가 아니고 선택적이라 여겨진, 코딩, 소프트웨어, 프로그래밍 등의 교육이 반드시 필요하게 되었습니다. 이러한 새로운 교육들을 학생들에게 잘 설명해주고 지도해주기 위해서는 교사 또한 재교육을 받으면서 이에 관해 숙달되어야 합니다. 교사가 더 많이 알수록 학생들에게 더 잘 지도해줄 수 있기 때문입니다. 이러한 일환으로 경기도에서는 매년 '경기도 성장단계별 연수 프로그램'(준비해간 것)을 시행합니다. 매년 20만 명의 교직원을 대상으로 초임교사부터 고연차의 선생님들까지 연수를 통해 재교육의 기회를 제공하는 것입니다. 이러한 연수프로그램을 적극 활용하여 학생들을 위한 미래교육을 위해 끊임없이 재교육을 받아야 한다고 생각합니다.

[교육과정 재구성]

(바로 앞 발표자가 플립드 러닝에 관해 말하였습니다.) 네. 혁신적인 방안인 플립드 러닝에 관한 의견, 정말 좋은 의견이라고 생각합니다. 학생들이 미리 집에서 동영상을 보고 온 후, 교실에서는 심화학습, 응용학습을 진행하며 다양한 교과학습에 스스로 참여할 수 있다는 것이죠? 저는 이를 실현하기 전에 우선적으로 선행되어야 할 것으로 요구분석을 통한 교육과정 재구성이라고 생각합니다. 현재 교육과정의 결정자이자 주체는 교사입니다. 그렇기 때문에 교사가 교육과정을 구성하기 전에 미리 학생들이 어떤 과목을 좋아하는지, 어떠한 흥미가 있는지를 사전에 조사한 후 이를 반영하여 교육과정을 구성해야 한다고 생각합니다. 즉, 학생들이 좋아하는 주제, 활동을 중심으로 교육과정을 구성하여 시행한다면 학생들이 보다 즐겁게 수업에 임할 수 있을 것이라 생각합니다.

[꿈의학교]

네, 말씀해주신 꿈의학교, 정말 공감하는 바입니다. 최근에 많은 관심을 받고 있죠. 저는 꿈의학교에 관해서 덧붙이고 싶습니다. 꿈의학교는 개발형과 참여형이 있습니다. 개발형 같은 경우는 의정부에 위치한 '몽실학교'를 예로 들 수 있습니다. 몽실학교는 학생들이 직접 기획, 주도하고 지역사회와 연계하여 자원도 활용하는, 학생들이 중심이 되는 프로젝트 학교입니다. 이러한 학교는 학생들로 하여금 보다 다양한 학습 경험을 제공해 주는 데 도움을 줄 수 있다고 생각합니다. 다음으로 참여형 같은 꿈의학교는 바로 이 근처에도 있습니다. 바로 여기 우리가 있는 화서역 옆 숙지공원에 '다어울림 희망농구 꿈의학교'가 있는데요. 몽실학교처럼 대규모의 꿈의학교뿐만 아니라 이렇게 작지만 지역사회와 연계한 꿈의학교도 주변에 있는 만큼 적극적으로 알리고 홍보하면 학생들이 자유롭게 여러 학습 경험을 이룰 수 있을 것이라 생각합니다. (몽실학교는 주말스터디에서 자주 나온 토픽이라 준비했던 것이고 시험장 근처였던 화서역 꿈의학교는 전날에 우연히 기사를 보다가 알았습니다.)

[프로젝트]
앞선 선생님께서 말씀해주신 학생주도형 프로젝트 수업, 정말 중요하다고 생각합니다. 저도 이와 덧붙여서 말씀드리고 싶은 방안은 지역사회와 연계하여 프로젝트 수업을 하는 방안입니다. 경기도는 지역별로 큰 특색을 보입니다. 이 지역별 특성에 따라 실제적인 프로젝트를 진행해야 한다고 생각합니다. 예를 들면 안산과 같은 다문화지구는 다문화 교육과 관련하여 문화를 알아보는 프로젝트 수업을 진행할 수 있을 것이고, 일산과 같이 호수공원이 유명한 지역은 어떻게 하면 보다 더 많은 관광객을 끌어들일 수 있을까, 동시에 어떻게 아름답게 보호할 수 있을까 등의 문제에 관해 학생들에게 프로젝트 수업을 진행한다면 보다 실제적이고 관심 있는 참여를 이끌 수 있는 수업을 진행할 수 있을 것이라 생각합니다.
(안산, 일산은 미리 구체적 예시로 준비했던 것이고, 학원에서 연습할 때 한번 써봤기에 어려움 없이 다시 썼습니다.)

[사제동행]
앞선 선생님께서는 학부모 초청이나 전문 강사 초빙 등 학교 내에서 진로교육을 행하겠다고 하셨습니다. 저도 적극 동의하는 바입니다. 이와 관련해 추가적으로 덧붙여 저는 학교 밖에서 학생의 진로교육을 진행하겠습니다. 바로 사제동행을 통해서입니다. 여기서 사제동행은 거창한 사제동행이 아닌 한 달에 두 번 정도 방과 후나 주말을 이용하여 학생들을 데리고 진로체험을 가는 것입니다. 학생들이 공통적으로 되고 싶은 직업군을 사전에 조사한 후에 이런 직업 현장을 몇 명의 학생들과 같이 방문하는 것입니다. 이렇게 교사가 직접 나서서 적극적으로 학생들과 진로체험에 임한다면 학생들도 보다 관심을 가지고 적극적으로 참여할 수 있으며 진로교육에 도움이 될 것이라고 생각합니다. ("직접 데리고 나가겠다." 라는 말에서 반응을 보이셨습니다.)

[포트폴리오]
(자유발언 1분 정도 남았는데 정적이 흐르기에 치고 들어갔습니다.) 저는 말씀해주신 진로교육과 관련된 또 다른 방안으로 포트폴리오를 들고 싶습니다. 포트폴리오는 학생들이 자신의 학습 결과물을 모아놓은 작품집, 하나의 책자입니다. 이는 학생들의 학습이 누적되어 언제든지 돌아볼 수 있습니다. 이를 활용하여 포트폴리오를 사용한다면 학생들이 시간이 지난 후 '아, 내가 이런 것들을 해왔구나, 꿈을 이루기 위해 이런 것들을 했었구나' 등 자신을 돌아보며 성찰하고 자기평가를 할 수 있는 기회를 가질 수 있을 것이라고 생각합니다. (제가 가진 포트폴리오 이야기도 하려 했으나 시간을 신경 쓰느라 잊었습니다.)

[정리발언]
오늘 꿈이 성장하는 교육을 위한 교사의 역할에 대해 돌아보면서 많은 것을 깨달을 수 있었던 시간이었습니다. 제가 평소에 생각은 했더라도 가볍게 여기고 갔던 것들을 다시 한번 되짚고 넘어갈 수 있었던 것이 기쁩니다. 특히 토의 중에 제시해주신 플립드 러닝 같은 굉장히 혁신적인 방법부터, 영어 앱 만들기와 같은 수업 시간에 할 수 있는 것을 확장한 의견들이 기억에 남습니다. 제가 마지막으로 드리고 싶은 말씀은 오늘 이 토의가 단순히 의견을 나누는 것에 그치지 않고 직접 실천에 옮겨야 한다는 것입니다. 교사로서 적극적으로 나서서 어떻게 하면 오늘 나온 좋은 의견들을 실행할 수 있을까 끊임없이 고려한다면 학생들에게 보다 좋은 교육을 제공할 수 있을 것이라 생각합니다. (최시원 선생님이 추천해주신 정리발언 멘트 깨달음+실천으로 갔습니다. 근데 실천 발언에서 좋은 반응들을 보이셨습니다.)

→ 집단토의는 일반적으로 사용하는 방책을 다르게 말한 것이 큰 효과가 있었던 것 같았습니다. 예를 들면 평가 쪽 답안으로 많이 나오는 포트폴리오를 진로교육에 쓴다고 한 답안이나, 학생들의 래포 형성을 위해 많이 하는 사제동행을 진로교육에 쓴 답안 같은 것들입니다. 또한 교사의 적극성, 의지, 실천 등의 말을 하며 제스처도 같이 취해주니 더욱 긍정적인 반응을 보이신 것 같습니다.

+ 평소에 집단토의 때 항상 사회자 역할을 하는 사람이 있었는데 이번에는 없었습니다. 그런데 다른 평가실 분들과 같이 이동할 때 들은 것은 누가 사회자를 할지 정하는 대화였습니다. 이동 중에 토의 조원들과 인사도 하고 파이팅도 하고 빠르게 계획도 세우면 좋을 것 같습니다. 저희 조는 정말 공평하게 개별발언을 한 바퀴씩 돌아가며 1인당 5~6번씩 말했습니다. 정적은 최대 2초 정도 몇 번 있었는데 번갈아가며 서둘러 치고 들어갔습니다. 겹친 경우는 두 번 있었는데 양보 받은 경우 "관리번호 ○번 선생님, 양보해주셔서 감사합니다."라고 말하니 분위기도 좋게 웃으며 진행했습니다. 다만 제가 원하는 흐름은 학생 측면, 교사 측면, 학부모 측면 순으로 가는 것이었으나 두 번째 발언자부터 세 입장을 넘나들며 말하게 되는 상황이 되었습니다. 최대한 자연스럽게 전체를 아우르는 분위기로 가는 것이 좋을 것 같습니다.

> 💬 **수험생 현장 스케치**

1. 1일차와 같은 방식이되 역순으로 관리번호를 뽑고 시작하였습니다. 2일차는 오전에 집단토의, 오후에 심층면접이 이어집니다. 저는 5평가실 관리번호 9번, 즉 5 - 9입니다. 집단토의는 관리번호 1~6번 6명에서 토의 1조, 7~11번까지 5명이 토의 2조로 배정되었습니다. 저는 9번이기에 5평가실 토의 2조, 5명에서 진행하게 되었습니다. 6명이 했을 때는 굉장히 복잡하다 느꼈고 4명에서 하기에는 너무 바쁘다 느꼈기에 평소에 5명이 제일 적합하다 생각했었는데 마침 5명이기에 9번이었어도 기분은 좋았습니다. 더군다나 같은 토의 조에 2차 주말스터디를 같이 했던 과 후배도 있어서 심리적으로 안정이 되었습니다. 수업실연 동안 다음 조는 구상을 할 수 있었던 것과는 달리 집단토의는 토의 1조가 구상과 토의를 다 끝내야 다음 조가 이동할 수 있었습니다. 전날에는 몰랐는데 시간이 되게 안 갑니다.

2. 집단토의는 끝나고 다시 대기실로 돌아오기 때문에 필기구만 들고 이동합니다. 2조 차례가 되어서 집단토의를 하기 위해 내려가 보니 평가실에서 각자의 자리에 앉아 구상을 하는 것이었습니다. 그렇기에 앞 조 평가 시간에 다음 조 구상을 할 수 없었던 것입니다. 구상 때는 계측관만 뒤에 앉아 계셨고 토의 시작 바로 전에 평가관들이 들어오셨습니다. 집단토의 문제지는 B4 한 장이 가로로 제시되었는데 왼쪽에는 제시문과 문제, 오른쪽에는 네모난 상자에 구상지면으로 되어 있었습니다. 저는 이를 제 구상지로 사용하고 뒷면을 다른 토의자 의견을 적는 것으로 사용하였습니다. 5명이든 6명이든 구상 시간은 40분으로 같되 발언 시간은 1인당 7분씩 계산하여 저희는 35분간 진행하였습니다. 거의 안 일어나긴 했는데 발언 시간이 초과될 때 급히 마무리 할 시간은 가져도 되는 것 같습니다.

3. 토의는 다행히 원만하게 진행되었고 저도 개인적으로는 여러 번 해봤던 토의 중에 가장 잘했다고 느꼈습니다. 의견도 참신했고 중간에 평가자분들이 끄덕이시는 것도 여러 번 봤습니다. 다만 부족했던 점은 제가 발언할 때 몇몇은 앞선 발화자의 요약을 부족하게 한 경우가 있어서 그 부분이 걱정됩니다. 이번에도 평가자 분들은 컨셉이 있었습니다. 세 분 다 전날과 다른 평가자들이셨는데 오른쪽 남자 분은 종이만 바라보시거나 정색 모드, 왼쪽 여자 분은 굉장히 환한 미소를 내내 유지해주시고 리액션도 크게 해주셨습니다.

4. 토의 2조가 되었을 때 주의해야 할 부분은 다른 발언자 관리번호를 말할 때입니다. 마찬가지로 책상은 아래가 종이로 가려져 있는데 그 종이에는 1~6번까지 번호가 붙어 있습니다. 2조의 경우 7번이 1번, 8번이 2번, 9번인 저는 3번 자리에 앉았습니다. 그런데 한 선생님이 계속 "관리번호 8번 선생님의 의견"이 아닌 "관리번호 2번 선생님의 의견" 이런 식으로 말씀하셔서 평가자분들께서도 잠시 혼란을 겪으셨던 것 같습니다. 처음에는 괜찮았지만 반복되니 좋아 보이지 않았습니다. 침착하게 상대방 명찰에 적힌 관리번호를 보고 말씀하시는 게 좋을 것 같습니다.

2017학년도 심층면접 집단토의 기출문제

2017학년도 심층면접 집단토의

- **주제**: 제시문에 나와 있는 학교의 문제점과 민주적 학교 운영 체제 활성화 방안
- **제시문**: 다음은 학교토론회에서 나온 의견이다. 학교 민주주의 측면에서 이 학교의 문제점과 해결 방안에 대해 토의하시오.

> - A 학생: 학교 축제를 학생인 우리 손으로 직접 준비하고 싶다. 그러면 더 재미있을 것 같아.
> - B 학생: 불합리한 학교 교칙을 고치고 싶은데 어떻게 고쳐야 하는지 모르겠어.
> - C 교사: 학생이 학교의 주인이고 교육의 주체라는 인식이 부족한 것 같아요.
> - D 교사: 이웃 학교의 교장은 학생회 대표를 교장실에 불러서 정기적으로 학생회의 건의사항을 받아주신대요.

2017학년도 심층면접 집단토의 (비교과)

- **주제**: 학교 비전
- **제시문**: 제시문에 나와 있는 학교의 비전을 제시하시오.

> - 학교: 신도시 외곽에 위치, 개교 2년된 고등학교
> - 학생: 학업 성취도가 낮고 무기력하며 학교폭력이 많이 발생
> - 교사: 변화하려는 노력을 많이 함
> - 학부모: 맞벌이 부부가 많고, 학교생활에 많이 참여하지 못함

수험생 현장 스케치

1. 저희 팀원들은 모두 개선 방안과 해결책 위주로 얘기했어요. 나중에 아차 싶었는지 한 분이 학교 비전을 얘기하시고(종료 5분 전쯤) 한 분 더 비전에 대해 얘기하고 끝났는데, 우리 조원들 모두 행복한 학교로 의견이 모아진 것 같습니다.
2. 저도 학교 비전만 28분 동안 얘기하기 어렵다 생각하고 개선 방안 위주로 얘기했는데 마지막에 비전 하나 제시할 걸 후회가 남네요. 그나마 한두 분이 비전 언급해주셔서 조금 다행인 듯싶긴 합니다.

2016학년도 심층면접 집단토의 기출문제

2016학년도 심층면접 집단토의

- 제시문: 다음은 교사협의회에서 나온 교사의 대화 내용이다. 이러한 상황에서 공동의 실천 방안에 대해 토의하시오.

<문제 상황>
- 교사 A: 수업 시간에 많은 학생들이 자꾸 잠을 자거나 졸아서 고민이다.
- 교사 B: 나는 열심히 가르치는데 학생들의 수업 만족도가 높지 않다.
- 교사 C: 학생들이 분주하고 소란하여 수업 분위기가 잡히지 않아 수업 종이 치고 수업을 시작하기까지 10분이 걸려서 고민이다.
- 교사 D: 수업을 바꾸고 싶은데 교원평가, 학부모의 바람 등에 맞추어야 하기 때문에 혼자서는 무리라서 고민이다.

2016학년도 심층면접 집단토의 (비교과)

- 제시문: 경기 핵심과제인 '안전한 학교'를 만들기 위해 구성원 전체가 참여하여 공동으로 실천 가능한 방안에 대해 토의하시오.

- 과제 1: 건강하고 안전하고 쾌적한 학교환경 조성
- 과제 2: (경기 교육청 시책 중 학습안전망 부분) 배움에서 소외되는 학생이 없도록
- 과제 3: 재난위기 상황 발생 시 구축 방안과 대응 능력 증진

최시원 전공영어
2차 기출문제 길라잡이

심층면접과 수업실연 문제를 분석한 **전공영어 2차 기출문제 길라잡이**

최시원
전공영어

Part 2

수업실연

Chapter 01 **수업실연 기본**
Chapter 02 **수업실연 기출문제**
Chapter 03 **수업나눔**

Chapter 01 수업실연 기본

수업지도안 개요

1. 기출문제와 기본적인 Classroom English를 활용하여 기본 script를 만든다. Classroom English는 현재시제의 단문을 사용한다.

Procedure	Teacher (=T)	Students (=Ss)
Introduction	• T says hello to students. • T checks the attendance. • T reviews the previous lesson. • T states today's objectives. • T shows a video clip about ~. • T asks some questions about the video clip /elicits Ss' thought to activate their schema.	• Ss say hello to T. • Ss answer when they are called. • Ss listen to T. • Ss watch the video clip. • Ss answer the questions /say their thought.
Development	• T circulates the classroom to monitor /to give feedback. • T gives feedback.	• Ss work in groups. • Ss raise awareness on the errors to use correctly.
Consolidation	• T summarizes today's lesson. • T gives homework. • T previews the next lesson.	• Ss listen to the summary. • Ss write the assignment. • Ss listen to the preview.

2. 최대한 단계적으로 상세하게 교사의 행동을 묘사하여 쓰고 그 행동을 하는 목적을 뒤에 덧붙여 쓴다.

   예 T walks around the classroom to offer any help if necessary. / T shows pictures to assist low ability students' understanding

3. 가능하면 학생들이 발견할 기회 주는 모습 넣고, 학생들의 활동을 좀 더 적극적으로 쓴다.
4. punctuation에 유의한다. 특히 마침표(period)
5. 한글로 가능한 것은 모두 한글로 쓰고, group roles, rubric, 예시 등은 영어로 쓴다.

   예 group / 조 → 모둠, leader, presenter, resource person

6. 교사의 발언과 학생의 발언을 명시적인 동사를 사용하여 표현한다. (T: '하라고 한다.' ×)

Procedure	Teacher (=T)	Students (=Ss)
Development	• 소개한다. 보여준다. 제시한다. 펼치도록 안내한다. 배부한다. 모둠을 조직한다. 순회지도를 할 때 피드백/도움을 제공한다. • 물어본다. 언급한다. 확인한다. 활동시간이 2분인 것을 알리고 활동을 진행/실시한다. • 완성한다. 학생의 수행 과정을 관찰하고 기록한다. • 지도한다. 표를 완성한다. 수업을 마무리한다.	• 듣는다. 작성한다. 완성한다. • 모둠을 만든다.

Lesson Plan Q&A

Q1 글씨체가 엉망인 것, 분량이 좀 적은 것, 문법적 오류가 있는 것(3인칭 단수 현재 등) 등은 점수에 안 들어가나요?

A1 글씨체나 분량은 전혀 상관없었던 거 같고, 문법적 오류는 사소하게 보긴 했으나 반복되면 조금 감점했었던 거 같아요. 그런데 문법 오류가 학생들에게 제시되는 부분인 경우에는 바로 감점 처리했어요. 첫째도 둘째도 가장 중요한 건 direction에서 요구한 걸 다 완수했느냐였어요. checklist로 대충 guideline처럼 채점자에게 제공했고, 3인 1조로 채점자들이 대충 checklist를 보고 채점 전에 확인한 후에 채점했어요. 내용의 참신함보단 명확하게 제시했느냐가 채점에서 더 유리했던 거 같아요. 채점자 간에 점수 차가 큰 것만 빼서 다시 협의 후에 채점했는데 사실 지도안은 엄청 배점 차이가 크지 않았어요. 그런 의미에서 글씨체는 깔끔한 게 좋긴 했어요. 글씨체가 엉망이라 감점은 아니지만 가독성이 좀 떨어지니. 저 시험 볼 때도 수업지도안과 수업실연은 기본 틀을 만들어놓고 제시된 지도안 내용만 들어가게 했던 거 같아요.~ 빠른 시간 안에 분석해서 작성하고 그걸 외워서 수업 실연에서 했어야 해서요.

Q2 지도안에서 'T'하고 'Ss' 쓸 때 T가 하는 것을 그대로 Ss가 한다고 거의 복사하면 되나요?

A2 거의 카피하면 될 듯한데, 자세히 써주면 채점자가 이해는 빠를 거 같아요. 교사 활동에서도 예를 덧붙이거나 하면 좋았고요. 만약 error correction을 교사가 하는 상황이면 구체적으로 어떤 걸 할지 예시해주는 것처럼요. 근데 지도안은 사실 교사가 계획해서 쓰는 거니까 교사 활동을 더 중점으로 본 거 같아요.

Q3 구체적 발문을 " " 안에 넣을 필요는 없는 거죠?

A3 네. 그럴 필요는 없지만 너무 general한 지도안도 있더라고요. 맞는 말이지만 뭘 하겠는지 명확진 않은 건 이해가 어려웠어요. 지도안이라는 게 다른 교사가 와도 그 지도안을 보고 수업이 가능해야 하는 거니 간단명료하게 적되 구체적으로 적는 게 좋은 거 같아요.

Q4 2차였으니까 서울 거를 채점하신 거죠? 어디서 모여서 하나요? 며칠 동안?

A4 네. 2차 서울 거였고, 어디 고등학교에서 모여서 하루 만에 했어요. 그다지 양이 많진 않아서 하루 만에 가능했어요.

수업실연 개요

1. 인사는 정지된 자세에서 자신감 있는 목소리로 한다.

2. 자신감, 진정성, 여유 있는 태도를 유지한다.
  (1) 수업실연을 하다가 틀린 경우 실소를 하거나 당황한 표정을 짓는 것은 위험하다. 틀리더라도 실제 수업에서 교사가 실수할 때처럼 아무렇지도 않게 수업을 진행한다.
  (2) 구상할 때 각 활동(activity)별로 시간을 정해놓고 지키는 연습을 하며 실제로 수행한다.
  (3) 수업실연을 할 때 구상지는 교탁에 놓고, 필요할 때에만 보도록 한다.

3. 수업실연을 할 때 큰 목소리로 목소리의 높낮이·속도·억양을 다양하게 변화시킨다.
  (1) 말을 너무 빨리 하지 말고(pace & pause), 설명 후 반드시 이해 점검을 한다.
  (2) 불필요한 감탄사 '어'를 뺀다.
  (3) 실수했다고 실소를 하지 말고 아무렇지도 않은 듯 이어서 수업한다.
  (4) 유머나 의외성은 수업의 양념이다(예 tag questions). 같은 내용을 듣는 면접관은 지루하다.

4. interactive한 수업을 위해 강의식으로 설명하지 말고 학생과의 문답식으로 수업을 진행한다.
  (1) 교사 위주 설명(T's explanation)을 최소화하고 directions에 별다른 지시가 없을 경우 학생 주도 활동(pair/group work)으로 진행해야 한다. '선생님이 아니라 교실이 보이는 느낌'의 수업을 지향한다.
  (2) 3인칭보다는 2인칭으로(예 Seeone said ~ → You think ~) 학생과 대화하고 피드백 한다. 학생들과 효과적으로 시선을 맞추고, 학생의 이름을 불러준다.
  (3) 연역보다는 귀납으로, 설명보다는 예시를 많이 사용한다.
  (4) 학생에게 thinking time을 준다. 과업이나 질문을 한 후 1초 있다가 반응하며, pause(students' part)를 반드시 살린다.
  (5) 설명이나 질문 후 답변하는 학생이 항상 잘 대답하거나 이해하는 상황뿐만 아니라 미흡한 학생에게 반응하는 것을 보여 준다(예 You don't know what to do?). 교사 반응보다 또는 교사 반응 이전에 동료의 도움을 받게 하는 것이 더 바람직하다.
  (6) 중요한 내용은 여러 번 강조하고 상세히 설명한다. 예컨대 key expressions는 색분필(if possible)을 사용하거나, underline, choral repetition 할 수 있다.
  (7) 몸을 학생 쪽으로 약간 구부리는 것은 attentive attitude를 보여주기 때문에 바람직하다.
  (8) positive feedback은 specific하게 한다.

5. 수업의 모든 활동은 'pre-, while-, post-'의 3단계를 기본으로 단락이 주어지는 수업을 진행한다.
  학습목표를 미리 제시하거나 필요에 따라서 flow chart/step을 미리 알려주고 진행하는 수업은 학생의 수업에 대한 인식을 높이게 되어 자기주도적 학습(self-directed learning)에 도움이 된다.

6. 기출문제와 기본적인 Classroom English를 활용하여 기본 script를 만든다. Classroom English는 현재시제의 단문을 사용한다.

(1) 반복적 phrasing 읽기로 자동화를 한 뒤 유머와 우연성으로 특색 있게 수업한다.

Procedure	Classroom English
Activity Explanation	• We will do ~ as usual/as always. • Let's get started. • Don't pay attention to the details in the text. • Would you read aloud the second one? • Just refer to it. You don't have to stick to it. • Don't worry about the grammar/language this time/now. • Choose one role in your group (leader, time keeper, writer, presenter, uploader, spelling checker, monitor, dictionary guy, facilitator…). | leader | writer | | presenter | time keeper | ※ 판서도 적절하게 활용 • Now, I'll give you language feedback.
Activity Check	• Is there anyone (any volunteer) to explain the activity we are going to do now? • Are we on the same page? • Is that clear? Have I made you clear? • Is there anyone you want to share your ideas? • Who would like to go first? • Let's share your ideas.
Circulation	• Feel free to ask me. • It's interesting. Everyone will laugh.
Activity Feedback	• Time's up. • Did you find the order? • Good. You did an excellent job.

(2) 용어 대신 예(examples)를 사용한다.
(3) 필수적인 문법 용어를 사용해야 할 때에는 학생 친화적인 용어를 사용한다.
　　예) to infinitive → to verb / gerund → ~ing form / past tense → the event that happened in the past

7. **일반적인 수업 상황에 맞는 Classroom English를 사용한다.**

적절	부적절	이유
Look at your partner.	Make a pair.	원래 짝끼리 앉아 있으며, 조정해주는 것은 괜찮음
How many people are there in the reading text? What are their names?	What is the topic of the text? What is the main idea?	too broad/general
Did you find the reason?	Did you find the specific information?	too broad/general

적절	부적절	이유
How did you find it? Good.	-	IRF 활용
Who broke the leg?	What happened to them?	make guiding questions more specific
evaluation form, checklist, focus, checking points	rubrics, criterion/criteria	쉬운 영어 사용
Do you know the meaning of the word?	Do you know the definition of the word?	쉬운 영어 사용
Are you ready?	Are you excited?	학생들은 수업 내용에 흥분하지 않음
everyone/class, going to, want to	guys, gonna, wanna	Standard English를 사용함
…	…	…

8. 기본적인 Classroom English의 정확성(발음)에 유의한다.

적절	부적절	이유
Everyone has to choose one role.	Everyone have to choose one role.	비문
How much time do you have?	How many time do you have?	비문
Ten minutes is enough.	Ten minutes are enough.	비문
Thank you for listening to my presentation.	Thank you listening for my presentation.	비문
Time's up.	It's finish.	비문
We are going to make groups of 5.	We will going to 5 group members.	비문
with other groups	with another groups	잘못된 단어 사용
Do you agree with Seeone?	Do you agree Seeone?	전치사 누락
This time,	In this time,	불필요한 전치사 첨가
Let's check the /i/ answer. What's the /i/ answer?	Let's check the /ə/ answer. What's the /ə/ answer?	정관사 발음
I'll give you five minutes.	I'll give you five minute.	s 발음 누락
I'll give you five minutes.	I'll give you five minute.	s 발음 누락
Let's start.	Let's starts/started.	불필요한 s/id 발음
Raise your hand.	Raise your hands.	불필요한 s 발음
correct or not?	correct or nots?	불필요한 s 발음
One minute left.	One minutes left.	불필요한 s 발음
Give them a big hand.	Give them big hands. Give them big hand.	불필요한 s 발음 / 관사 누락
Everybody did a good/great job.	Everybody did good/great job.	관사 누락
Let me give you a hint.	Let me give you hint.	관사 누락

적절	부적절	이유
Switch the roles.	Switch roles.	관사 누락
Look through /uː/.	Look through /ou/.	잘못된 발음
...	...	...

9. 기본적인 단어의 발음과 강세, 복수형에 유의한다.

단어	적절	부적절
cooperate	/ouá/	/u/
gerund	/dʒ/	/g/
preposition	/ɛ/ and stress	/i/
the example	/i/	/ə/
volunteer	/ɑ/	/o/
model	/ɑ/	/o/
smoothly	/ð/	/θ/
presentation / presenter	/i - ɛ/ (stress also)	/ɛ - ɛ/
vocabulary	vocabulary	vocabularies (pl. ×)
example	(penult)	(antepenult)
opposite	(antepenult)	(penult)
specific	(penult)	(antepenult)
advice	three pieces of advice	three advices
carbon dioxide (CO$_2$)	/aɪ//aɪ/	/i/
...	...	...

10. 판서는 수업의 흐름을 알려주는 데 도움이 되고, 수업 후 남겨진 판서는 평가자에게 좋은 인상을 준다.

(1) 인사 전 지우개와 긴 분필을 2개 정도 확인하고 편안하게 판서한다.

(2) 등을 보이지 않고 학생을 보면서 판서하도록 하고, 소리 내어 읽으면서 쓴다.

(3) 판서는 3~4개의 구획으로 나누어 계획적으로 쓴다. 가장 왼쪽에는 Objectives 1, 2, 3을 표시하고 수업 활동을 하면서 하나씩 확인(✔)하는 것이 바람직하다.

(4) ☺ 등의 이모티콘이나 도표, 그래프, chart의 사용은 효과적이며, 활동에서 제시하는 쪽수를 쓰는 것이 바람직하다.

(5) 밑줄이나 별표를 이용하여 강조하는 것은 적절하지만 불필요하게 여러 번 밑줄을 긋거나 수행한 활동을 크게 동그라미 치는 등의 판서는 부적절하다. 핵심은 깔끔한 판서 결과물이다.

Sample Organization with Classroom English

Stage	Expressions
① Pre-activity (ex Pre-teach Voca)	• Let's go over some words/phrases that might be useful. • Let's go over new words/phrases/expressions that you should know. • Before we start, I'll explain the key expressions.
Transition	• Now you are ready for today's main lesson. • (Mainly) We have two activities today. • We will do reading and writing (activities). • Let's start the first one.
② Activity Intro	• You are going to prepare a poster/to unscramble jumbled sentences. • Your task is to produce a display/poster. • This is a communication/an information-sharing activity /a vocabulary game/an unscrambling activity.

③ Individual/Pair/Group work	[Individual]
	• Work on your own. / Everybody, work individually.
	  Try to work independently.
	
	[Pair]
	• For this activity, I'd like you to work in pairs.
	• Work together with the person next to you.
	• You two together, and you two, and so on.
	• Has everybody got a partner? / I will be your partner.
	• Haven't you got anyone to work with?
	• This time, switch the roles.
	
	[Group]
	• For this activity, I'd like you to work in groups.
	• Get into groups. Four students in each group.
	• Arrange yourselves into teams (of four).
	  Is there anyone left over?
	• Let's divide the class into two teams and select a leader for each team. / You'll have a leader of each team and they will come to the front.
	• You take turns in your group and go around till all the group members have a turn.
	• (confirmation) OK. We are all set.

④ Giving Handouts		• Let me give you handouts before we start. • Pass these handouts along, please. • Take one and pass them on. / Pass them on so that everyone has a copy. / (It'll have to be) Four students to one copy. / There's only one copy for each group. • Here is another handout for the second activity. You can keep these handouts. You can write on them. [Confirmation] • No copy? One more? • Has everybody got a copy? • Who hasn't got a copy?
⑤ Direction (on activities or handout) & Demonstration		• Let me explain/introduce what we will do. / This is how we shall do it. / Watch me first. • The goal/aim/purpose of this exercise/activity is to ask each other questions. [Paying attention] • Look over here. / Look at the screen/board. / Look at the material 1. / Please, listen carefully. [Giving instructions/directions] • Please listen to the instruction. / Listen up! • You'll find all the instructions on this worksheet. / I've written instructions on the board. • Remember to check the instruction on the screen. / Please follow the instructions I've given you. • Come up with as many different ideas as possible (brainstorming). • I'll give some hints/clues. • I have something to show you. • Try to guess what I've got with me. • Have a close look at it. • You can stand up and move around the class to do this activity. [Using a textbook*] • Now turn to the next page. / Let's move on to the next page. / Turn back to the previous page.

Extra	[Information gap] • There are two types of survey worksheets with different information on each one. • You work with your partner in pairs. • Each student in a pair takes a different type of worksheet. • You don't get the same worksheet as your partner's. • You ask and answer each other to try to find the missing information. • Everytime you find something different in both worksheets, you mark V on each picture. • You can use "Do you have ○○○?" or "Is there a ○○○?", and "Yes." or "No." • The pair who finishes finding the same things and different things on both sheets will be the winner.
Time Limit	• I'll give you 5 minutes/1 minute. • We have five more minutes./One minute left (실제 손목시계 확인).
Circulating	• Let's see what you have been working on.
⑥ Checking Answers	[Pre-activity] • Have you finished? / Do you need more time? / You all seem to have finished, so ~. • Let's check the answers. Let's see how you did. / Let's run through the answers quickly. [While-activity] • Please raise your hand. • Don't be shy! Hands up if you know the answer! Do you think the answers (or results) are correct?
⑦ Ss' Presentation	• Come over here. / Come to the front (and show everybody else). • Bring out your work, please. / Bring out what you have done. • Go back to your seat. / Go and sit down, please. / Please, return to your seat (quickly and quietly).

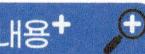 from Practical Classroom English

※ Working with the text

Stage	Expressions
Introducing a Text	• The topic of today's text is ~. • Today we'll read about ~. • I'll give you some background information on this text.
Basic Reading	• Read through the text/conversation on your own. • Read it through quickly to get the main ideas. / Skim the text. • While reading, try to answer these questions. / As you read, try to find answers to the following questions.
Checking Understanding	• Do you understand everything? • Let me ask you some questions about/on this passage. • What's this text/passage (all) about?
Reading Aloud	• Let's read the passage aloud. / Now we'll read the text aloud. • Any volunteers to begin?
Looking at Details	• Let's take a look at the text. • We'll look at some of the difficult points. / There are one or two difficult points we should look at. • I'd like to point out some interesting words. • Look at line 15 for a moment. [for Explaining synonyms] • How else can you say the same thing? • Can you say the same thing, using different words?
Setting an Exercise	• I want you to do exercise 7. • Try the next exercise as well. • Let's go on to exercise number 3. • I'd like you to write the answers to exercise 5. • The goal/aim/purpose/point of this exercise is to ask each other questions. [Demonstration] • This is how we shall do it. / What we shall do is this. / Watch me first.
Taking Questions	• Are there any question on this text? • Has anybody got anything to ask (about this text)? • Is there anything else you would like to ask about? • Are there any points you're not sure of/clear about?
Writing and Copying	• Do the exercise in your worksheet. • Do exercise in writing. • Copy this down in your notebooks. • Copy this down from/off the board.

Giving Corrective Feedback	[Asking similar/Different answers] • Is there another way of saying it? • What else could you say? • How else could you say it? • Try to put it in other words. • What other word could you use here? [Asking errors] • Did anyone notice the mistake? • What's wrong with this sentence? • Is there anything to correct? • Is there anything wrong with/in sentence 3? [Pointing errors] • You've forgotten/omitted the preposition. • You've missed/left the verb out. • You used the wrong word/tense/preposition. • What tense should you have used?
Evaluating	• How many did you get right/wrong? • Hands up if you made more than three mistakes. • Put your hand up if you scored more than 7.

내용+ Pre-teaching Vocabulary 방법

- Mime
- Using real/virtual objects
- Using contextual clues: phrases, sentences, examples
- Using a picture/video clip
- Morphological clues/analysis
- Paraphrasing

 **수업 단계별 교실 영어**

[Warm-up]

1. Greetings
    - Good morning/afternoon/evening, everybody/children/girls and boys.
    - How are you (all) today? / How's it going? / How are you doing?

2. Weather
    - How's the weather today? / What's the weather like today?
    - What was the weather like today?
    - It's warm/nice/hot/cold, isn't it?

3. Days of the week/months of the year/year
    - What day is it today? / What's the date today?
    - What month of the year is it? / What year is it?

4. Beginning a chat
    (1) 주말/공휴일 다음 날 만날 경우
        - Well, did you have a good weekend/holiday?
        - Did you enjoy the weekend/holiday?
        - What did you do on the weekend/holiday?
    (2) 어제 일에 관해 물어볼 경우
        - What did you do last night/yesterday after school?
    (3) 옷이나 소지품, 머리 모양 등에 대해 말할 경우
        - Oh, you've got a new shirt/dress on. That's nice.
        - Oh, you have a new bag/hair style. That's great.

5. Checking attendance
    (1) 출석 점검
        - Is everybody here? / Is anybody absent?
        - I'll / I'm going to call your names/the roll.
        - Say "Here I am." or "Present.", please.
    (2) 결석한 경우
        - Where's Seeone?
        - Does anyone know where Seeone is?
    (3) 결석했다가 돌아온 경우
        - Seeone, you're back. That's nice/good.
        - What was the matter? / Were you sick?
        - Do you feel better now?

[Main Lesson (or Development)]

1. Beginning with review
   - What did we do last lesson/time?
   - Who can remember what we did last lesson/time?
   - Can you remember this/these?
   - Let's do it one more time.
   - Let's review it, OK?

2. Talking about the lesson
   - First, we're going to watch the screen/practice the dialog/do some reading/do some writing/play a game/make up a story/do some role-play.
   - Then, … / Later, …

3. Introducing a new stage in the lesson
   - Now, we're going to watch the screen/listen to the dialog.
   - Well, everybody, this time, let's look and listen again/listen and repeat/play a game/make up a story.
   - Alright then, I want you to do some reading/writing/pair practice/role-play.
   - While I walked around the classroom, I found similar mistakes that you've made. Let's go over together.

4. Ending a teaching sequence
   - Time to finish. / Time's up.
   - We have just 1 or 2 more minutes, and then we'll stop.

[Wrap-up]

1. Review and preview
   - So, today we have practiced/learned   , and you've learned how to   .
   - Next lesson we'll   and do   .

2. Giving (no) homework
   - At home, do/learn/write/practice/read this dialog/the exercise on page 7.
   - All of you did a really good job, so there is no homework today.

3. Ending the lesson
   - It's time to stop now. OK?
   - Well, I hope you all have a good weekend.
   - Goodbye, everyone. See you all tomorrow/next week.

Lesson Presentation Q&A

Q1 혹시 수업지도안이랑 실제 실연하실 때 오차 없이 하셨나요? 자꾸 지도안에 썼던 걸 빼먹어서요!

A1.1 지도안에 있던 건 전부 말했던 것 같아요.^^ 저는 발표 순서가 10번대라서. 지도안에 적은 거를 머릿속으로 계속 외우면서 속으로 Teacher Talk을 연습했어요. 실연할 때도 제가 작성한 지도안을 볼 수 있으니 거의 그대로 했어요.

A1.2 지도안과 수업의 일치성보다는 수업의 완결성이 더 중요해요. 따라서 큰 틀이 아니라면 지도안의 내용을 생략하는 것이 가능해요. 수업실연은 지도안의 수업 계획 중 일부를 보여주는 것이니까요.

Q2 vocabulary 설명 시 시간이 많이 초과돼서 항상 고민하는데, 1. 만약 3단어를 가르치라고 했다면 3단어를 가르치는 것을 다 보여줘야 하는지, 2. vocabulary를 context 내에서 학생들이 guess하도록 가르치라고 한다면 판서로 문장을 안 쓰고 학생들에게 어떤 상황을 설명, 의미를 guess시켜도 되는지 궁금합니다!
(ex excessive 단어 가르침 – If you have excessive stress, what will happen? ~ In this situation, can you guess the meaning of the word 'excessive'?)

A2.1 제가 기억하기로는 3개 다 가르치라고 direction에 나왔던 거 같아요(2014 서울). vocabulary teaching이야말로 teaching의 내용적 측면을 보려고 하는 것 같았거든요. 빼고 가르치는 건 아예 까먹고 빠트렸다는 인상을 줄 수도 있대요(이건 제가 준비할 때 현직 선생님에게 들은 내용입니당! ㅋㅋ). 시간이 모자라면 설명을 줄이시더라도 다 짚고 넘어가셔야 할 것 같아요! 전 판서 거의 안 하고 screen이 있다고 가정하고 "파워포인트에 사진이랑 example sentence 있지?" 이런 식으로 했어요.~ 판서하면 시간이 모자라실 거예요.

A2.2 voca는 그림 + example sentence(textbook에서 찾아보라 해도 돼요.) or personalization 정도만 하셔도 충분해요. screen 가정하고 보여주는 거 정말 좋은 idea.

Q3 실연하실 때 PPT 튼다고 가정했을 때에도 칠판에 판서 따로 하셨나요? PPT 내용이라든지 worksheet이라든지요.

A3 PPT나 worksheet 같은 경우는 판서는 안하고 말로만 했던 것 같아요. Teacher Talk에 활동을 설명할 때 자연스럽게(?) PPT 내용이나 worksheet 내용이 포함되니까요.

Q4 수업실연할 때 interaction과 교탁에 머무르는 시간은 어떻게 조절하나요?

A4 수업실연은 45점 만점에 42.58점이었습니다. 제가 계속 칠판 앞에만 붙어서 실연을 해서 감점된 것 같습니다. 실제로 교실을 돌아다닌다든가 학생에게 다시 rule을 이해했는지 설명시킨다든가, 혹은 중간중간 학생이 어려움을 겪을 때 옆에 가서 도와주는 등의 interaction적인 부분에 미흡했기 때문에 감점이 된 것 같습니다. 또 수업지도안을 완벽히 외우고 들어가지 못해서 activity 중간중간마다 길게는 20초 정도, 짧게는 5~10초 정도 지도안을 계속 봐가면서 실연을 했기 때문에 그것도 감점이 되었던 것이 아닐까 생각이 됩니다.

Q5 Classroom English를 참고할 교재가 있나요?

A5.1 Teacher Talk은 『Practical Classroom English』라는 Oxford에서 출판된 원서를 참고했습니다.
A5.2 유창한 교실 영어를 위해 전날까지 계속 반복 연습했어요.

Chapter 02 수업실연 기출문제

2023학년도 수업지도안 및 수업실연

(수업지도안 시험지 1면)

| 이름 | | 수험번호 | | 관리번호 | | 감독 확인 | |

2023학년도 공립 중등학교 교사 임용후보자 선정경쟁시험 2차 수업지도안 작성

* Directions

응시자 답안 1 〈자료 1〉 이용	가. 주어진 인용구를 활용하여 beyond your comfort zone의 의미 추론하기 나. Beyond the comfort zone의 필요성 인식시키기
응시자 답안 2 〈자료 2〉 이용	가. 각 zone의 의미와 특징 파악 & 자신의 경험과 연관시키기 나. 밑줄 친 어휘 3개를 예문으로 뜻 이해시키기 다. 각 zone에 알맞은 감정 단어로 빈칸 채우기
응시자 답안 3 〈자료 3〉 이용	가. 표에 대한 모델링 제시 나. 표를 채우고 짝과 공유하게 하고 개별 글 쓰기 다. 학생들의 언어 사용 또는 단어 표현에 대한 피드백 주기

※ 교사와 학생의 상호 작용이 잘 나타나도록 작성하고, 판서 내용이 잘 드러나도록 작성하시오.
※ 한국어로 표현하기 어려운 단어나 교사와 학생의 예시 발화는 영어로 쓰시오.

* 학급 정보

| 학생 수 | 26 명 | 학습 조직 | 개별 / 짝 / 전체 | 수업 자료 | 컴퓨터, 보드, 빔 프로젝터, 온라인 사전 | 시간 | 90분
(연속 차시) | 평가 | 관찰 평가, 동료 평가 |

* 수업 내용

Class	Target Skills	Contents
1-2	Listening, Speaking	
3	Speaking	
4-5	Reading, Pre-Writing, Writing	(지도안 작성 부분)
6-7		
8		

*단원 목표

1. 일상생활과 관련된 주제를 이야기할 수 있다.
2. 자신의 감정과 관련된 표현을 말할 수 있다.
3. 자신의 미래 계획에 관한 글을 쓸 수 있다.

*Unit Title: Beyond Your Comfort Zone

(시험지 1면은 가독성이 좋았습니다. 서울은 direction이 표로 제시되어 있고 '가, 나, 다'와 같이 구분이 되어 있었고, 부산과 경남은 '가, 나, 다'가 아닌 -(하이픈)으로 구분이 되어 있었습니다.)

(수업지도안 시험지 2면)
〈Material 1〉 Reading Passage

Beyond Your Comfort Zone

"The greatest danger for most of us is not that our aim is too high and we miss it, but that it is too low and we reach it." - Michelangelo

A comfort zone is where you feel safe and comfortable and doing some well. It is easy and familiar to you. You need courage to step out of the comfort zone. A fear zone is where you feel afraid, find excuses, and be affected by others' opinions. When you overcome your fear, you get into a learning zone where you acquire new skills and deal with challenges and problems. A growth zone is where you conquer objectives and find purposes.

I had no experiences of singing a solo in the choir. However, I wanted to go beyond my comfort zone and I tried to have an audition for the solo part. I was glad that I tried because I could go beyond my comfort zone. I passed the audition and improved my singing. Going beyond your comfort zone is important because you can get skills and deal with challenges better. I ended up improving my singing.

〈Material 2〉

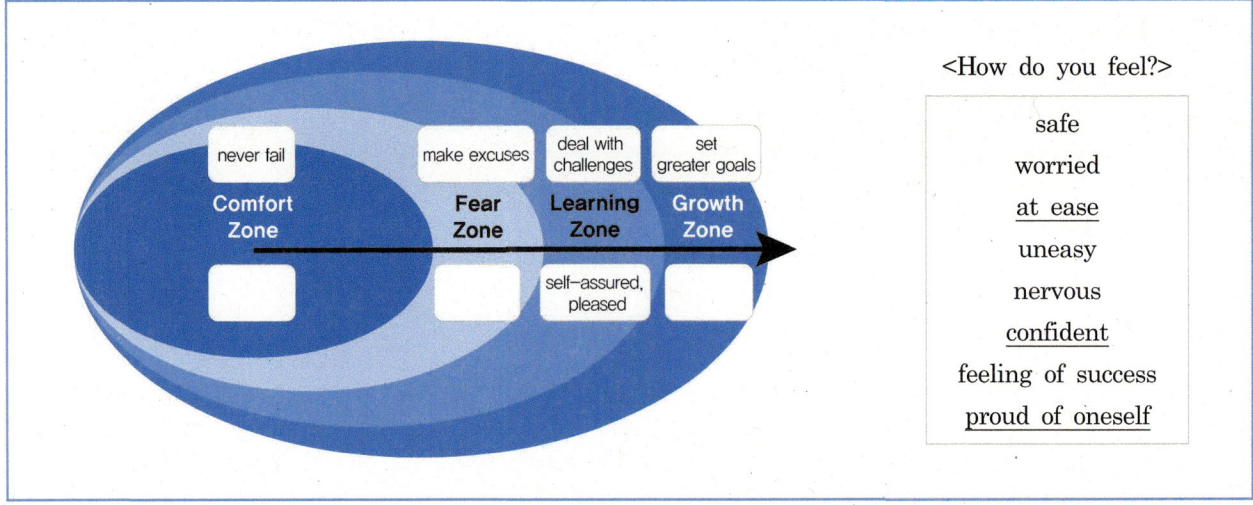

(아래 표는 실제 있었던 것이 아니라 위에 있는 타원형 도식에 나온 어구를 모아놓은 것입니다.)

never fail	make excuses	deal with challenges	set greater goals
Comfort Zone	Fear Zone	Learning Zone	Growth Zone
(blank)	(blank)	self-assured, pleased	(blank)

(수업지도안 시험지 3면)

〈Material 3〉

My comfort zone	
New goal	
Reasons to challenge myself	
Difficulties expected	
Plans for action	

Beyond My Comfort Zone

I am comfortable when _____. However, I _____. The reasons why I challenge are _____. I feel difficult because _____. I am planning to _____.

(수업지도안 답안지 1면)

[세로줄을 그어서 나눠 쓰지 마시오.]

단원		Beyond Your Comfort Zone	차시	4~5/8
학습 목표		• 'Beyond Your Comfort Zone'의 의미를 추론할 수 있다. • 도전과 성장의 과정에서 느끼게 되는 감정을 다양한 어휘로 표현할 수 있다. • 'comfort zone'에서 'growth zone'으로 가기 위한 자신의 실행 계획을 한 단락으로 쓸 수 있다.		
학습 단계		교수-학습 활동	자료 및 유의점	시간(분)
도입	인사	• 인사하고 출석을 확인한다.		5
	전시 학습 확인	• 전 차시의 읽기 자료에 대한 학생들의 이해를 확인한다.		
	학습 목표	• 본 차시의 학습 목표를 제시한다.		
전개	읽기 활동	<수업 실연 1> • 인용문과 관련하여 'Beyond Your Comfort Zone'의 의미를 추론하기 • 'Beyond Your Comfort Zone'의 필요성에 대한 인식 공유하기	• <자료 1> • 슬라이드 자료	20
	쓰기 전 활동	<수업 실연 2> • <자료 2>에 있는 각 zone의 의미와 특징을 파악하고 자신의 경험에 적용하기 • 밑줄 친 3가지 어휘의 의미를 예문을 통해 이해한다.	• <자료 2> • 슬라이드 자료 • 두 개의 zone에 중복으로 들어갈 수 있는 어휘도 있음을 안내	25

(수업지도안 답안지 2면)

전개	쓰기 전 활동	<수업 실연 2> • <자료 2>의 우측에 있는 모든 어휘를 적절한 zone에 배치하여 완성하기 • Comfort Zone → • Fear Zone → • Growth Zone →	• <자료 2> • 슬라이드 자료 • 두 개의 zone에 중복으로 들어갈 수 있는 어휘도 있음을 안내	25
	쓰기 활동	<수업 실연 3> • 교사가 제시한 예시를 참고하여 표를 완성하기 • 짝과 내용을 공유하고 개별 글쓰기 <예시> • My comfort zone • New goal • Reasons to challenge myself • Difficulties expected • Plans for action • 완성한 표를 활용한 단락글 쓰기 및 피드백	• <자료 3> • 슬라이드 자료 • 표에 완전한 문장이 아닌 단어나 어구로 써도 됨을 안내	35
정리	요약	• 쓰기 결과물을 짝과 상호 검토한 후 제출하도록 하고 수업 내용을 정리한다.		5
	차시 예고	• 다음 차시의 발표 활동을 예고한다.		

(수업지도안 sample 답안 1면)

학습 단계		교수-학습 활동	자료 및 유의점	시간(분)
도입	인사	• 인사하고 출석을 확인한다.		5
	전시 학습 확인	• 전 차시의 읽기 자료에 대한 학생들의 이해를 확인한다.		
	학습 목표	• 본 차시의 학습 목표를 제시한다.		
전개	읽기 활동	<수업 실연 1> • 인용문과 관련하여 'Beyond Your Comfort Zone'의 의미를 추론하기 • 교사는 <자료 1>을 소개하고 학생들에게 제목(Beyond Your Comfort Zone)을 함께 소리 내어 읽게 한다. • 교사는 미켈란젤로의 인용문을 통해 제목의 의미를 추론하도록 한다. (발문 예시) Considering the quote (saying), can you guess the meaning of 'beyond your comfort zone'? (답변 예시) Going away from the place where we have lower aims! • 교사는 학생들의 추론을 발표시키고 칭찬 및 피드백을 제공한다. • 'Beyond Your Comfort Zone'의 필요성에 대한 인식 공유하기 • 교사는 <자료 1>의 읽기 자료를 읽고 중심내용을 파악하게 한다. (중심내용) We have to go beyond our comfort zone to reach the growth zone. • 교사는 학생들이 찾은 중심내용을 발표시킨 후 피드백을 제공한다. • 교사는 중심 내용을 토대로 'beyond your comfort zone'이 왜 필요한지 질문한다. (발문 예시) Why do we need to go beyond our comfort zone? (답변 예시) To improve our skills!	• <자료 1> • 슬라이드 자료	20
	쓰기 전 활동	<수업 실연 2> • <자료 2>에 있는 각 zone의 의미와 특징을 파악하고 자신의 경험에 적용하기 • <자료 2>의 이해를 돕기 위한 [표]를 제공하고 각 zone의 특징과 자신의 경험을 찾아 [표]를 완성하도록 한다. (표 예시) | zone	characteristics	experience
---	---	---
① comfort		
② fear		
③ learning		
④ growth		| • 교사는 학생들이 완성한 [표]를 발표시키고 칭찬 및 피드백을 제공한다. • 밑줄 친 3가지 어휘의 의미를 예문을 통해 이해한다. • 교사는 <자료 2>의 새로운 단어(at east, confident, proud of oneself)를 소개하고 예문을 제공한 후 맥락 내에서 단어의 의미를 추론하도록 한다. (예문 예시) When you do something that you are good at, how does it feel? We feel confident. (confident = full of energy) • 교사는 학생들의 추론을 발표시키고 칭찬 및 피드백을 제공한다.	• <자료 2> • 슬라이드 자료 • 두 개의 zone에 중복으로 들어갈 수 있는 어휘도 있음을 안내	25

(수업지도안 sample 답안 2면)

	쓰기 전 활동	<수업 실연 2> • <자료 2>의 우측에 있는 모든 어휘를 적절한 zone에 배치하여 완성하기 • 교사는 <자료 1>의 읽기 자료를 바탕으로 <자료 2>의 어휘들을 각 zone에 배치하는 활동을 소개한다. • 교사는 활동을 진행하고 교실을 순회하며 적절한 도움을 제공한다. • 교사는 활동의 결과를 발표시키고 칭찬 및 피드백을 제공한다. • Comfort Zone → safe, at ease • Fear Zone → worried, uneasy, nervous • Growth Zone → feeling of success, confident, proud of oneself	• <자료 2> • 슬라이드 자료 • 두 개의 zone에 중복으로 들어갈 수 있는 어휘도 있음을 안내	25
전개	쓰기 활동	<수업 실연 3> • 교사가 제시한 예시를 참고하여 표를 완성하기 • 교사는 <자료 3>을 소개하고 'beyond your comfort zone'의 계획을 생각해보고 [표]를 완성하는 활동을 소개한다. • 교사는 [예시]를 통해 [표]를 완성하는 방법에 대해 모델링을 제공한다. • 교사는 활동을 진행하고 교실을 순회하며 적절한 도움을 제공한다. • 짝과 내용을 공유하고 개별 글쓰기 • 교사는 학생들이 완성한 [표]의 내용을 짝과 함께 공유하며 이야기하도록 한다. • 교사는 공유한 내용을 간단히 발표시키고 칭찬 및 피드백을 제공한다. • 교사는 [표]의 정보를 바탕으로 'beyond your comfort zone'의 계획을 소개하는 활동을 안내한다. <예시> | • My comfort zone | my study room | | • New goal | meet a new study friend | | • Reasons to challenge myself | to improve my grades | | • Difficulties expected | I am shy. | | • Plans for action | I will write on the bulletin board to find a friend. | • 완성한 표를 활용한 단락글 쓰기 및 피드백 • 교사는 개별 쓰기 활동을 진행하고 교실을 순회하며 적절한 도움을 제공한다. 　(도움 예시) (적절한 표현을 모르는 학생에게) You can use your tablet PC to find expressions on the online dictionary. • 교사는 개별 쓰기 활동의 결과를 발표시키고 피드백을 제공한 뒤 짝과 상호 검토하도록 한다. 　(피드백 예시) I am planning to playing → I am planning to play (to 부정사의 용법)	• <자료 3> • 슬라이드 자료 • 표에 완전한 문장이 아닌 단어나 어구로 써도 됨을 안내	35
정리	요약	• 쓰기 결과물을 짝과 상호 검토한 후 제출하도록 하고 수업 내용을 정리한다.		5
	차시 예고	• 다음 차시의 발표 활동을 예고한다.		

(수업실연 시험지 1면)

2023학년도 공립 중등학교 교사 임용후보자 선정경쟁시험 2차 수업실연

※ Demonstrate Examinee's Responses 1~3 using Material 1, 2, and 3.

※ Use the blackboard.

※ 수업 목표

> Students will be able to
> 1. use the quote to guess the meaning of 'Beyond Your Comfort Zone'.
> 2. read the text to find the main idea and acknowledge the need for going beyond the comfort zone.
> 3. write a paragraph on plans for action to go from a comfort zone to a growth zone.

* Class Information (실제로는 1줄로 제시)

Size	26 students	Grade	3rd of middle school	Class Interactions	Individual, Pair, Group
Materials	computer, board, beam projector, online dictionary, etc.	Time	90 minutes (block time)	Evaluation	observation, peer evaluation

(+ 자신이 작성한 지도안 복사본 제공.)

수험생 현장 스케치

1. 글씨 크기가 크게 한 면에 위의 내용이 다 채워질 정도였습니다.
2. 지도안 작성 때 주어진 class information과 달리 'grade' 정보가 제시되었고, class interaction 중 '전체'가 삭제되고, 'group'이 추가로 제시되었습니다. 그래서 그 순간 지도안과 달리 group 활동을 해야 할지, 지도안대로 수업해야 할지 고민되었습니다.
3. 따라서 작년처럼 영어로 된 directions는 제공되지 않았습니다. 자신이 작성한 지도안에 음영으로 처리된 부분의 한글 directions를 기준으로 수업을 진행했습니다.

(지도안 미작성 지역 수업실연 시험지 1면)

* Directions

⟨Examinee's Response 1⟩ Reading, Material 1 (Using the screen?)
- Help students infer the meaning of 'Beyond Your Comfort Zone' based on the quote in <Material 1>.
- Let students read the text and acknowledge the need for going beyond the comfort zone.

⟨Examinee's Response 2⟩ Pre-writing, Material 2
- Let students understand the meaning and characteristics of each zone in <Material 2> and relate them to their experiences.
- Teach students the THREE underlined words (at ease, confident, proud of oneself) in <Material 2> by giving examples.
- Let students fill in each blank with an emotion word.

⟨Examinee's Response 3⟩ Writing, Material 3
- Let students fill in the chart in <Material 3> based on their experience.
- Show students the example writing and let students discuss the content on the completed table to write one paragraph in a pair.
- Give feedback on language and vocabulary use.

※ Present your lesson using the board in detail.

* Lesson Objectives

Students will be able to
1. use the quote to guess the meaning of 'Beyond Your Comfort Zone'.
2. read the text to find the main idea and acknowledge the need for going beyond the comfort zone.
3. write a paragraph on plans for action to go from a comfort zone to a growth zone.

* Class content

Class	Target Skills	Contents
1-2	Listening, Speaking	
3	Speaking	
4-5	Reading, Pre-Writing, Writing	(지도안 작성 부분)
6-7		
8		

* Class Information

Size	26 students	Grade	3rd of middle school	Class Interactions	Individual, Pair, Group
Materials	computer, board, beam projector, online dictionary, etc.	Time	90 minutes (block time)	Evaluation	observation, peer evaluation

* Unit Title: Beyond Your Comfort Zone

(시험지 1면은 가독성이 너무 별로였습니다. direction이 표로 구분이 안 되어 있고 다 줄글로 되어 있었습니다.)

(지도안 미작성 지역 수업실연 시험지 2면)

※ 수업지도안 시험지 2면과 동일, 〈Material 1, 2, and 3〉

(지도안 미작성 지역 수업실연 시험지 3면) (수업지도안)

단원		Beyond Your Comfort Zone	차시	4~5/8
학습 목표		• 'Beyond Your Comfort Zone'의 의미를 추론할 수 있다. • 도전과 성장의 과정에서 느끼게 되는 감정을 다양한 어휘로 표현할 수 있다. • 'comfort zone'에서 'growth zone'으로 가기 위한 자신의 실행 계획을 한 단락으로 쓸 수 있다.		
학습 단계		교수-학습 활동	자료 및 유의점	시간(분)
도입	인사 전시 학습 확인 학습 목표	• 인사하고 출석을 확인한다. • 전 차시의 읽기 자료에 대한 학생들의 이해를 확인한다. • 본 차시의 학습 목표를 제시한다.		5
전개	읽기 활동	<수업 실연 1> • 인용문과 관련하여 'Beyond Your Comfort Zone'의 의미를 추론하기 • 'Beyond Your Comfort Zone'의 필요성에 대한 인식 공유하기	• <자료 1> • 슬라이드 자료	20
	쓰기 전 활동	<수업 실연 2> • <자료 2>에 있는 각 zone의 의미와 특징을 파악하고 자신의 경험에 적용하기 • 밑줄 친 3가지 어휘의 의미를 예문을 통해 이해하기 • <자료 2>의 우측에 있는 모든 어휘를 적절한 zone에 배치하여 완성하기 • Comfort Zone → • Fear Zone → • Growth Zone →	• <자료 2> • 슬라이드 자료 • 두 개의 zone에 중복으로 들어갈 수 있는 어휘도 있음을 안내	25
전개	쓰기 활동	<수업 실연 3> • 교사가 제시한 예시를 참고하여 표를 완성하고 짝과 내용을 공유하기 <예시> • My comfort zone • New goal • Reasons to challenge myself • Difficulties expected • Plans for action • 완성한 표를 활용한 단락글 쓰기 및 피드백	• <자료 3> • 슬라이드 자료 • 표에 완전한 문장이 아닌 단어나 어구로 써도 됨을 안내	35
정리	요약 차시 예고	• 쓰기 결과물을 짝과 상호 검토한 후 제출하도록 하고 수업 내용을 정리한다. • 다음 차시의 발표 활동을 예고한다.		5

(시험지 3면은 lesson plan으로 각 direction 영역에 슬라이드 사용 등과 같은 추가 directions가 있었음.)

2022학년도 수업지도안 및 수업실연

(수업지도안 시험지 1면)

| 이름 | | 수험번호 | | 관리번호 | | 감독 확인 | |

2022학년도 공립 중등학교 교사 임용후보자 선정경쟁시험 2차 수업지도안 작성

※ **Design your lesson plan following "Lesson Objectives" carefully.**

* **Directions**

⟨Examinee's Response 1⟩ Pre-reading
  - Make students guess the content using the title of <Material 1>.
  - Ask students to talk about their own experiences related to the topic with their pair;
  - guess one of the underlined word in <Material 1> in the context. (allowed to / get rid of / begged / disgusting)

⟨Examinee's Response 2⟩ Reading
  - Let students read the text for the gist.
  - Let students complete the graphic organizer that you developed considering <Material 2>.

⟨Examinee's Response 3⟩ Post-reading; Writing
  - Assign group roles.
  - Let students complete the story with a plot twist using <Material 3> in a group.

⟨Examinee's Response 4⟩ Post-writing; Speaking
  - Let students do their group presentation and peer assessment with the criteria (scoring rubric?) that you developed.
  - Let students talk about their own experience of resolving conflicts in pairs.
  - Give feedback on students' English use.

※ Use the blackboard in a specific part.

(directions의 가독성이 정말 나빴습니다. 번호가 매겨져 있지 않았고, 문장들이 다닥다닥 붙어 있어서 정말 눈에 안 들어왔습니다.)

* Unit Objectives

Students will be able to
1. read the text on a familiar and general topic to find the main idea and detailed information and summarize the text.
2. express their opinion or feeling on a familiar and general topic through group discussion.
3. write a paragraph of plot twist.

* Class content

Class	Target Skills	Contents
1-2	Listening and Speaking	
3	Speaking	
4-5	Reading (online)	
6-7	Reading, Writing, Speaking	(지도안 작성 부분)
8-9	…	
10	…	

* Class Interactions: Individual, Pair, Group

* Class Information (실제로는 1줄 표로 제시)

Size	26 students	Grade	3rd of middle school	Materials	computer, board, beam projector, video clip, online resources, etc.
Time	90 minutes (block time)	Level	Mixed-level	Evaluation	observation, peer evaluation

* Unit Title: Enemy Pie

(수업지도안 시험지 2면)

〈Material 1〉 Reading Passage

Enemy Pie

It was all good until Jeremy Ross moved into the neighborhood, right next door to my best friend Stanley. I did not like Jeremy Ross. He laughed at me when he struck me out in a baseball game. He had a party on his trampoline, and I wasn't even invited. But my best friend Stanley was.

Jeremy Ross was the one and only person on my enemy list. I never even had an enemy list until he moved into the neighborhood. But as soon as he came along, I needed one. I hung it up in my tree house, where Jeremy Ross was not <u>allowed to</u> go.

Dad understood stuff like enemies. He told me that when he was my age, he had enemies, too. But he knew of a way to <u>get rid of</u> them. I asked him to tell me how.

You may be wondering what exactly is in Enemy Pie. I was wondering, too. But Dad said the recipe was so secret, he couldn't even tell me. I decided it must be magic. I <u>begged</u> him to tell me something—anything.

"I will tell you this," he said. "Enemy Pie is the fastest known way to get rid of enemies."

Now, of course, this got my mind working. What kinds of things—<u>disgusting</u> things—would I put into a pie for an enemy? I brought Dad some weeds from the garden, but he just shook his head. I brought him earthworms and rocks, but he didn't think he'd need those.

...

As for Enemy Pie, I still don't know how to make it. I still wonder if enemies really do hate it or if their hair falls out or their breath turns bad. But I don't know if I'll ever get an answer, because I just lost my best enemy.

✔ key concept: plot twist

A plot twist is a literary technique that introduces a surprising change in the direction or unexpected outcome of the plot in a work of fiction.

〈Material 2〉 the missing part in 〈Material 1〉 (Only T can refer to this material.)

Dad brought out the pie. He dished up three plates and passed one to me and one to Jeremy. "Wow!" Jeremy said, looking at the pie. I panicked. I didn't want Jeremy to eat Enemy Pie! He was my friend! "Don't eat it!" I cried. "It's bad!" Jeremy's fork stopped before reaching his mouth. He looked at me funny. I felt relieved. I had saved his life. "If it's so bad," Jeremy asked, "then why has your dad already eaten half of it?" Sure enough, Dad was eating Enemy Pie. "Good stuff," Dad mumbled. I sat there watching them eat. Neither one of them was losing any hair! It seemed safe, so I took a tiny taste. It was delicious!

(수업지도안 시험지 3면)

〈Material 3〉 (Diary Form)

Group: _____   Members: _____

I was wondering what dirty thing I had to put in the pie.
_____
_____
_____
_____

Jeremy invited me over his house. I lost my 'best' enemy. Enemy pie turned the enemy into my friend.

(수업지도안 답안지 1면)

Be sure to write your lesson plan in detail. (세로줄을 그어서 나눠 쓰지 마시오.)

Unit	Enemy Pie		
Objectives	Students will be able to - read the text on a familiar and general topic to find the main idea and detailed information and summarize the text. - express their opinion or feeling on a familiar and general topic through group discussion. - write a paragraph of plot twist.		
Procedure	Teaching & Learning Activities	IPGW	90′
Introduction	• T greets to Ss and checks Ss' attendance. • T reviews the components of a story such as characters, background, conflict, and ending in the previous online class. • T introduces lesson objectives.		5′
	⟨Examinee's Response 1⟩		10′
	• T explains how to do group work to Ss.		
Development	⟨Examinee's Response 2⟩		15′
	• T checks group work and gives feedback.		

(⟨Examinee's Response 1⟩ 맨 마지막 칸에 T explains how to do group work to Ss.라는 것이 제시되어 있었어요. 따라서 direction에는 없었지만 examinee response 2를 group work로 해야 했다고 생각합니다.)

(Individual work, Pair work, Group work, Whole class를 표시하도록 되어 있었습니다.)

(수업지도안 답안지 2면)

Development	• T explains plot twist using Shrek. - Speaker A: Did Fiona turn into a princess? - Speaker B: No, to my surprise she didn't became a princess. • T gives the guideline on writing. ⟨Examinee's Response 3⟩	20′
	• T has Ss do the speaking activity. ⟨Examinee's Response 4⟩	35′
Consolida-tion	• T summarizes today's lesson. • T previews the next lesson.	5′

(수업실연 시험지 1면)

2022학년도 공립 중등학교 교사 임용후보자 선정경쟁시험 2차 수업실연

※ Demonstrate Examinee's Responses 1~4 using Material 1, 2, and 3.
(Use Material 2 as a reference)

(+ 자신이 작성한 지도안 복사본 제공.)

(수업지도안 답안지 1면)

Be sure to write your lesson plan in detail. (세로줄을 그어서 나눠 쓰지 마시오.)

Unit	Enemy Pie	
Objectives	Students will be able to - read the text on a familiar and general topic to find the main idea and detailed information and summarize the text. - express their opinion or feeling on a familiar and general topic through group discussion. - write a paragraph of plot twist.	
Procedure	Teaching & Learning Activities	90′
Introduction	• T greets to Ss and checks Ss' attendance. • T reviews the components of a story such as characters, background, conflict, and ending in the previous online class. • T introduces lesson objectives.	5′
	⟨Examinee's Response 1⟩	

	• T lets Ss guess the four components of the story (character, conflict, plot twist, background) using the title, 'Enemy Pie'.
	ex) S: The Enemy is 'Jeremy'.
	• T checks Ss' guessing and lets Ss in pairs share their own experiences of having conflicts with their friends.
	ex) S1: My friend did not lend me her book, so I didn't pass the test.
	     S2: She lied to me.
	• T encourages Ss to share their stories with the whole class.
	• T asks Ss to guess the word 'allowed to' using the context.
	ex) T: (in the story) Did Jeremy enter the tree house?
	     S: No, he couldn't.
	• T explains how to do group work to Ss.
		10′

Development	⟨Examinee's Response 2⟩	
	• T has Ss read the text to find the main idea. ex) S1: If you make efforts, your enemy can change into your friend. S2: There is a wise way to resolving conflict with friends. • T has Ss present the main idea and confirms the main idea. • T has Ss complete the graphic organizer. <pie-typed graphic organizer> (character, back-ground, plot twist, ending) <plot diagram> (introduction, development, crisis, climax, plot twist, ending) • T checks group work and gives feedback.	15′

(수업지도안 답안지 2면)

Development	• T explains plot twist using Shrek.
	  - Speaker A: Did Fiona turn into a princess?
	  - Speaker B: No, to my surprise she didn't became a princess.
	• T gives the guideline on writing.
		20′

	〈Examinee's Response 3〉	

	• T assigns the roles for group writing.
	  ex) online dictionary guy, grammar checker, idea banker,
	      word searcher, writer	

	• T asks Ss to complete the missing part in their group.
	  \<guideline\>
	  1) fulfilling roles
	  2) plot twist
	  3) creative
	  4) language (past tense)
	  5) more than 5 sentences
	  ex) Group 1: Before giving the pie, I realized that I misunderstood something about Jeremy.
	      Group 2: ~	

	• T has Ss do the speaking activity.	
	〈Examinee's Response 4〉	
	• T lets Ss choose a presenter in their group, and gives time for rehearsal and Ss have time for presentation.	35′
	• T gives Ss the peer evaluation sheet. 		score 1~5				
---	---	---	---	---	---
plot twist (creative)	1	2	3	4	5
language	1	2	3	4	5
delivery (voice, pace, eye contact)	1	2	3	4	5		
	• T lets Ss complete the peer evaluation sheet.	

	• T asks Ss in pairs to share their experiences of resolving conflict.
	  ex) S1: I learned some lesson from reading a book.
	      S2: ~	

	• T gives feedback on language use. ex) lose → lost	
Consolida-tion	• T summarizes today's lesson. • T previews the next lesson.	5′

(경기 수업실연 시험지 1면)

*Directions

⟨Examinee's Response 1⟩ Pre-reading

- Make students <u>predict</u> the content using the title of <Material 1>.
- Ask students to talk about their own experiences related to the topic with their pair;
- guess one of the underlined word in <Material 1> in the context. (allowed to / get rid of / begged / disgusting)

⟨Examinee's Response 2⟩ Reading

- Let students read the text for the gist.
- Let students complete the graphic organizer that you developed considering <Material 2>.

⟨Examinee's Response 3⟩ Post-reading; Writing

- Assign group roles.
- Let students complete the missing part in <Material 3> in a group.

⟨Examinee's Response 4⟩ Post-writing; Speaking

- Let students do their group presentation and peer assessment with the criteria (scoring rubric?) that you developed.
- Let students talk about their own experience of resolving conflicts in pairs.
- Give feedback on students' English use.

※ Use the blackboard in a specific part.

(direction에서 밑줄 친 부분은 전국 문제와 다른 wording이 사용된 부분입니다.)

*Unit Objectives

Students will be able to
1. read the text on a familiar and general topic to find the main idea and detailed information and summarize the text.
2. express their opinion or feeling on a familiar and general topic through group discussion.
3. write a paragraph of plot twist.

*Class content

Class	Target Skills	Contents
1-2		Listening and Speaking
3		Speaking
4-5		Reading (online)
6-7	(지도안 작성 부분)	Reading, Writing, Speaking
8-9		…
10		…

* Class Interactions: Individual, Pair, Group

* Class Information (실제로는 1줄 표로 제시)

Size	26 students	Grade	3rd of middle school	Materials	computer, board, beam projector, video clip, online resources, etc.
Time	90 minutes (block time)	Level	Mixed-level	Evaluation	observation, peer evaluation

* Unit Title: Enemy Pie

Use Materials 1, 2, and 4. Material 3 for a reference only.

(경기 수업실연 시험지 4면) (수업지도안)

Unit	Enemy Pie		
Objectives	Students will be able to - read the text on a familiar and general topic to find the main idea and detailed information and summarize the text. - express their opinion or feeling on a familiar and general topic through group discussion. - write a paragraph of plot twist.		
Procedure	Teaching & Learning Activities	Aids and Materials	90´
Introduction	• T greets to Ss and checks Ss' attendance. • T reviews the components of a story such as characters, background, conflict, and ending in the previous online class. • T introduces lesson objectives.		5´
Development	⟨Examinee's Response 1⟩		10´
	⟨Examinee's Response 2⟩ • T checks group work and gives feedback.		15´
	⟨Examinee's Response 3⟩ • T gives <Material 3> to students. • T introduces plot twist with a movie's example. • T has Ss do the speaking activity.		20´
	⟨Examinee's Response 4⟩		35´
Consolidation	• T summarizes today's lesson. • T previews the next lesson.		5´

(시험지 4면은 lesson plan입니다. 맨 마지막 장에 별도의 구상지가 있습니다.)

2021학년도 수업지도안 및 수업실연

1. 수업지도안 작성

(수업지도안 시험지 1면)

| 이름 | | 수험번호 | | 관리번호 | | 감독 확인 | |

2021학년도 공립 중등학교 교사 임용후보자 선정경쟁시험 2차 수업지도안 작성

※ **Design your lesson plan following "Lesson Objectives" carefully.**

* **Directions**

⟨Examinee's Response 1⟩
- Motivate the students by asking questions with Material 1.
- Use a pair work with the chart in Material 1.
- Include teacher-student interaction in detail based on pair discussion on Material 1.

⟨Examinee's Response 2⟩
- Help the students understand the main idea using Material 2.
- Ask the students to find out detailed information and check their comprehension,
- and teach one of the underlined words in Material 2.

⟨Examinee's Response 3⟩
- In a group, let the students discuss the healthy diet with Material 3.
- Facilitate the students to participate in the group work.
- Give feedback on the students' work in a group.

⟨Examinee's Response 4⟩
- Engage the students in an individual writing with Material 4.
- Provide scoring criteria for evaluation and explain the detail of each scoring criterion
- Design a peer review activity with writing outcome.

*Unit Objectives

Students will be able to
1. read the text on a familiar and general topic to find the main idea and detailed information.
2. express their opinion or feeling on a familiar and general topic through a group discussion.
3. write a paragraph of suggestion about a new dish for the school lunch menu.

*Class content

Class	Target Skills	Contents
1-2	Listening and Speaking	
3	Speaking	
4-5	Reading	
6-7	Reading, Speaking, Writing	(지도안 작성 부분)
8-9	…	
10	…	

* **Target Skills**: Reading, Speaking, Writing
* **Class Interactions**: Individual, Group
* **Class Information** (원래 1줄 table로 제시)

Size	30 students	Grade	1st of high school	Materials	computer, board, beam projector, etc.
Time	100 minutes (block time)	Level	Mixed-level	Evaluation	observation, peer evaluation

* **Unit Title**: Healthy Food, Happy Life

(수업지도안 시험지 2면)

⟨Material 1⟩ (Pie Chart)

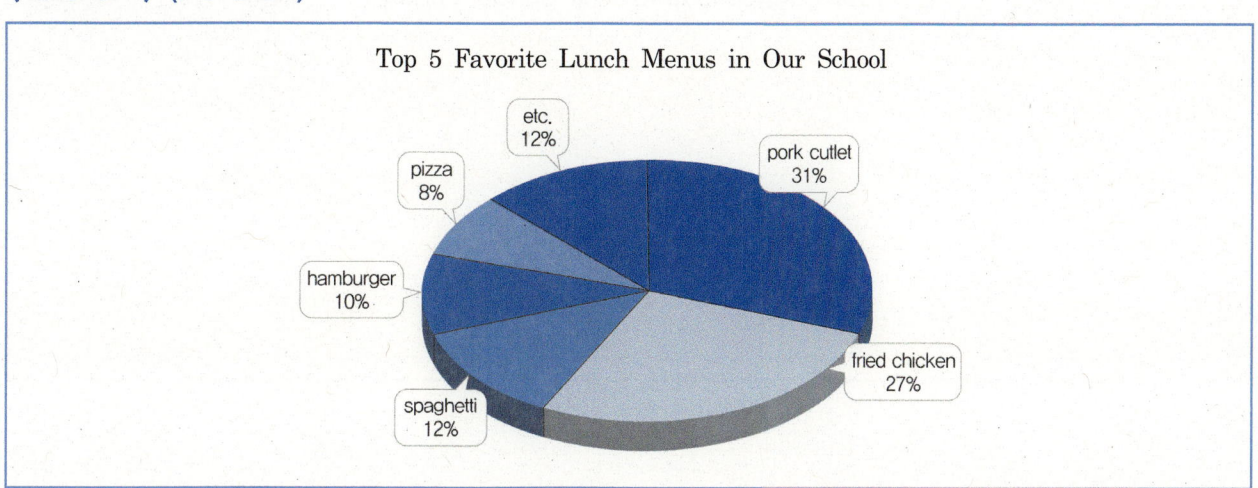

⟨Material 2⟩ (reading passage)

It is needed to eat food full of nutrition. A balanced, healthy diet is important to teenagers for growth and development. In order to have a balanced diet, the knowledge of the key function served by each food is important. For instance, salmon, nuts, eggs, and pumpkin seeds help <u>boost</u> your brain power. Particularly, these foods are good for memory and prevent short term memory loss. In addition, protein-rich foods like chicken and beans help promote physical health. And leafy green vegetables and bananas have <u>abundant</u> nutrients to increase bone density. Finally, sweet potato, kimchi, and broccoli help relieve stress by <u>elevating</u> your mood.

(수업지도안 시험지 3면)

⟨Material 3⟩

New Healthy Dishes for School Lunch Menu

New Dish's Name	Main Ingredients	Reason

⟨Material 4⟩ (writing form)

Your Suggestions for Our School Lunch

(수업지도안 답안지 1면)

Be sure to write your lesson plan in detail.

Unit	Healthy Food, Happy Life		
Objectives	Students will be able to • read the text to find the main idea and detailed information. • express their opinion or feeling through a group discussion. • write a paragraph of suggestion about a new dish for the school lunch menu.		
Procedure	Teaching & Learning Activities		100′
	Teacher (=T)	Students (=Ss)	
Introduction	• T greets to Ss and checks Ss' attendance. • T reviews the previous lesson on healthy food.	• Ss greet back to T. • Ss listen to T.	5′
	⟨Examinee's Response 1⟩ • T introduces the topic and lesson objectives.	 • Ss read today's objectives.	10′
Development	⟨Examinee's Response 2⟩ 		20′

(수업지도안 답안지 2면)

	• T asks Ss to make groups of 5 for discussion referring to Material 2.	• Ss make groups of 5.	25′
	⟨Examinee's Response 3⟩		
	• T asks Ss to write suggestions referring to Material 3.	• Ss write their suggestions.	
	⟨Examinee's Response 4⟩		35′
	• T asks Ss to revise their draft and submit their final draft.	• Ss revise their draft and submit their final draft.	
Consolida-tion	• T summarizes today's lesson. • T previews the next lesson.	• Ss listen to the summary. • Ss listen to T's preview.	5′

(경북은 지도안 작성 시 자 사용 금지. 줄을 그을 때는 수험표를 접어서 수험표를 자 삼아 그어 쓰라고 지시.)

2021학년도 수업지도안 sample by SJH

Be sure to write your lesson plan in detail.

Unit	Healthy Food, Happy Life		
Objectives	Students will be able to • read the text to find the main idea and detailed information. • express their opinion or feeling through a group discussion. • write a paragraph of suggestion about a new dish for the school lunch menu.		
Procedure	Teaching & Learning Activities		100′
	Teacher (=T)	Students (=Ss)	
Introduction	• T greets to Ss and checks Ss' attendance. • T reviews the previous lesson on healthy food.	• Ss greet back to T. • Ss listen to T.	5′
	⟨Examinee's Response 1⟩		
	• T activates Ss' schema by asking their favorite school lunch.	• Ss call out their favorite school lunch.	10′
	• T shows the chart in <Material 1> on the screen.	• Ss look at the chart on the screen.	
	• T asks Ss to talk about the chart with their partners whether they think the top 5 food are healthy or not, and the reasons for their opinions.	• Ss talk about their opinions of the chart.	
	• T asks Ss to share some pairs' ideas to the class.	• Ss volunteer to share their opinions.	
	• T introduces the topic and lesson objectives.	• Ss read today's objectives.	
Development	⟨Examinee's Response 2⟩		20′
	• T tells Ss to turn to page 80 and read out the title 'Healthy Food, Happy Life'.	• Ss turn to page 80 and read out the title.	
	• T asks Ss to guess what the content is about by looking at the title and share their ideas to the class.	• Ss share their guesses of the content by looking at the title.	
	• T tells Ss to read and find the main idea. T reminds Ss of the method to find the main idea: circle the key words that are related to the title and combine them.	• Ss read the text and circle the key words related to the title.	
	• T asks Ss to call out the key words they found and writes on the board: healthy diet, food, key function.	• Ss call out the key words.	
	• T lets Ss try to make the main idea by combining the key words: 'For healthy diet, we should know the key functions of food'.	• Ss try to make a sentence by combining the key words.	
	• T asks Ss to read again and fill in the table for details in page 81. | Key Function | Food | |---|---| | brain power ↑ | salmon, nuts, … | | …… | …… |	• Ss read the text again and fill in the table.	
	• T circulates the class and gives feedback. 　ex) You don't know this word? How about asking your partner? Friends are better teachers.	• Ss engage in the second reading.	
	• T checks the answers together.	• Ss check the answers together.	
	• T receives a question of the meaning of a word 'elevating'. T explains by providing an example sentence. 　ex) T's mood is elevating when Ss smile.	• Ss ask the meaning of the word 'elevating' and listens to T's explanation.	

	• T asks Ss to make groups of 5 for discussion referring to Material 2.	• Ss make groups of 5.	
	⟨Examinee's Response 3⟩		
	• T groups Ss into 6 groups of 5 and distributes <Material 3>.	• Ss form into groups and receives <Material 3>.	25′

	• T introduces the group writing activity.
	   1. create a new healthy dish (name)
	   2. main ingredients
	   3. reasons
		• Ss listen to T's guidelines.	

	• T circulates the classroom and facilitates Ss. ex) 민수, why aren't you participating? Oh, you're tired? How about doing some stretching like this?	• Ss engage in the group activity.	
	• T asks Ss to present their group work to the class.	• Ss present their group work to the class.	
	• T gives feedback on the Ss' work. ex) You have very creative ideas! I especially liked group 2's 'salad buffet' because it sounds so healthy!	• Ss receive positive feedback.	
	• T asks Ss to write suggestions referring to Material 3.	• Ss write their suggestions.	
	⟨Examinee's Response 4⟩		
	• T reminds Ss of the outline of a paragraph that they learned last time.	• Ss try to remember the outline of a paragraph.	35′
	• T gives guidelines for individual writing. T provides a model writing for Ss' understanding. <Paragraph> Topic Sentence: I suggest + (Name) Supporting Sentence 1: (Main ingredients) Supporting Sentence 2: (Reason) Concluding Sentence: Therefore, I suggest ~	• Ss listen to T's guidelines and look at T's model writing.	
	• T circulates the classroom and gives feedback if needed. ex) Are you done already? Then how about checking your spelling?	• Ss engage in the individual writing activity.	

	• T introduces scoring criteria for peer feedback.
	   1. content (name + main ingredients + reason)
	   2. organization (1 paragraph)
		• Ss listen to the scoring criteria for peer feedback.	

	• T engages Ss in the pair feedback activity. T circulates the class and gives help if needed.	• Ss engage in peer feedback.	
	• T asks Ss to revise their draft and submit their final draft.	• Ss revise their draft and submit their final draft.	
Consoli-dation	• T summarizes today's lesson. • T previews the next lesson.	• Ss listen to the summary. • Ss listen to T's preview.	5′

(수업실연 시험지 1면)

2021학년도 공립 중등학교 교사 임용후보자 선정경쟁시험 2차 수업실연

※ Demonstrate Examinee's Responses 1~2, and 4 using Material 1, 2, and 4. (Use Material 3 for a reference.)

> **수험생 현장 스케치**
>
> 1. 서울/경북: 구상실에서는 examinee response를 다시 안 주고 그냥 "Demonstrate ER 1~2 and 4."라고만 써 있었어요.
> 2. 자신이 작성한 지도안 복사본 제공.

2021학년도 | 수업실연 script 0 (KDY)

Okay class, so before we start today's lesson, how was your lunch today? You didn't like it? You hated it? Why? Oh you didn't like the spinach and tofu. Well, I understand. Then what kind of food do you like? What is your favorite lunch menu? Okay, I hear chicken, pork cutlet, spaghetti. Wow, so the survey results are really true! Well I saw a survey result about our school lunch menu yesterday, and the top five menus are exactly the same as the ones that you just told me! So let's see it together. Everybody, eyes on the screen please. So what do you see here? That's right, the five lunch menus that our school students like the most. So class, would you like to have these kinds of food for lunch every day? Yes? Oh you love it? But don't you think it would be bad for your health? No? Yes? Alright, then let's talk about what would happen if we only have these kinds of food for lunch every day. I will give you 3 minutes so you can talk about this with your partner. How many minutes 지현? Yes, 3 minutes. Let's begin. Okay everyone, so what are your opinions? Yes, 지민 and 현수, oh you think it would make people fat. Why? Oh because it's all fried food. That's reasonable. Any other ideas? Yes, 지수 and 소연? Oh you think it would make people sick. Why? Oh, because there are no vegetables. Then how can we make it more healthy? More vegetables? Okay, and any other ideas? No? Well then let's learn about it today. So who can guess what today's topic is going to be? Very nice everyone, it's healthy food! So today's topic is healthy food, happy life.

Today, we are going to start with some reading. So everybody, open your books to page 26. Yes, it's page 26, 영준. It looks like this. Are we on the same page? Perfect. Then now, as usual, we're going to read the text how many times? Yes, we're going to read it twice. And on your first reading you're going to look for the …? Main idea, that's right. So class, I'm going to give you one minute so you can quickly read through the text and find the main idea of the passage. And as you read, circle words that you don't know as well. Alright? For this, I will give you 1 minute. How many minutes, 지원? Yes, 1 minute. So let's go!

Okay class, did you find the main idea? Who can tell me what the main idea of the passage is? Yes, 재원? Oh, so you think it's about a healthy diet. That's right. But class, remember that the main idea has to be in a ~? Sentence. Right. Then can anybody add to what 재원 said and make it into a sentence? Who would like to try? Yes, 영준? Wow, that's a very nice sentence there, 영준. Everyone, did you all hear what 영준 said? That's right. He said 'A healthy diet is important.' But for whom? Who needs a healthy diet? Very nice. So it is important for teenagers! Then let's write. It is important for teenagers. Alright so now we know what the main idea is! Then before we read again, let's look at some words that you don't know. Were there any words that you didn't know? Okay, I hear a lot of you saying 'boost'. Anything else? No? Alright then let's see this word together, 'boost'. Is anybody familiar with this word? No? Then let me give you an example. Class, have you tried car racing games before? Yes? Good. So when you're playing car racing games, if you add a booster to your car, then it boosts the speed of your car. It boosts the speed of your car. Then can anybody guess what 'boost' means? Yes, 하영? Okay, so to make it higher? Nice guess! But does it get higher slowly or quickly? That's right. It gets higher quickly. So it boosts! the speed. Now do you understand what 'boost' means? Perfect. Then now, I think we're ready to read the text again. Are you ready? Fantastic. And this time, as you read, you are going to look for the ~? Details, that's right. And after you read, we're going to play a game called "Correct the Teacher". Ah, I see some of you are already smiling! We've played this game before, right? You'll have to know the details for this game, so please read it carefully. I will give you 3 minutes to read. Will that be enough? Okay, then I will give you 3 minutes starting now. Alright class, it looks like all of you are finished reading. Am I right? Great. Then let's play the game! Everybody eyes on the screen please. So, before we start, just in case some of you don't remember, who can tell us how to play the game? Can anybody tell us? Yes, 민주? Thank you, 민주. So just as 민주 said, you are going to find the mistakes and …? Yes, correct it. Then can we start? Alright. Let's read the first sentence together. 'Protein-rich foods like chicken can elevate your mood.' What do you think, class? What is the mistake in this sentence? I'm sorry 지호, what did you say? Oh, you think there's no mistake? Really? Why do you think there is no mistake? Oh, because chicken elevates your mood. (웃는 척) Possible, but let's find the information from the reading text. Who wants to try? Yes, 민지? Alright, so class, did you all hear what 민지 said? That's right. So she thinks we have to change 'elevate your mood' into 'promotes physical health'. What do you think? Do you think it's correct? Yes? And you're right! Great job, 민지. Then can you tell us where you found the information? Okay, so it says in line 5. Everyone did you find line 5? Good, so it says in line 5 that protein-rich food like chicken helps promote physical health. Alright so it looks like you all have a good understanding of the reading text!

Now that we know about some nutrients to make a healthy diet, how about we make our own dish for our school lunch? A delicious and healthy dish for our school? Sounds exciting? Fantastic. Then this is going to be our speaking activity.

Okay class, so we just finished listening to all of your ideas, and I'm very impressed to see that you all came up with some very creative dishes! Then now, we have to let our school nutritionist to know about these new dishes, right? Then what do you think we have to do? Can anybody guess? Yes, 지민? Write a letter? Nice guess 지민! So just as 지민 said, we are going to send a letter. A suggestion to the nutritionist. For this, I'm going to give you a worksheet that looks like this. So please, take one and pass it to the back. (돌아다니면서) Pass it to the back. Alright, did everybody get their worksheet? Yes? Okay, then let's see it together. What does it say on the worksheet? What's the title? That's right. It says 'Suggestions for our school lunch'. So you are going to choose one of the dishes that you came up with and write about it. And what else do you have to write? Nice guess, 영민. We also have to write about the nutrients. So let's say, we have to describe the dish. And what else? What other information do we need? Thank you, 연주. We need to write about the reasons as well. The reasons why you want this dish as our school lunch menu. Okay, so now do you understand what you have to do? No? Still a little difficult? It's okay because I prepared a sample for you. Everybody, eyes on the screen please. What do you see here, class? Yes, so this is my suggestion for our school lunch. Let's read it together. Who would like to read the first sentence for us? Thank you, 민영. So what did I write in the first sentence? That's right. I introduced the name of my dish, and what about in the second sentence? What does it say in the second sentence? That's right, so I wrote fried chicken salad is a dish that includes, and wrote about the ingredients. And in the last sentence? Yes. So like this, you are going to write your own suggestion. And when you're writing, if it's too hard to write it on your own, try using the underlined expressions in my suggestion. You see the underlined expressions, right? Alright then now, I will give you 15 minutes to write. How many minutes, 진수? Yes, 15 minutes. Then let's begin!

Class, I'll be walking around so if you have any questions, just raise your hand, okay? Yes 소민, do you have a question? Oh you can't think of that word in English. Then how about using the dictionary at the back of our class? Can you do that? Good. 지수, can I take a look? Wow you've already finished? Then how about writing one more suggestion? You thought of two dishes, right? So why don't you add one more? Can you do that? Great.

Okay class, you have one minute left, so start wrapping it up please, and time is up! Is everybody finished? Who needs more time? No one? Perfect, then now you are going to give feedback to your friends' writing. You're all sitting in your groups, right? Then give your writing to the person sitting on your left. On your left, so 현수, you give yours to 재민, and 재민 yours to 수지, like that. Did everybody exchange their work? Alright then, now I'm going to give you out a checklist so you can use it for your feedback. Please take one and pass it to the back. (돌아다니면서) Take one and pass it to the back. Did everybody get the checklist? Then let's see it together. What are the check points, everybody? Yes, there is content, taste and health, and …? that's right, language. So class, for content, what do you think you have to look for? Yes, you're going to see if they described the dish well. And what else? Remember the three things that you had to include in your suggestion? Thank you 재영, so you are going to check if it includes all three of these information (판서를 가리키면서). If it includes all three, then you are going to give ~ how many points? That's right, 3 points, and what about if it includes only two of these information? Yes, 2 points, and if it includes only one? That's right 1 point. Then what about for taste and health? Very nice 진영, so you're going to see if it is tasty and healthy at the same time. Remember our goal was to make a 'healthy' dish, right? So it has to be not just tasty, but also healthy. So if it is both healthy and tasty, you're going to give ~ how many points? Yes, 3 points. But what if it's tasty but not healthy? That's right, 2 points. Then let's look at the last one, language. For language, what are you going to look for? Thank you, 현정. So you are going to check the grammar. But are you going to check every mistake? No, you're only going to look for big mistakes that bother your reading. Alright? Good, then now do you understand how to use this checklist? Perfect, then I'll give you 5 minutes, so you can give feedback. Will that be enough? Okay, then I'll give you five minutes. Let's begin!

Okay class, are you finished giving feedback? Yes? Then now, return the writing and the checklist to the original student. Did everybody get their work? Good. Then based on the feedback, you are going to revise your work and hand it into me next class. If you hand it into me, I will bring it to our school nutritionist, okay? Alright, then you all did a great job today, class.

(경기 수업실연 시험지 1면)

*Directions

⟨Teaching Demonstration 1⟩

Using Material 1, include:

- questions to motivate the students' interest
- a pair activity with the chart in Material 1
- interaction between the teacher and students based on the pair activity

⟨Teaching Demonstration 2⟩

Using Material 2, include:

- helping the students understand the main idea using Material 2
- helping the students to find out detailed information and check their comprehension
- teaching one of the underlined words in Material 2

⟨Teaching Demonstration 3⟩

Using Material 4, include:

- guiding the students to do an individual writing with Material 4
- providing scoring criteria for evaluation and explaining the detail of each scoring criterion
- a peer review activity with the writing outcome

*Unit Objectives

Students will be able to
1. read the text on a familiar and general topic to find the main idea and detailed information.
2. express their opinion or feeling on a familiar and general topic through a group discussion.
3. write a paragraph of suggestion about a new dish for the school lunch menu.

*Target Skills: Reading, Speaking, Writing

*Class Interactions: Individual, Group

*Class Information (원래 1줄 table로 제시)

Size	30 students	Grade	1st of high school	Materials	computer, board, beam projector, etc.
Time	100 minutes (block time)	Level	Mixed-level	Evaluation	observation, peer evaluation

*Unit Title: Healthy Food, Happy Life

Use Materials 1, 2, and 4. Material 3 for a reference only.

※ 경기 수업실연 시험지 2~3면은 전국 문제와 동일

(경기 수업실연 시험지 4면) (수업지도안)

Unit	Healthy Food, Happy Life		
Objectives	Students will be able to - read the text to find the main idea and detailed information. - express their opinion or feeling through a group discussion. - write a paragraph of suggestion about a new dish for the school lunch menu.		
Procedure	Teaching & Learning Activities	Aids and Materials	100′
Introduction	• T greets to Ss and checks Ss' attendance. • T reviews the previous lesson on healthy food. 〈Examinee's Response 1〉 • T introduces the topic and lesson objectives.		5′ 10′
Development	〈Examinee's Response 2〉 • In a group, let the students discuss the healthy diet with Material 3. • Facilitate the students to participate in a group work. • Give feedback on the students' work in a group. • T asks Ss to write suggestions referring to Material 4. 〈Examinee's Response 3〉 • T asks Ss to revise their draft and submit it.		20′ 25′ 35′
Consolidation	• T summarizes today's lesson. • T previews the next lesson.		5′

> **수험생 현장 스케치**
>
> 1. 시험지 4면은 lesson plan입니다. 맨 마지막장에 별도의 구상지가 있습니다.
> 2. 시험지가 총 4장인데 단면이라 필기할 곳이 많기도 하고, 두 번째 장에 Material 1, 2가 있고 세 번째 장에 Material 3, 4가 있는데 여백이 많았습니다. 필기할 곳이 없을까봐 걱정할 필요는 없습니다. 다만 첫 장에 모든 디렉션과 조건, 목표 등이 빽빽해서 필기가 좀 힘듭니다. 수업실연 시 물백묵을 써야 하는데 잘 안 써져서 힘들었습니다.

2021학년도 수업실연 경기 script 0 (GGH)

- (S) 표시: 학생들의 답변이나 발표를 의미함. 이야기 듣는 자세를 취하면서 짧은 pause를 넣었습니다.
- 대문자로 쓴 곳: 더 큰 소리로 강조해서 읽은 부분입니다.

〈도입〉

Okay, class! So far, what did we do? Yes, we've checked our lesson objectives. I love your sweet voice today! Then as a first thing to do, let me check your mask first. Way back there 진수, we should cover your nose. Great! (수업나눔에서 코로나 관련 물어볼까봐 넣은 것 1) Then, are you ready to start? Yes, We are!

[Teaching Demonstration 1]

〈direction 1〉 (동기를 부여하는 질문을 던질 것)

As the first step of our today's lesson, we're going to have "warm-up" time. (판서: <Warm-up>) Specially, I prepared a QUESTION for you. "What did you have for lunch today?" [S: 비빔밥!] That's right! We had 비빔밥 today! Did you like it, 수진? (S) Oh, why did you like it? (S) A-ha! You love fresh vegetables! I love it too. 비빔밥 is very healthy food! Then any other idea about today's lunch menu? (S) Oh, 진영 you didn't like it. Why? (S) A-ha! you like other food … such as? (S) Hamburger? Oh that could be the answer! I love it too! Like we've shared, we have different thought about one food, right?

〈direction 2〉 (material 1의 차트를 활용하여 pair work를 실시)

There is a survey result from our school students. Are you curious? Great! Then, let's look at the screen together! Back there 혜영, can you see the screen clearly? Great. (Click) On the screen, what do we have? (Ss) that's right, a chart! This is the table that has shape of circle. Let's read out loud the title of the chart? (Ss 같이: Our high school's top 5 favorite lunch menus!) Thank you, everyone. (판서에 #1 적음) We have some kinds of food on the chart! What can you see? (Ss: 이것저것 대답) Good, then can you find anything strange? Yes, 민지! (S) there're lots of fast food! That's right! And any other strange thing? (S), 철수! (S) Aha we don't have a reason! Great detector! (판서에 reason 쓰고 동그라미 침) As we've told about 비빔밥, we have different reasons and thoughts! From this point, you're going to guess and share with your partner! Let me write down here. (판서에 guessing이라고 쓰고 사람 2명 그림) GUESSING activity. Say hi to your partner. Oh 경화? Who is your partner? Good. 경화-태영, you are the team. Don't forget!

〈direction 3〉 (pair activity에 T-S interaction을 넣으래서 modeling이랑 순회지도 넣음.)

It could be a little bit difficult, so I'll show you how to do it. Who can be my partner for a second? Don't be shy. We're here to learn. (S) Thank you, 미경! I'll ask you the question by using the chart. "Why do 31% of students like pork cutlet?" (질문을 두 번 제시) (S) Wow, everyone, did you hear what 미경 said? That's brilliant guessing, I think" (이 부분의 학생 대답을 현장에서 즉석에서 지어내서 확실히 기억이 안 납니다. '많이 먹을 수 있다고?'라고 했던 것 같기도 해요.^^ 엉뚱한 대답을 가정했던 것 같습니다.) Like this, you're going to do a guessing activity with your partner. I'll give you 5 minutes! Let's go!

[순회지도]

Oh, 인표 do you have a question? Aha, you don't know how to read a chart! 영규, do you know how to read this? Percentage ~ of ~ great! You can help each other. Keep up the good work!

Time's up! Wow I saw all of you participated very well and helped each other. Great~! I think that you're ready to move on! But, before moving on, I want you to remember the unit title! What was it? (Ss) "HEALTHY FOOD AND HAPPY LIFE" (판서하며 같이 읽음) Good! Because a title always lets us know where we're going to, we should remember, okay? Good.

[Teaching Demonstration 2]

With this, this time, let's read our second lesson objective again. (읽고 main/detail을 이해한다는 수업목표를 같이 읽음) Good, as you can guess, we're going to READ. (판서에 <Read> 씀) Let's turn to page 23. (판서 p.23, #2)

⟨direction 6⟩ (단어 하나 가르치기: main/detail을 가르치기 전에 단어부터 지도함)

As usual, we're going to learn new words before reading. (판서 <words>를 쓰고 30 sec.을 씀.) I'll give you just 30 seconds to find any difficult words! Try to find words you don't know and underline or circle. Are you ready? Let's start!

Okay, time's up! Call it out everyone~! Okay, back there 성철? Aha, ABUNDANT (판서에 씀.) Any other difficult word? Oh, 진영 aha ~! 지은~! (판서에 abundant 밑에 dot으로 표시하면서 여러 학생들로부터 여러 단어를 받았다는 가정함.) Okay, then from the first one, I will explain briefly. ABUNDANT. Can anyone guess the meaning of this word? Oh you think it is a difficult word? Then, let's find the word in our text. Where is it? (Ss) Great! it is in line seven. Let's read line seven together! "Bananas have abundant nutrients~" (같이 읽는 것처럼 읽음) Good. Then, now can you guess the meaning? (S) yes, 혜정? You think …? (S) Wow, great guessing! RICH (판서) How did you guess? (S) Aha, you think bananas have many good nutrients? Great idea! We can say that 'abundant' has meaning of 'rich~ or many or enough! (두세 명에게 동의어 들어보고 판서에 비슷한 단어 다 적음) That's a nice approach! Like this, we can guess the meaning by using the text in our textbook! Even though this word looks difficult, meaning is simple! Right? Is that clear? Now, I think that you are ready to read!

⟨direction 4⟩ (글을 읽고 main idea 파악하기)

As usual, you are going to read the text TWO TIMES~. How many times? two times! (판서에 1st/2nd 적음) Then, in you first reading, you're going to read very quickly, … to find out what? Can you guess? (S) That's right! to find out the main idea. (판서에 main idea를 쓰고 2 min를 적음.) For this first reading, I will give you just 2 minutes. Try to find what the text is mainly talking about! (S) Oh 민영, you think 2 minute's too short? But I do believe that you can do it. Let's try first! I will give you 2 minutes. Let's start!

Time's up! Wow I saw all of you kept quiet for others while reading. That's a very thoughtful behavior! Thank you! Let's check the main idea together! Can anyone tell me the key words or important thing you found? (S) yes, 승희? (S) aha! HEALTHY FOOD! (판서에 적고 동그라미 침) Great starting point! Thank you, 승희! Any other idea? (S 여러 명) functions! Good! And? (healthy food 판서 주변으로 한 세 가지의 main idea에 해당하는 단어들을 function, eat well, 등등 몇 가지 받아 적었어요.) Wow, we've collected lots of words for the main idea! Then, can you remember all the details? No? Don't worry. We have another chance now.

⟨direction 5⟩ (글을 읽고 detailed information을 파악하고 comprehension check하기)

Our second chance! This time, you're going to read the text IN DETAIL (판서에 DETAILS 적음) To help you understand the text well, I prepared some questions on the screen. Let's look at the screen together. (Click) What do we have? (Ss) That's right. T/F questions. How many questions? (S) 5 questions! For this reading activity, I will give you 10 minutes. Try to find the answer while reading the text. Ready? Let's begin! While reading the text, I will open the window. We need to air out frequently. (수업나눔에서 코로나 관련 물어볼까봐 넣은 것 2)

One minute left. Time's up! Did you find every answer? Then, let's check the answer together. From the first one, I will read the questions to you. "Bananas are good for bone-density." Do you think it is true or false? O for true and X for false. Let me know. (동작으로 OX 보여주면서 whole class 대상으로 같이 답을 체크함.) True! That's right. (중간은 다 했다고 가정하고) Then, last one. When you eat broccoli, it relieves stress! (Ss) True! Then, can anyone tell me the reason? How did you know that? (S) Yes, 혜민? (S) Aha! It was in the last line. Great detector, 혜민! Like this, we should check where we found the answer for better understanding!

Now, we're ready to SPEAK. (판서에 <SPEAK> 적음) Oh, 우제, you look so sad. Why? (S) Aha you don't like speaking! But don't worry. You are going to do with your group members. (판서 speak 옆에 동그라미로 5인 그룹 표시 남김) ('material 3'가 'reference only'였고, group discussion 부분이 수업지도안 양식 부분에서 회색 부분으로 되어 있었기 때문에, group discussion을 했다 치고 다음 대사로 넘어갔습니다.) Wow, we've finished our group discussion. Did you enjoy it? (Ss) Great. I love your energy today! I think that we can move on to the next activity! WRITING (판서 <WRITE>를 적음.)

[Teaching Demonstration 3]
⟨direction 7⟩ (guide an individual writing)

What did we do in our speaking activity? (S) yes, 성은? (S) That's right. Group discussion! So, this time, You're going to use all the materials we've done before, and write our suggestions!

Then, let's turn to page 25. (판서 p.25, #4) What can you see on the page 25? Can you read out loud the title? (Ss) "Suggestions for our school lunch menu.~"(다 같이 읽는 것처럼 읽음) Wow, interesting! Now, it's your turn. You can create your own menu. But before starting our writing activity, it could be difficult, so I prepared EASY AND SIMPLE guideline. I will write down here, GUIDELINE. From the first one, about the content, can you remember what we've just filled in at the previous activity? In material 3? (S) Yes, there were three things to write down. Okay!

Any volunteer to tell me the detail about the content? (S) Yes 민수! New dish's name. (판서에 받아씀.) Then, any other thing to include? (S) Yes 동현? Ingredient! And~ as we did in our first activity, did you remember the … (맨 첫 활동에서 적어둔 reason을 가리키고 답변을 유도) That's right! REASON. We should include the reason when we express thoughts or suggest something. And as a second part, you should try to write FULL SENTENCE (판서) When you suggest the menu, few words are enough? No~! We should try to write down full sentences! And last one for the guideline. I believe that everyone can remember our class motto starting with H? (판서에 H만 쓰고 help 답변을 유도) (Ss) Exactly! HELP! Even though this will be an individual writing, but you should help your partner or other friends if you finish early. Then, for writing, how many minutes do you need? 10 minutes? Alright, then I'll give you 10 minutes. (판서) Let's go!

⟨direction 8⟩ (scoring criteria를 제시하고 criteria의 detail을 설명하기) + ⟨direction 9⟩ (peer review)
Okay Time's up. Did you enjoy writing? Specially today, I'm not going to give you feedback. This time, you are going to give your feedback to your friends! Isn't it interesting? (Ss) Great.

Then, for your feedback, I prepared some scoring criteria! (누가 어려워한다는 가정 하에) Oh, it sounds difficult? Don't worry. (판서에 scoring criteria를 적음) There are few things to think when you give feedback to each other.

I will give you 3 things to remember. First one, it is very similar with the guideline. How many things you should include? (Ss) That's right. Three things to remember (손가락으로 세 개 강조) In your scoring criteria, there will be numbers like this (1. content 옆에 1 2 3 차례로 판서하고) You can give full score (3점에 동그라미) if your friend includes all the three things in the content. Is that clear? (Ss) Great. And about the language, can you guess who can get the best score in language? (S), Oh yes, 철수? (S) Good. When your partner's writing doesn't have any error in writing, you can circle at the 3 points. (2. language 옆에 3점에 동그라미) (여기까지 하고 종침.)

And lastly, there is a special blank for COMMENT. (판서 1, 2 밑에 COMMENT 하고 네모를 그려둠.) Don't forget you should give positive feedback or compliment about your friend's writing. Then, for this PEER REVIEW, I'll give you 10 minutes. Let's go!

⟨참고⟩
- 현장에서는 peer review를 판서에는 먼저 적고 "peer review 때 쓸 scoring criteria 설명할 거야.~" 한 다음에 criteria의 detail의 두 번째였던 language part(no error면 3점 주렴~!)까지 설명을 하고 끝난 것 같아요.
- 세 번째로 제시한 comment는 구상만 하고 실제로 못한 부분이고, peer review도 직접적으로 Let's go!를 들어가지 못한 상태로 끝난 거예요.

2020학년도 수업지도안 및 수업실연

1. 수업지도안 작성

(수업지도안 시험지 1면, 실제 크기는 B4)

| 이름 | | 수험번호 | | 관리번호 | | 감독 확인 | |

2020학년도 공립 중등학교 교사 임용후보자 선정경쟁시험 2차 수업지도안 작성

※ Design your lesson plan following "Lesson Objectives" carefully.

* Directions

Examinee's Response 1	⟨Pre-Reading⟩ • Facilitate the students to think about jobs in the future. • Use multimedia materials. • Get the students to complete ⟨Material 1⟩ in pairs.
Examinee's Response 2	⟨While-Reading⟩ • Help the students understand the main idea using ⟨Material 2⟩. • Ask the students to find out detailed information and check their comprehension. • Teach the students the underlined language form in ⟨Material 2⟩.
Examinee's Response 3	⟨Post-Reading⟩ • In a group, let the students discuss the future jobs and complete the "Career Guide for Our Future" in ⟨Material 3⟩. • Observe the students and facilitate them to involve in the group work. • Let the students present their career guide and give them feedback on their presentation.
Examinee's Response 4	⟨While-Writing⟩ • Give the students instructions on contents of how to write about their future jobs in ⟨Material 4⟩. • Provide an evaluation rubric for the writing work. Then, explain each criterion in detail. • Design a pair work activity with writing outcome.

*Lesson Procedure

Class	Skills	Objectives
1-2		
3		
4-5		
6-7	Reading + Writing (지도안 작성 부분)	Students will be able to • find out the main idea. • find out detailed information. • speak their own opinions and discuss each other. • write their own feelings and opinions about their future job.
8-9		
10		

*Class Information

Size	30 students	Organization	individual/group	Time	100 minutes (block time)
Grade	2nd of high school	Assessment	asking questions, observation, writing task		

*Unit Title: Technology Will Change Future Jobs

(수업지도안 시험지 2면)

⟨Material 1⟩

⟨Direction⟩
New jobs are now being created and will be created more in the future. Brainstorm on promising jobs in 2020, 2025, and 2030 with your partner.

2020	2025	2030
e.g.) AI developer		

⟨Material 2⟩ (reading passage)

Most of jobs that students <u>will be doing</u> in 2030 haven't been invented yet. We cannot predict the future jobs. About two-thirds of kindergarten students will have occupations that do not currently exist.

Of course, some jobs which currently exist will remain in the future, but new jobs will be created and the situation will be different a lot.

Due to the scientific and technological advance and artificial intelligence (AI), new jobs will appear. It pays to explore science and technology and investigate career possibilities.

Promising jobs that you <u>will be pursuing</u> include drone traffic monitors that oversee paths and manage the traffic, and self-driving car mechanics that are mechanics who repair self-driving cars. There are many other future jobs.

⟨Material 3⟩

*Future Job List
- drone traffic monitors (제시문에 있는 직업)
- self-driving automobile mechanics (제시문에 있는 직업)
- weather change police (제시문에 없는 직업)
- (your own) _____

Career Guide for Our Future

• Drone traffic monitors - what they do / what is required
  (구체적으로 문장으로 제시됨)
  − Description: Drone traffic monitors are persons who oversee paths and manage the traffic.
  − Required Skills: They are good at machines.
• Self-driving automobile mechanics
  − Description: _____
  − Required Skills: _____
• Weather change police
  − Description: _____
  − Required Skills: _____
• _____ (your own)
  − Description: _____
  − Required Skills: _____

(수업지도안 시험지 3면)

⟨Material 4⟩

My Future Job in 2030

⟨Direction⟩ Write about your future job.

* Conditions
1. Write your future job that you chose & the reason you chose this job
2. Include job description & required skills
3. Use 'will be V-ing' in your writing.
4. Include at least 5 sentences.

_____
_____
_____
_____
_____
_____
_____

(수업지도안 답안지 1면)

Be sure to write your lesson plan in detail.

Unit	Technology Will Change Future Jobs		
Objectives	Students will be able to • read the text to find out the main idea and detailed information. • speak their own opinions and discuss each other. • write their own feelings and opinions about their future job.		
Procedure	Teaching & Learning Activities		100′
	Teacher (=T)	Students (=Ss)	
Introduction	• T greets to Ss and checks Ss' attendance. • T reviews the previous lesson. • T introduces today's topic. • T shows today's lesson objectives.	• Ss greet back to T. • Ss read today's objectives.	5′
Development	Examinee's Response 1		25′
	Examinee's Response 2		20′
	• T lets Ss do brainstorming.	• Ss do brainstorming.	

(수업지도안 답안지 2면)

	Examinee's Response 3		20′
	⟨Pre-writing⟩ • T asks Ss to talk about future jobs.	• Ss talk about future jobs using Material 3 which they did in a group in ER 2.	
	Examinee's Response 4		25′
	• T asks Ss to write the final draft based on peer revision.	• Ss write the final draft based on peer revision.	
Consolidation	• T summarizes today's lesson. • T previews the next lesson.	• Ss listen to the summary. • Ss listen to T's preview.	5′

2020학년도 수업지도안 우수 sample by KDY

Be sure to write your lesson plan in detail.

Unit	Technology Will Change Future Jobs		
Objectives	Students will be able to • read the text to find out the main idea and detailed information. • speak their own opinions and discuss each other. • wwrite their own feelings and opinions about their future job.		
Procedure	Teaching & Learning Activities		100′
	Teacher (=T)	Students (=Ss)	
Introduction	• T checks Ss' attendance. • T reviews the previous lesson. • T introduces today's topic. • T shows today's lesson objectives.	• Ss read today's objectives.	5′
Development	**Examinee's Response 1**		
	• T asks Ss about what kind of jobs they think there will be in the future.	• Ss answer T's question.	25′
	• T shows a video clip about artificial intelligence to help Ss think about future jobs.	• Ss watch the video clip.	
	• T tells Ss that they will talk about promising jobs in the future with their partners and complete Material 1.	• Ss listen to the T's instructions.	
	• T has Ss talk with their partners and complete Material 1.	• Ss talk with their partners about future jobs and complete Material 1.	
	• T encourages Ss to share what they talked about.	• Ss volunteer to share what they talked about.	
	Examinee's Response 2		
	• T has Ss read the text (Material 2) quickly for the main idea.	• Ss read the text quickly to find out what it is mainly about.	20′
	• T asks questions to check if Ss got the main idea.	• Ss answer T's questions.	
	• T tells Ss that they will read the text again and do a True or False quiz afterwards.	• Ss listen to T.	
	• T has Ss read the text carefully so they can answer the True or False questions.	• Ss read the text carefully focusing on the details.	
	• T asks questions to check if Ss have a good understanding of the text.	• Ss answer T's questions.	
	• T helps Ss notice the 'will be V-ing' form in the text by asking them what words were used to explain future jobs.	• Ss answer T's questions.	
	• T has Ss guess when 'will be V-ing' is used.	• Ss guess when 'will be V-ing' is used.	
	• T confirms Ss' guesses and explains that 'will be V-ing' is used to describe an ongoing event in the future.	• Ss listen to T's explanation.	
	• T informs Ss that they will need to use 'will be V-ing' in the writing activity.	• Ss listen to T.	
	• T lets Ss do brainstorming.	• Ss do brainstorming.	

	Examinee's Response 3		
	• T tells Ss that they will make a career guide with their group members.	• Ss listen to T.	
	• T has Ss get into groups of five and hands out the worksheet (Material 3).	• Ss get into groups.	
	• T tells Ss to talk about future jobs and complete the career guide with their group members.	• Ss listen to T's instructions.	
	• T shows Ss what they have to do by doing one together.	• Ss listen to T's explanation and answer T's questions when asked.	
	• T has Ss talk about future jobs and complete the career guide.	• Ss work together to complete the career guide.	20′
	• T walks around the classroom to encourage Ss and provide help when needed.	• Ss ask for help when needed.	
	• T tells Ss that they will present their work and has them pick a presenter.	• Ss pick a presenter.	
	• T gives time to prepare for the presentation.	• Ss prepare for the presentation.	
	• T has Ss present their work.	• Ss volunteer to present their work.	
	• T gives feedback on Ss' presentation regarding content and language use.	• Ss listen to T's feedback.	
	⟨Pre-writing⟩ • T asks Ss to talk about future jobs.	• Ss talk about future jobs using Material 3 which they did in a group in ER 2.	
	Examinee's Response 4		
	• T tells Ss that they will write about a future job they would like to have using Material 4.	• Ss listen to T.	
	• T explains the four conditions Ss must follow as they write.	• Ss listen to T's instructions.	
	• T has Ss write about their own future job.	• Ss write about their future job.	
	• T walks around the classroom to encourage Ss and provide help when needed.	• Ss ask for help when needed.	
	• T tells Ss that they will exchange their work with their partner and give feedback to each other.	• Ss listen to T's instructions.	
	• T gives out a checklist Ss can use to give feedback and explains the check points. | check points | 1 | 2 | 3 | |---|---|---|---| | Condition 1 | | | | | Condition 2 | | | | | Condition 3 | | | | | Condition 4 | | | |	• Ss listen to T's instructions.	25′
	• T has Ss exchange their work with their partner and give feedback.	• Ss exchange their work with their partner and give feedback.	
	• T asks Ss to write the final draft based on peer revision.	• Ss write the final draft based on peer revision.	
Consolidation	• T summarizes today's lesson. • T previews the next lesson.	• Ss listen to the summary. • Ss listen to T's preview.	10′

2. 수업실연
(수업실연 시험지 1면, 실제 크기는 B4)

2020학년도 공립 중등학교 교사 임용후보자 선정경쟁시험 2차 수업실연

※ Demonstrate Examinee's Responses 2, 3, and 4!

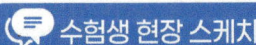 수험생 현장 스케치

1. 수업실연 시험지 2~3면은 수업지도안 시험지 2~3면과 동일했습니다(자신이 작성한 지도안 복사본 제공).
2. 지도안을 쓰는 서울에서는 지도안 시험지에 ER 1~4와 Material 1~4가 주어졌고, 구상실에서는 ER 1, 2, 3을 실연하라고 제시되었습니다. 그러면서 Material 1이 빠진 Material 2~4만 다시 주면서 Material 1~3으로 번호가 변경된 것을 제시했습니다.
3. 지도안을 쓰는 경남에서는 지도안 시험지에 ER 1~4와 Material 1~4가 주어졌고, 구상실에서는 ER 2, 3, 4를 실연하라고 제시되었습니다. 그러면서 Material 1이 빠진 Material 2~4만 다시 제시했습니다.
4. 충남은 평가관이 5명이었고, 수업 후 칠판지우는 것을 감독관이 해주셨습니다.
5. 전북은 평가관이 3명이었고, 색분필이 없었으며 분필조각만 있어서 당황했어요. 그리고 이전 응시자가 판서한 흔적이 잘 지워지지 않은 상태여서 힘들었어요. 수업 후 칠판 지우는 것을 응시자가 해야 했습니다.

(경기 수업실연 시험지 1면)

*Directions

Examinee's Response 1	⟨While-Reading⟩ • Help the students understand the main idea using <Material 1>. • Ask students to find out detailed information and check their comprehension. • Teach students the underlined language form in <Material 1>.
Examinee's Response 2	⟨Post-Reading⟩ • In a group, let the students discuss the future jobs and complete the "Career Guide for Our Future in <Material 2>. • Observe the students and facilitate them to involve in the group work. • Let the students present their career guide and give them feedback on their presentation.
Examinee's Response 3	⟨While-Writing⟩ • Give the students instructions on contents of how to write about their future jobs in <Material 3>. • Provide an evaluation rubric for the writing work. Then, explain each criterion in detail. • Design a pair work activity with writing outcome.

*Lesson Procedure

Class	Skills	Objectives
1 - 2		
3		
4 - 5		
6 - 7	Reading + Writing (지도안 작성 부분)	Students will be able to • find out the main idea. • find out detailed information. • speak their own opinions and discuss each other. • write their own feelings and opinions about their future job.
8 - 9		
10		

*Class Information

Size	30 students	Organization	individual/group	Time	100 minutes (block time)
Grade	2nd of high school	Assessment	asking questions, observation, writing task		

*Unit Title: Technology Will Change Future Jobs

※ 경기 수업실연 시험지 2~3면은 전국 문제와 동일

(경기 수업실연 시험지 4면) (수업지도안)

Unit	Technology Will Change Future Jobs		
Objectives	Students will be able to • read the text to find out the main idea and detailed information. • speak their own opinions and discuss each other. • write their own feelings and opinions about their future job.		
Procedure	Teaching & Learning Activities	Aids and Materials	100′
Introduction	• T greets to Ss and checks Ss' attendance. • T reviews the previous lesson. • T introduces today's topic. • T shows today's lesson objectives.		5′
Development	• T shows a multimedia related to the topic. • T asks Ss to talk about their future job and fill in the blank in a pair.		10′
	Examinee's Response 1		25′
	• T lets Ss do brainstorming.		
	Examinee's Response 2		20′
	⟨Pre-writing⟩ • T asks Ss to talk about future jobs using Material 2 which they did in a group in ER 2.		
	Examinee's Response 3		25′
	• T asks Ss to write the final draft based on peer revision.		
Consolidation	• T summarizes today's lesson. • T previews the next lesson.		10′

수험생 현장 스케치

1. 시험지 1면의 Directions에는 없지만 나중에 지도안에는 Examinee's Response 1 전에 'In a pair, T asks Ss to talk about their future job and fill in the table.'이 있으므로 이 활동을 했다는 가정에서 수업을 시작해야 했어요. 그리고 시험지 1면의 Directions에는 없는데 지도안에 보면 ER 2의 career guide를 쓰기 전에 brainstorm하라는 내용이 있었어요. 그래서 drone traffic monitors 같은 직업 사진을 보여주고 애들한테 유추하게 했습니다. 지금 생각해보면 미래 직업들에 대해 이야기 나누게 하라는 내용이었던 것 같아요.
2. 지도안이 제시되지 않는 지역의 경우 뒤에 제시된 지도안에 'T asks Ss to talk about their future job and fill in the blank in a pair.'라는 내용이 있으므로 Material 2의 your own을 이 활동을 토대로 제시하는 것이 좋을 것 같습니다.
3. 경기 수업실연 시험지 2~3면은 전국과 동일했습니다. 경기도의 경우 시험지를 철한 stapler를 풀지 않도록 지시하는 감독관도 있었고, 허용하는 감독관도 있었어요.

2020학년도 수업실연 sample 0 (HR)

[판서]

Goal 1

p.39 〈Read〉

1. Skimming: 20sec
   - First/Last sentence
2. Details: 8min
   - Main idea - Why, What
* Grammar: future - will be doing/will be pursuing

Goal 2

p.40 〈Speak〉 15min

1. Research/Add one future job
2. Fill out the table (describe + qualification)
3. Present

Goal 3

p.41 〈Write〉

1. Choose 1 job
2. Include description, skills, why
3. 3 will be ~ing

      Version 1   Version 2

Feedback:

[script]

Alright as we have gone over the lesson objectives, I think we are ready to start the class. Is everyone ready? Yes? Okay.

Before we do the reading, can anyone remember what we did last class? 영우, that's right. Yeah, we took personality and aptitude tests. What did you learn from that? 민지, yes we learned our personality and strengths. So today, we are going to talk about our future jobs that can suit your personality and strengths.

Okay, we will first read the reading passage. Through this you will be able to accomplish the first lesson objective. What is it? Yes, you will be able to find the main idea and details. Everyone, please open to page 39. p.39 <read>. As usual, we are going to read the passage twice. How many times? Yes, twice. First, we will do skimming. Remember what skimming is? 순하, that's right. It is to read the reading passage very quickly for the general idea. So, I will give you only 20 seconds to read the first and the last sentence. Alright? OK. So, what was the first sentence? Yes, most of the jobs in 2030 are not invented yet. And the last sentence is the promising jobs are traffic monitors, self-driving car mechanics, etc. Through the 2 sentences can anyone guess the general content of the reading passage? 유진, oh you think it is about many changes in our jobs in the future? That's a brilliant guess. Let's read the reading passage again to see the guessing is right and find the main idea and details. Try to find out why there will be changes and what kind of changes there will be. I will give you 8 minutes. Everyone, remember the heart card and diamond card that I gave you? If you need help, put the heart card on the table so that I can give some help immediately. If you put the diamond card, it means you are finished, so I will give you an extra worksheet that you can work on while others finish it. Alright? Let's start.

순회지도: Oh, I can see a heart card here. Do you need help, 우진? Oh you don't know what artificial intelligence is. This is a big word. Um, can 민주 help, 우진? Yes, that's right. As 민주 said, artificial intelligence is like 알파고 you know, it's like a smart robot. Thank you for helping her. Everyone! It is very important to cooperate when others need help. Do you remember the cooperation quote we talked about last time? Yes, that's right. It is 'if you want to go fast, go alone. But if you want to go far, go together'. So try to share your knowledge.

Alright, let's check the answers. The main idea is what? 미래? Future job? That's a good answer but main idea should be in a sentence right? Can anyone improve 미래's answer? Yes, 유진. That's good! There will be many changes in our future jobs. How about why? Yes, because of many technological advances and artificial intelligence. And what are the changes? There will be new jobs like drone driver. Before you move on, I want to talk about one language form that is important when expressing the future. Everyone, read the expressions that are underlined. Yes, it is 'will be doing' and 'will be pursuing'. Can anyone tell me the similarity between them? Yes, 민주. They are both in the form 'will be ~ing'.

Okay, now you are going to talk about the future jobs with your groups members. Through this, you will achieve the second lesson objective. Open to page 40 <speak>. We will make groups of five and I will assign roles to each person. Imagine that I'm standing here. Leader, time keeper, monitor, presenter, and for today's class we have a special role, a resource person. Today, we are going to do some research on the internet, so I will give an I-pad to each resource person. So the direction for the activity is first, research about the future jobs listed in the reading passage and also find an additional future job other than the ones mentioned. Second, write down what the job does and the qualifications. Qualifications are something you need to have in order to acquire the job. Third, you will make a presentation on what you found to the classmates. Alright? I will give you 15 minutes to do it. Let's start!

순회지도: (메모하는 척) Wow, 영수. You made a great improvement with your confidence. Last time you were very shy, but today I can see that you are doing your best to speak up! Keep up the good work.

Alright, I think many of you are finished. Oh you need 1 more minute? Okay then I will give an extra minute, but others who have finished try to check the spelling or grammar mistakes. Alright, time's up! Presenter from group 1, please come up to the front! Everyone, please show your respect to the presenter and don't chat with your friends. Alright? Wow, fabulous presentations! I was really impressed by how the presenter showed eye contact with the audience. And also I have never heard about smart farmers that group 1 explained. Did anyone hear about it? Smart farmers can just push buttons when they have to farm. Thank you for sharing interesting information.

Okay so as we have talked about future jobs, don't you want to think about the future job that you want to have? Yes. So we are going to do a writing activity. Through this you will be able to achieve the third lesson objective. Open to page 41 <write>. From the future jobs that we have talked about '1. Choose one job that you want to have. 2. Write the qualification + why you want to have that job.' You will write a paragraph about it. Oh, some students look a little bit worried. It's okay. I have prepared two different versions. The first version is a writing sheet with blank lines. So you can write in whatever form you like but you have to include the information that I asked to include. The second version is a writing sheet with a template. So you can fill in the blanks. Alright? If you want version 2, put the heart card on the table. After you finish the writing, you will share with your partner. And you will write feedback for each other. Let's go over the checkpoints. The first is content. The second is 'will be ~ing'.

2019학년도 수업지도안 및 수업실연

1. 수업지도안 작성
(수업지도안 시험지 1면, 실제 크기는 B4)

| 이름 | | 수험번호 | | 관리번호 | | 감독 확인 | |

2019학년도 공립 중등학교 교사 임용후보자 선정경쟁시험 2차 수업지도안 작성

※ Design your lesson plan following "Lesson Objectives" carefully.

* Directions

Examinee's Response 1	〈Using Material 1, design a reading activity.〉 Activate Ss' background knowledge related to Material 1, and have students read the text for the main idea. Then, teach one of the three words in the text (remove, stained, recyclable).
Examinee's Response 2	〈Using Material 2, design a post-reading activity.〉 Use Materials 1 (text) and 2 (table) and ask students to do pair reading and find the details. Then, facilitate students to do pair work while circulating the class. And check students comprehension after the reading activity.
Examinee's Response 3	〈Using Material 3, engage students in a speaking activity.〉 Use Material 3 and design a survey activity with the teacher as a facilitator. After the activity, give feedback on students' errors on content or language. (errors라고 되어 있으니까 content랑 language 하나씩 negative feedback 하는 의미 같았어요.)
Examinee's Response 4	〈Using Material 4, engage students in writing.〉 Use Material 4 and design a simple group writing activity and provide the teacher's modeling.

* Lesson Procedure

Class	Skills	Objectives
1-2	Listening + Speaking	
3		
4-5		
6-7	Reading + Writing (지도안 작성 부분)	Students will be able to • read the text and understand detailed information. • speak about experiences related to their own or others' daily lives. • write their own suggestion for better recycling.
8-9		
10		

*Class Information

Grade & Size	middle school 3rd grade, 24 students	Level	Low- to High-Intermediate mixed	Time	90 minutes (block time)
Recommended Organization	individual/group	Aids	computer, beam projector, board, etc.		

*Unit Title: Small Actions for Our Earth

(수업지도안 시험지 2면, 실제 크기는 B4)

⟨Material 1⟩ (reading passage)

Notice

Let's recycle properly
(Green Avengers의 일원인 남자 아이 삽화)

Hi! I am a student president of green avengers which is a volunteer work club to make an eco-friendly school. To make our school eco-friendly, we need to follow the directions for the right ways to recycle.

First, we throw finished plastic bottles without rinsing them off. We must rinse them off before throwing them away into recycling bins.

Second, we throw away plastic bottles without removing labels. We should make sure that the labels are removed.

Third, we throw items which are not recyclable into recycling bins. We should not mix the garbage.

Fourth, we throw away pizza boxes with stained paper which can not be recycled. We should not mix them up.

Small actions can make a change for our eco-friendly life.

Notice from The Green Avengers (green club in a school)

(본문이 '문제점 한 문장 + suggestion 한 문장' 이런 식으로 이루어져 있었어요.)

⟨Material 2⟩ (table)

	Problems	Suggestions
1		
2		
3		
4		

(수업지도안 시험지 3면, 실제 크기는 B4)

〈Material 3〉 (survey grid for your recycling habit)

	Never	Seldom	Often	Always
1. Do you rinse recyclable items off before recycling?	e.g.) ✚✚✚✚			
2. Do you put recyclable items in a recycling bin?				
3. Do you remove the label from the plastics before recycling?				
_____ (Make your own question)				

〈Material 4〉 (writing format)

```
Our suggestions for better recycling

The most serious problem of recycling in our class is that _____
_____
_____
We should _____
_____
_____
```

> 💬 **수험생 현장 스케치**
>
> Materials 중간에 여백이 많이 있어서 두 자료가 서로 띄어져 있었어요.

2. 수업실연

(수업실연 시험지 1면, 실제 크기는 B4)

2019학년도 공립 중등학교 교사 임용후보자 선정경쟁시험 2차 수업실연

※ Demonstrate Examinee's Responses 1, 2, 3, and 4!

(수업지도안 답안지 1면, 실제 크기는 B4)

Be sure to write your lesson plan in detail.

Unit	Small Actions for Our Earth		
Objectives	Students will be able to • read the text and understand detailed information. • speak about experiences related to their own or others' daily lives. • write their own suggestion for better recycling.		
Procedure	Teaching & Learning Activities		90′
	Teacher (=T)	Students (=Ss)	
Introduction	• T checks Ss' attendance. • T reviews the previous lesson. • T introduces today's topic. • T shows today's lesson objectives.	• Ss read today's objectives.	5′
Development	Examinee's Response 1		15′
	Examinee's Response 2		20′

(수업지도안 답안지 2면, 실제 크기는 B4)

	Examinee's Response 3		
			15'
	Examinee's Response 4		
			25'
	• T asks Ss to give peer feedback to each other. • T asks Ss to present their writing in front of the classroom.	• Ss give feedback to each other. • Ss present their writing in front of the classroom.	
Consolidation	• T summarizes today's lesson. • T previews the next lesson.	• Ss listen to the summary. • Ss listen to T's preview.	10'

> 💬 **수험생 현장 스케치**
>
> 시험지 4~5면은 lesson plan 답안지로, T 부분이 넓고 Ss 부분이 작았습니다. 시간 등 나머지 부분이 다 채워져 있었습니다.

2019학년도 수업지도안 우수 sample

Be sure to write your lesson plan in detail.

Unit	Small Actions for Our Earth		
Objectives	Students will be able to • read the text and understand detailed information. • speak about experiences related to their own or others' daily lives. • write their own suggestion for better recycling.		
Procedure	Teaching & Learning Activities		90′
	Teacher (=T)	Students (=Ss)	
Introduction	• T checks Ss' attendance. • T reviews the previous lesson. • T introduces today's topic. • T shows today's lesson objectives.	• Ss read today's objectives.	5′
Development	Examinee's Response 1		
	• T asks Ss to open their books to page 24.	• Ss open their books to page 24.	15′
	• T has Ss read aloud the title 'Let's recycle properly' together.	• Ss read aloud the title together.	
	• T has Ss look at the picture of 'Green Avengers' and activates Ss' background knowledge.	• Ss look at the pictures.	
	• T asks Ss to read the text quickly to find out the main idea individually.	• Ss read the text quickly and find out the main idea individually.	
	• T encourages Ss to present the main idea to check Ss' comprehension. 〈Main Idea〉: We should recycle properly.	• Ss present the main idea.	
	• T asks Ss to spell out the difficult words.	• Ss spell out the difficult words.	
	• T asks Ss to guess the meaning of difficult words based on T's mimes. 〈Voca〉: remove, stained, recyclable	• Ss guess the meaning of the words.	
	• T encourages Ss to make their own sentence with the new words.	• Ss make their own sentence with the new words.	
	Examinee's Response 2		
	• T distributes Ss Material 2. 〈guideline〉 - choose either finding detailed problems or solutions - do not show your answers to your pairs - tell the proper solutions to the suggested problems	• Ss receive the blue cards for finding problems and pink cards for finding solutions. • Ss pay attention to T's directions.	20′
	• T asks Ss to do the reading activity and circulates the classroom to facilitate their pair activity.	• Ss do the reading activity and raise their hands when they need T's help.	
	• T asks Ss to present their answers.	• Ss present their answers.	
	• T confirms the answers with Ss and gives Ss the explanation.	• Ss confirm the answers with T and pay attention to other Ss' participation.	

	Examinee's Response 3		
	• T moves on to the survey activity.		15′
	• T asks Ss to form 6 groups of 4.	• Ss make 6 groups of 4.	
	• T explains the table in details.	• Ss look at the table.	
	• T models how to make their own question.		
	• T points out a S to model the survey activity.	• Ss observe the modeling.	
	• T encourages Ss to participate in the group activity.	• Ss participate in the survey activity.	
	• T circulates the classroom to answer Ss' questions.	• Ss are motivated to do the survey activity.	
	• T gives the feedback about the content and the language error.	• Ss check their errors and listen to the T's feedback.	
	Examinee's Response 4		
	• T moves onto the group writing activity.	• Ss are ready for the activity.	25′
	• T distributes Ss a worksheet <Material 4>.	• Ss receive the worksheet.	
	• T motivates Ss to announce that each group's work on the back of the classroom.	• Ss are motivated to do the group work.	
	• T demonstrates how to do the activity by utilizing the example.	• Ss listen to T's demonstration and understand how to do in the activity.	
	• T gives the model writing about one problem and suggestions on the screen.	• Ss focus on the model writing.	
	• T lets Ss do the writing activity in a group.	• Ss participate in the group writing.	
	• T circulates the class to give Ss help.	• Ss ask T for help if they need.	
	• T asks Ss to give peer feedback to each other.	• Ss give feedback to each other.	
	• T asks Ss to present their writing in front of the classroom.	• Ss present their writing in front of the classroom.	
Consolidation	• T summarizes today's lesson.	• Ss listen to the summary.	10′
	• T previews the next lesson.	• Ss listen to T's preview.	

(경기 수업실연 시험지 1면, 실제 크기는 B4)

※ Design your lesson plan following "Lesson Objectives" carefully.

* Directions

⟨Using Material 1, design a reading activity.⟩
Activate Ss' background knowledge related to Material 1, and have students read the text for the main idea. Then, teach one of the three words in the text (remove, stained, recyclable).

⟨Using Material 2, design a post-reading activity.⟩
Use Materials 1 (text) and 2 (table) and ask students to do pair reading and find the details. Then, facilitate students to do pair work while circulating the class. And check students' comprehension after the reading activity.

⟨Using Material 3, engage students in a speaking activity.⟩
Use Material 3 and design a survey activity with the teacher as a facilitator. After the activity, give feedback on students' errors on content or language.
(errors라고 되어 있으니까 content랑 language 하나씩 negative feedback 하는 의미 같았어요.)

⟨Using Material 4, engage students in writing.⟩
Use Material 4 and design a simple group writing activity and provide the teacher's modeling.

* Achievement Standards

1. Students will be able to read general topics related to real life.
2. Students will be able to say general topics related to real life.
3. Students will be able to write general topics related to real life.

(수업실연 시험지 1면, 실제 크기는 B4)

* Lesson Procedure

Class	Skills	Objectives
1-2	Listening + Speaking	
3		
4-5		
6-7	Reading + Writing (지도안 작성 부분)	Students will be able to • read the text and understand detailed information. • speak about experiences related to their own or others' daily lives. • write their own suggestion for better recycling.
8-9		
10		

*Class Information

Grade & Size	middle school 3rd grade, 24 students	Level	Low- to High-Intermediate mixed	Time	90 minutes (block time)
Recommended Organization	individual/group	Aids	computer, beam projector, board, etc.		

*Unit Title: Small Actions for Our Earth

※ 경기 수업실연 시험지 2~3면은 전국 문제와 동일

(경기 수업실연 시험지 4면 - lesson plan, 실제 크기는 B4)

Unit	Small Actions for Our Earth		
Objectives	Students will be able to • read the text and understand detailed information. • speak about experiences related to their own or others' daily lives. • write their own suggestion for better recycling.		
Procedure	Teaching & Learning Activities		90'
	Teacher (=T)	Students (=Ss)	
Introduction	• T checks Ss' attendance. • T reviews the previous lesson. • T introduces today's topic. • T shows today's lesson objectives.	• Ss read today's objectives.	10'
Development			
	• T asks Ss to give peer feedback to each other. • T asks Ss to present their writing in front of the classroom.	• Ss give feedback to each other. • Ss present their writing in front of the classroom.	
Consolidation	• T summarizes today's lesson. • T previews the next lesson.	• Ss listen to the summary. • Ss listen to T's preview.	10'

2019학년도 수업실연 sample 0 (MJ, 경기)

[ER 1]

Alright class! So far we checked what we are going to learn, right? Great! Does anyone know her after school? What was she doing? She was taking out the trashes! Yes, very good job.

I did an interview with Ms. Kim yesterday. Can you guess how well we are doing recycling in our classroom? Oh, 민지 you think we are doing about 80%! Good guess. How about you, 연주? Oh, you think we are doing 70%. That's a great guess, too. Actually, we are doing only 50% well. I was shocked to hear it too. So, are you ready to learn about ways that we can recycle better? Great!

Do you know the green avengers club? Yes, the writing is about their club. So, we are going to read first for the main idea.

If I say 'ice cream', is it a main idea? No. Then, can you make it a main idea, 선호? Oh, you think ice cream is delicious! Yes, that's a main idea. So, a main idea should be a sentence.

I'll give you two minutes to read quickly for the main idea. Go!

(순회지도: 단어 - 친구랑 같이!) Okay, did you get it? Some of you are shaking your head. So I'll give you two more minutes to share with your partner.
(발표: 한 번에 맞춤.) Recycling well can make the environment better. (비현실적.)

How many ways were there to recycle better? Some of you say three, some of you say four. It's okay. We will read more in detail this time!

We'll read more closely for the details. Before we read for details, let's look at one thing together. So, what was the sentence about the pizza boxes. Right, did you find the sentence? Great job. Do you notice something strange in the sentence? Oh, you don't know the word 'stained'! I prepared some pictures to help you. Everyone, please look on the screen.

What can you see? Right! You can see a white T-shirt. Do you remember we did some volunteer work last week? Right! We colored some T-shirts. We made them really colorful. We stained the T-shirts. Can someone guess the meaning of 'stained'? Okay, 주연? Great job, 'marked' is a good guess! But let's try one more time. Is it mark with black and white, or mark with colors? Right! It's mark with colors. So can you try again? We can say that 'stained' means you…? Right, colored! Brilliant.

[ER 2]

I'll give you this worksheet. People on the left side, please raise your hand. Okay, please take the blue paper. People on the right side, please raise your hand. Here's the yellow paper for you! Great.

Don't show each other the paper! Make sure you can't see each other's paper.

Okay, so those of you on the left side, what can you see? Yes, you can see a box. And how many boxes are filled in? Right, three! And what about the other three boxes? Right, they are empty. So, what do you think we should do? Right! We're going to fill the boxes in together.

So, we will do this with your pair, so please say hello to your partner. Brilliant.

So, you should first ask each other some questions. Then, you should listen and take notes. For example, 예지, can you stand up and be my volunteer? Thank you. So, I will ask you a question. There is a problem with the drink bottles. How can we solve it? Then, you should answer the question. You can read the text. Yes, it's on the first part. Right, the second sentence. Very good! You should rinse it off. Great job. You can sit back down.

So, do you get what you should do? 은지, can you tell me what you should do? Right, you got it! You should listen and then answer the questions. After that, you should ask questions. Good job!

So I'll give you five minutes. Let's go!

Okay, time's up! So, can I hear some brave volunteers?

So, did you all make sure you didn't see each other's paper? Okay, some of you did not. But, it's okay. Please make sure you don't see each other's paper next time. Maybe this one was too hard.

(두 짝 시킴. 첫 번째 짝은 잘 함. 두 번째 짝은 details 놓침. 다른 pair에게 도움 주라고 말함. 교정해서 다시 발표시킴. 칭찬. screen으로 답 확인함.)

[ER 3]

Alright! Now, I think we're ready to do some student survey this time!

First, we're going to get into groups of four. So, 은서, 지은, 지민, 효진, you are group 1 and … group 6! 서은, which group are you in? Okay, group 4! Great.

So first, choose a role. We have four roles, so I will put it on the screen. Let's check the screen together. Group leader, English monitor, group angel, and the presenter. Okay! So, please choose a role.

Do you remember we went to the park last week? Right, we did a survey. So, what did we do? Right, we ask each other questions and then? We take notes. Right.

So everyone, turn to material number 3. Great. So what do you see there? Right, some questions. Can I have a volunteer to help me? Okay, 승은, can you ask me the first question? Thank you!

I often recycle the plastic bottles. Not always, but often. So, what should you do? Right, you should check the 'often' box.

Okay, 혜민, why do you look so sad? Oh, you don't know the word 'seldom'. It's okay. Does anyone know the word 'seldom'? Okay, 민주! Right, it's more often than never, but less often than often. So do you get it? Yeah? Great! Keep up the good cooperation!

So, I will give you five minutes. Are you ready? Okay, let's start!

English monitor: help others!

[판서]

Read	Student Survey
1. read quickly	1. choose role
2. share	2. ask
3. details	3. answer

2019학년도 수업실연 - sample 1 (경기)

[지도안 소감]

1. 생각보다 칸이 좁았고 교사란과 학생란 비율이 6:4 정도였어요. 활동 시간은 이미 적혀있었고 material/remark란은 아예 없어서 놀랐습니다.
2. 작년처럼 음영처리로 미리 적힌 활동도 없었고 답안마다 구획을 따로 나누지 않고 그냥 활동 1 몇 줄 밑에 <Examinee's Answer 2> 이렇게만 쓰여 있었습니다.

[ER 1]

자, 우리 학습 목표를 확인했으니 교과서 펴자.~ p.88! 다 폈지? 제목이 뭐라고 돼 있어? 그치 Let's Recycle Properly야. 와! 너네 오늘 에너지 너무 좋다!

오늘 주제와 관련해서 사진 퀴즈를 하나 준비했어! 보고 어딘지 맞춰보자! 짠! 여기 어디지? 하하, 다들 웃고 있네. 맞아, 민수야. 우리 학교 recycling zone이야. 민수야, 그럼 이 사진 어때 보여? 음, 나빠 보여? 그럼 뭐가 '문제(problem)'인 거 같아? 아, 쓰레기가 너무 더럽다고? 모두들 민수 말에 동의해? 선생님도 그렇다고 생각해. 그래서 오늘은 재활용을 어떻게 하면 잘 할지 배워볼 거야!

자, 우선 글을 빠르게 읽고 main idea를 찾아보자! (30초) 다 읽었니? main idea 뭔 거 같아? Recycle. 맞아. 근데 좀 더 추가해볼 사람? 오, 그렇지! recycle properly! 글을 보면 재활용하는 방법들이 나와 있지? 그래서 main idea는 'How to recycle properly'가 되겠네!

아마 글 읽으면서 단어가 좀 어려운 친구들 있었을 텐데 어려웠던 단어 말해봐. 오, remove, strained, recyclable! 좋아, 얘들아, 근데 우리 매번 단어 찾으려고 사전 볼 수 있니? 없지? 그럴 때 뭘 쓰라고 했지? Guessing strategy! (Recyclable로 가르침) 좋아, 우리 새 단어 배웠으니까 문장 만들기 한번 해보자.~ Plastic bottles are (recyclable). 잘했어!

[ER 2]

얘들아, 첫 번째 학습 목표가 뭐였지? 그치. 이번에는 짝 활동이야! 짝지랑 악수해보자.~ ㅎㅎ 글을 다시 한번 천천히 읽고 옆 페이지의 표를 채우는 거야! 이렇게! (판서로 보여줌) 시간은 10분 줄게 시작!

순회지도: 오, 영훈이! 벌써 끝냈니? 그러면 재원이 표 만드는 거 좀 도와줄래? 얘들아,~ 멘토 친구들은 자기 활동이 끝났으면 멘티 친구들 도와주자. 그게 협동하는 방법이다. 그치? 끝냈니? 정답 확인하자.~

[ER 3]

자, 두 번째 학습 목표가 뭐였지? 맞아.~ 오늘 니네 목소리 너무 좋다! 이번에는 우리 give suggestions 할 거야. 근데 그거 하기 전에 가장 먼저 뭘 해야 할까! 응, 찬규야. 오, 그것도 한 단계지! 근데 그보다 더 먼저 해야 할 거! 오, 방금 누구였지? 맞아. find problem해야지.~ 이거 아주 중요한 일상생활 속 문제 해결 방법이야. 제안하고 싶을 땐 뭘 먼저? 문제 파악 먼저! 좋아, 좋아.

그래서 우리는 <survey>를 해 볼 거야! directions 읽어보자.~

1. Ask 4 questions to group members.
2. Add your own question in '4'.
3. Answer: Yes I (often/always). / No I (never/seldom).

얘들아, 우리 이 단어들 지난 시간에 배웠지? 누구 설명해볼 사람? 와, 다혜야. 한번 도전해보게? 용기가 너무너무 멋지다! 얘들아 박수.~

와, 영훈아. 다혜 설명 어땠어? 오, 이해하기 쉬웠어? 모두들 동의하니? 맞아. 나도 그렇게 생각해.^^ 다혜가 뭐라고 설명했지? (판서로 빈도부사 설명)

자, directions 설명 다 했는데 질문 있니? 없어? 우리 설문 조사할 때 질문 몇 개? 그치 4개!

자, group organizers 앞으로 나와서 종이 받아가세요.~ 준비됐니? 3분 줄게. 시작! (순회지도)

다했니? 이번에는 우리 교실을 좀 돌아다녀 볼 거야! 일어나서 다른 group 친구들 3명한테도 같은 질문 해보자.~ 준비됐니? 시작! (관찰, 순회지도)

Positive feedback: active participation

Corrective feedback: language error

[ER 4]
잘했어, 모두들! 세 번째 학습 목표가 뭐였지? 맞아. 이번에는 <suggestions>를 써 볼 거야! directions 읽어보자.~

1. Use the survey results.
2. Choose the most serious ~.
3. Write in full sentences.

Organizers, 나와서 활동지 받아가고 ~. 선생님이 쓴 model writing 보여줄게.~ (screen에 있다고 가정하고 같이 읽고 어떤 제안인지 질문/대답) 이렇게 쓰는 거야.~ 문제가 생기면 이거 참고하거나 선생님 불러! 자, 시작!

[순회지도]
idea bank 역할인데 너의 idea가 자신 없어? 괜찮아. 네 suggestion도 중요한 점이야. 자신감 있게 써.~ 어우, 이 group은 협동을 아주 잘 하네. 넘 보기 좋다 너네 글 기대돼!

시간 끝.~ 자, 다음은 peer feedback 시간이야. 활동지 나눠줄게. 우리 이거 많이 해봤다, 그치? 우리가 친구들의 선생님이 되는 거야! (딱 맞게 끝남)

+ 굉장히 잘 하신 것 같아요! 학교 recycling zone을 이용하신 것도 좋았고요. main idea 하면서 단어 어려웠던 거 말해보라고 하는 것도 시간 없으면 단어 찾는 걸 굳이 다른 활동으로 안 나누고 할 수 있는 좋은 방법인 것 같아요! 학습 목표를 계속 언급하시면서 넘어가시는 것도 확실하게 딱딱 넘어가는 느낌이라 너무 좋아요! 짝지랑 악수. 넘 귀엽네여.ㅋ

+ 전 이번에 2차를 본 건 아니지만 이 정도면 실연은 거의 만점에 가깝지 않나요? 굉장히 잘 하신 것 같아요!

2018학년도 수업지도안 및 수업실연

1. 수업지도안 작성

(수업지도안 시험지 1면, 실제 크기는 B4)

| 이름 | | 수험번호 | | 관리번호 | | 감독 확인 | |

2018학년도 공립 중등학교 교사 임용후보자 선정경쟁시험 2차 수업지도안 작성

* Directions

Examinee's Response 1	〈Using Material 1, design a while-reading activity.〉 • Encourage students to raise the consciousness on the organization and content of the text. (Material 1에 국한된 것인지, 일반적인 manual에 대한 것인지 불분명) • Teach three underlined words for both high- and low-intermediate level students in level-differentiated teaching. (evacuate, drill, pull over) • Check students' understanding of the key vocabulary in the text.
Examinee's Response 2	〈Using Material 1, design a post-reading activity.〉 • Check students' understanding of the detailed information in the reading text. • Give feedback on students' comprehension. • Encourage students to think why specific behaviors are necessary in earthquake safety.
Examinee's Response 3	〈Using Material 2, engage students in a speaking activity.〉 • Design a group speaking activity of describing the earthquake safety tips at school with the picture cards. • Provide the teacher's modeling. • Give feedback on both content and language use.
Examinee's Response 4	〈Using Material 3, engage students in writing a manual.〉 • Design a group writing activity of making a manual about earthquake safety tips at school. • Present specific scoring criteria for evaluating the students' manual. (from the teacher or from peers 불분명) • Facilitate and observe the group activity.

*Lesson Procedure

Class	Skills	Objectives
1-2	Listening + Speaking	
3		
4-5		
6-7	Reading + Writing (지도안 작성 부분)	Students will be able to • read the text and find out the detailed information on a general topic related to everyday life. • speak about earthquake safety tips with their group members. • write a school manual of six earthquake safety tips with their group members.
8-9		
10		

*Class Information

Grade & Size	high school 1st grade, 30 students	Level	High and Low Intermediate mixed	Time	100 minutes (block time)
Recommended Organization	individual / group	Aids	computer, beam projector		

*Unit Title: Let's be Safe in Natural Disasters!

수험생 현장 스케치

시험지 1면에는 맨 위에 관리번호만 적도록 했습니다. ER 각 항목 당 3가지씩 총 12개의 directions가 있었고, 밑에는 lesson objectives가 directions처럼 표로 제시되어 있었습니다. 아래쪽에는 30 students, mixed level, block time 등이 표로 제시되어 있었습니다.

(수업지도안 시험지 2면, 실제 크기는 B4)

⟨Material 1⟩ (reading passage)

Safety Comes First

Earthquakes occur without precaution, so we need to be prepared in advance. And aftershocks can come within hours, days, or even months. Here are some tips when an earthquake strikes.
(Introduction, 3줄 정도)

⟨Preparing for an earthquake⟩
Things that you should prepare for an earthquake.
1. Know where to <u>evacuate</u>.
2. Secure the items that can fall off and cause injuries such as window, glass, heavy objects.
3. Know where the fire extinguisher is located.
4. Know how to turn off light, gas, and electricity.
5. Practice <u>drill</u>.

⟨During an earthquake⟩
Things that you should do during an earthquake.
1. If you are in an earthquake, Drop, Cover and Hold on is still the right action to take. This is the drill that has been taught to school students for many years. The advice can be summarized as:

2. If you are inside a building, move no more than a few steps, then Drop, Cover and Hold on to protect yourself from falling objects. Stay indoors till the shaking stops and you are sure it is safe to exit.
3. If you are outside, move away from buildings, trees, streetlights, and power lines, then Drop, Cover and Hold on. Stay at an open spot until the shaking stops.
4. If you are in a moving vehicle, <u>pull over</u> to a clear location, stop and stay there with your seatbelt fastened until the shaking stops. Once the shaking stops, proceed with caution.

(수업지도안 시험지 3면, 실제 크기는 B4)

〈Material 2〉 6 picture cards (학교에서 지진에 대처할 수 있는 것과 관련된 safety tips)

(Material 1에 제시된 그림에서 영어 단어가 삭제된 그림)

(엘리베이터 그림에 크게 전면부 ×, 계단 그림에 크게 전면부 ○)

(한 남자가 스피커로 학교 안내 방송(경고음)에 귀 기울이는 그림, 새로 그린 삽화)

(깨지고 있는 유리를 피하고 있는 학생, 창문 갈라진 그림, 새로 그린 삽화)

(흔들리는 책장을 피하는 학생, 새로 그린 삽화)

(학생 한 명이 머리에 책가방을 들고 교실 밖으로 피하는 그림, 그림 왼쪽은 학교가 아니라 교실로 수정돼야 함, 새로 그린 삽화)

〈Material 3〉 earthquake safety manual (worksheet 또는 template)

〈Six Tips for Earthquake Safety at Our School〉

Direction: Write down six tips for earthquake safety at school. Add pictures in the tips.

(수업지도안 답안지 1면, 실제 크기는 B4)

Be sure to write your lesson plan in detail.

Unit	7. Let's be Safe in Natural Disasters!		
Objectives	Students will be able to • read the text and find out the detailed information on a general topic related to everyday life. • speak about earthquake safety tips with their group members. • write a school manual of six earthquake safety tips with their group members.		
Procedure	Teaching & Learning Activities		100′
	Teacher (=T)	Students (=Ss)	
Introduction	• T checks Ss' attendance. • T reviews the previous lesson. • T introduces today's topic. • T shows today's lesson objectives.	• Ss read today's objectives.	10′
Development	⟨Pre-reading⟩ • T activates Ss' schema by showing a video clip on earthquake.	• Ss watch the video clip.	20′
	Examinee's Response 1		
	• T asks Ss to read the text again for detailed information.	• Ss read the text again for detailed information.	20′
	Examinee's Response 2		

(수업지도안 답안지 2면, 실제 크기는 B4)

	Examinee's Response 3		
			15′
	Examinee's Response 4		
			25′
	• T provides feedback on students' writing. • T lets Ss display their manual on the back of the classroom.	• Ss listen to the feedback. • Ss put their manual on the back of the classroom.	
Consolidation	• T summarizes today's lesson. • T previews the next lesson.	• Ss listen to the summary. • Ss listen to T's preview.	10′

> **수험생 현장 스케치**
>
> 시험지 4~5면은 lesson plan 답안지인데 T 부분이 넓고 Ss 부분이 작았습니다. 시간 등 나머지 부분이 다 채워져 있었습니다. 특이했던 점은 각 activity 시간 칸 왼쪽 부분에 material & aid 칸이 아예 없었습니다. 세로로 줄 간격이 좁아졌습니다. 한 줄에 한 줄만 쓸 수 있는 크기였습니다. 작년과 달리 지켜야 할 추가적인 direction은 없었습니다. 그리고 최대한 상세히 지도안을 작성하라는 문구까지 있었습니다.

2018학년도 수업지도안 우수 sample

Be sure to write your lesson plan in detail.

Unit	7. Let's be Safe in Natural Disasters!		
Objectives	Students will be able to • read the text and find out the detailed information on a general topic related to everyday life. • speak about earthquake safety tips with their group members. • write a school manual of six earthquake safety tips with their group members.		
Procedure	Teaching & Learning Activities		100′
	Teacher (=T)	Students (=Ss)	
Introduction	• T checks Ss' attendance. • T reviews the previous lesson. • T introduces today's topic. • T shows today's lesson objectives.	• Ss read today's objectives.	10′
Development	⟨Pre-reading⟩ • T activates Ss' schema by showing a video clip on earthquake.	• Ss watch the video clip.	20′
	Examinee's Response 1		
	• T ask Ss to open their books to page 24.	• Ss open their books to page 24.	
	• T has Ss read aloud the title 'Safety Comes First' together.	• Ss read aloud the title together.	
	• T has Ss skim the text to check the main content and the organization.	• Ss skim the main text to check the main content and organization.	
	• T checks the main content with Ss and draws the simple drawing to show the organization.	• Ss check the main content and the organization with T.	
	• T checks the three underlined words in the main text. ⟨Words⟩: evacuate, drill, pull over	• Ss look at the main text again to check the three underlined words.	
	• T explains the vocabulary activity to Ss. ⟨Worksheet 1⟩: 3 example sentences per each word ⟨Worksheet 2⟩: 3 pictures per each word	• Ss listen and guess the words' meaning.	
	• T checks the words' meaning in the main text and explains the words' meaning by using mime.	• Ss checks the words' meaning.	
	• T asks Ss to read the text again for detailed information.	• Ss read the text again for detailed information.	

Examinee's Response 2		
• T explains how to do the reading activity 'Liar Game'. ⟨Guideline⟩ 1. T shows one action or one sentence about things to do for preparation of an earthquake and to do during an earthquake. 2. Ss see the action or sentence and then answer the question 'Am I a liar?'.	• Ss pay attention to T's directions.	20'
• T models describing the reading activity.	• Ss watch T's demonstration.	
• T lets Ss do the reading activity.	• Ss start the activity in pair.	
• T gives comments on the Ss' answers.	• Ss check their understanding of detailed information.	
• T asks Ss to think about the reasons why a specific behavior is necessary in a disastrous situation.	• Ss discuss the reason why a specific behavior is necessary in a disastrous situation in a pair.	
• T lets Ss share their ideas about the reasons to other Ss.	• Ss present ideas to other Ss.	
• T gives brief comments on the Ss' answers.	• Ss listen carefully to T's explanation.	
Examinee's Response 3		
• T has Ss make groups of 6.	• Ss make groups of 6.	
• T puts 6 picture cards on the board.	• Ss look at the pictures.	
• T explains how to do the group speaking activity 'Whisper Game'. ⟨Guideline⟩ 1. Ss except S1 turn around. T shows one picture card to S1. 2. S1 makes a sentence of the safety tip based on the picture card, and whispers it to S2. 3. Ss pass it along to the back. 4. When S6 gets the sentence, come out quickly and pick the right picture card. 5. S1 moves to the end and do it over again.	• Ss pay attention to T's directions.	15'
• T models the speaking activity. (modeling - Drop, Cover, Hold on.)	• Ss watch T's demonstration.	
• T has Ss do the speaking activity.	• Ss start the activity with their group members.	
• T circulates the classroom and helps Ss in need. (encourages Ss to use full sentences, teach the phrase 'stay away from')	• Ss raise their hand if there is any problem.	
• T asks Ss to present which picture cards they got.	• Ss give a presentation on the picture cards they got.	
• T gives Ss feedback on both content and language. ⟨Feedback⟩ 1. Content - great tips 2. Language - not use elevators → Do not use elevators	• Ss pay attention to T's feedback.	

	Examinee's Response 4		
	• T makes groups of 5.	• Ss make groups of 5.	
	• T introduces a group writing activity 'Safety Campaign' and T motivates Ss by giving the real purpose of writing-to display the poster.	• Ss listen to T's introduction of the activity.	
	• T motivates Ss by telling them to choose a role (leader, writer, time keeper, painter, language helper) ⟨Guideline⟩ 1. write down six tips for earthquake safety at school 2. add pictures in the tips	• Ss choose a role for themselves. • Ss listen to T's guideline.	
	• T asks Ss to do the activity.	• Ss do the activity.	25′
	• T circulates the classroom and facilitates Ss to work.	• Ss raise their hand if there is any problem.	
	• T asks Ss if they need more time and tells Ss criteria for presentation. ⟨Checklist⟩ 1. content - creative and practical/at least 4 tips 2. language - use bare verbs at least 3 times	• Ss listen to criteria for presentation.	
	• T asks Ss to revise their work before presentation.	• Ss revise their work before presentation.	
	• T provides feedback on students' writing. • T lets Ss display their manual on the back of the classroom.	• Ss listen to the feedback. • Ss put their manual on the back of the classroom.	
Consolidation	• T summarizes today's lesson. • T previews the next lesson.	• Ss listen to the summary. • Ss listen to T's preview.	10′

2. 수업실연
(수업지도안 시험지 1면, 실제 크기는 B4)

2018학년도 공립 중등학교 교사 임용후보자 선정경쟁시험 2차 수업실연

※ Demonstrate Examinee's Responses 2, 3, and 4 ONLY!

📝 수험생 현장 스케치

1. 수업실연 시험지 2~3면은 수업지도안 시험지 2~3면과 동일했지만 수업지도안 시험지 1면은 제공되지 않아서 Examinee's Responses 2, 3, 4의 내용을 기억해서 수업을 실연해야 했습니다. 시험지는 분리가 허용되지 않아서 보기에 불편했고, 구상실에서는 펜도 검정색 펜만 쓸 수 있었어요.
2. 자신이 작성한 지도안 복사본 제공을 제공했어요.

〈서울 수업지도안 작성 및 수업실연 수험생 소감〉
1. 수업지도안 작성은 문제가 어렵고 direction이 너무 많아서 시간 내에 지도안 쓰는 게 수업실연보다 더 힘들었습니다. 지도안 direction에 분명히 Be sure to write in detail 이런 식으로 쓰여 있어서 역시 자세히 써야 하나보다 싶어서 예시 같은 걸 생각하느라 시간이 너무 촉박했습니다. 엎친 데 덮친 격으로 speaking 활동이 평소 연습하던 writing과 너무 비슷해서 writing으로 썼다가 쫙쫙 긋고 지도안을 누더기로 만들었지요.
2. 수업실연은 무난하게 한 것 같지만 결과는 모르지요.ㅠ 채점관분들이 제가 느끼기엔 피곤하셔서 그런지 작년보다 좀 우호적인 느낌이었고, 실연 내내 거의 뭘 적지를 않으시고 그냥 보기만 하시더라고요. 마지막에 scoring criteria 언급 끝내고 아직 1분 몇 초 더 남았는데 가운데 선생님께서 옆 선생님과 얘기하시더니 저한테 이제 그만해도 된다고ㅠ 마지막까지 기다리느라 고생했다고 해 주셔서 좀 위안이 되었습니다. (the last turn)

〈충남 수업지도안 작성 및 수업실연 수험생 소감〉
제가 감점 받은 것은 ER 2 detailed information 활동을 일제식으로 구상하고 그대로 수업실연에서 활동을 했기 때문인 것 같아요. 만약 다시 수업을 한다면 comprehension question을 만들어서 스피드 퀴즈 형식으로 문제를 내서 맞히게 할 것 같아요. 조별로 나누어서 진행을 해도 괜찮을 것 같은데 예를 들면, preparing for earthquake 에 나온 것 세 가지 말해보기, during the earthquake에서 'if ~' 부분을 주어주고 특정한 상황에서의 대처법을 묻는 질문식으로요.~ 또 주의사항을 먼저 주어주고 그게 preparing 인지 during인지 맞추게도 할 수 있을 것 같아요. 이외에 수업에서 감점 받은 것은 중간에 조구성원 역할 정하기를 잊었다가 나중에 언급한 것, teacher talk이 좀 더 다양하지 못한 것 정도인 것 같아요.ㅠ

(경기 수업실연 시험지 1면, 실제 크기는 B4)

> ⟨Directions⟩
> ⟨Using Material 1, design a post-reading activity.⟩
>   1. Check students' understanding of the detailed information in the reading text.
>   2. Give feedback on students' comprehension.
>   3. Encourage students to think why specific behaviors are necessary in earthquake safety.
>
> ⟨Using Material 2, engage students in a speaking activity.⟩
>   4. Design a group speaking activity of describing the earthquake safety tips at school with the picture cards.
>   5. Provide the teacher's modeling.
>   6. Give feedback on both content and language use.
>
> ⟨Using Material 3, engage students in writing a manual.⟩
>   7. Design a group writing activity of making a manual about earthquake safety tips at school.
>   8. Present specific scoring criteria for evaluating the students' manual. (from the teacher or from peers 불분명)
>   9. Facilitate and observe the group activity.

* **Achievement Standards**
   1. Students will be able to say general topics related to real life.
   2. Students will be able to read general topics related to real life.
   3. Students will be able to write general topics related to real life.

* **Lesson Procedure**
   (전국 문제와 동일)

* **Class Information**
   (전국 문제와 동일)

* **Unit Title**: Let's be Safe in Natural Disasters!

※ 경기 수업실연 시험지 2~3면은 전국 문제와 동일

(경기 수업실연 시험지 4면, 실제 크기는 B4)

Unit	7. Let's be Safe in Natural Disasters!		
Objectives	Students will be able to • read the text and find out the detailed information on a general topic related to everyday life. • speak about earthquake safety tips with their group members. • write a school manual of six earthquake safety tips with their group members.		
Procedure	Teaching & Learning Activities		100′
	Teacher (=T)	Students (=Ss)	
Introduction	• T checks Ss' attendance. • T reviews the previous lesson. • T introduces today's topic. • T shows today's lesson objectives.	• Ss read today's objectives.	10′
Development	• T activates Ss' schema by showing a video clip on earthquake. • T encourages students to think about the organization and content of the text interacting with Ss. • T teaches three underlined words for both high and lower level students. 　- evacuate: 　- drill: 　- pull over: • T checks students' understanding of the key vocabulary in the text by asking questions. • T asks Ss to read the text again for detailed information.	• Ss watch the video clip. • Ss think about the organization and content of the text and interact with T. • Ss listen carefully to T's explanation and guess the meaning of some words. • Ss answer T's questions. • Ss read the text again for detailed information.	20′
			20′
			15′
			25′
	• T provides feedback on students' writing. • T lets Ss display their manual on the back of the classroom.	• Ss listen to the feedback. • Ss put their manual on the back of the classroom.	
Consolidation	• T summarizes today's lesson. • T previews the next lesson.	• Ss listen to the summary. • Ss listen to T's preview.	10′

> **수험생 현장 스케치**
>
> 시험지 4면은 lesson plan인데 전국 공통 문제와 달리 1면으로 압축되어 있고 Examinee's Response 1이 이미 작성된 상태였습니다.

2018학년도 수업실연 sample 1

[While-reading] 지도안 already

단어 지도(evacuate, drill, pull over) 엄청 고민하다 worksheet을 두 개 만들었는데 하나는 저 세 단어의 definition이 적힌 것, 하나는 example of the use가 적힌 것으로 했어요. pair 활동으로 둘 중 더 쉬운 worksheet을 고르고 partner와 각자 정보를 교환해서 단어를 함께 guessing해보라고 했네요. 여기까지 구상을 열심히 했는데 여기를 빼고 실연하라고 하시더라고요. 구상실에서 멘붕.

[Post-reading]

1. **Check students' understanding** (true/false 문제를 PPT에 켜서 실연했어요.)
   fire extinguisher의 위치를 알아두는 게 지진 예방에 도움이 되니? True. Why? 발표해 볼 사람? 아~ 잘했어. 지진이 날 때 불 날 위험이 있어서구나. 다음 문항을 읽어줄래? 그래 어떻게 생각하니? 운전 중 지진이 나면 빨리 운전해서 집에 가야 할까? false지. 어디서 그 clue를 찾을 수 있니? 아, 맨 마지막 줄 근처에 있구나. underline하자. 좋아.

2. **Why specific behaviors are necessary 생각해보게 하기**
   음, 아까 지문에서 지진이 나면 open spot으로 이동해야 된다는 거 봤지. Why? 선생님은 빌딩 안에 숨어 있고 싶을 거 같아. 오히려 사람 없는 open spot이 무서울 거 같은데. 여기에 대한 이유를 파트너와 3분간 토론해볼래? 토론 끝. 발표해볼 사람? 아하 open spot에 dangerous things가 없어서 safe하겠다. Thank you.

[Speaking]

1. (modeling 주기가 요건이었는데 잘못 준 듯)
   다음은 친구들과 하는 group speaking이야. 함께 하니 두렵지 않겠지? picture description이야. 자, 이제 그림을 보자. click. screen을 봐. pictures가 아주 familiar하지 않니? 바로 우리가 text에서 다뤘던 지진에서 safe할 수 있는 방법을 그림으로 표현한 거니까. 이젠 이걸 describe 해볼 거야. 여기서는 그림을 베이스로 설명해야 해. 개인적인 의견은 최소화하자. 그림 관찰이 중요해. on the left/on the right은 무엇이 있고, 색깔도 유심히 보고, symbols도 잘 봐줘. 자, 선생님이 한번 modeling을 보여줄게. (구상실에서 적은 modeling을 읽었어요.) in the picture 창문에 떨어진 남자아이가 놀라 보인다. 창문이 깨져 보인다. 따라서 창문에서 떨어지라는 표시인 거 같다. 자, 선생님은 그림 속의 아이 표정과 창문의 상태를 표현하고 그에 따른 결론을 도출했어. 너희들도 그림 묘사를 careful하게 해줘. 아마 그냥 말하기는 힘들 거야. 그래서 쓰면서 해도 돼. 선생님이 group roles를 줄게. 중간에 앉은 학생이 쓰는 게 편할 거고. 그 앞 학생이 mistake이 쓰다가 나오는지 잘 봐줘. 그 옆 학생은 time keeping. 발표는 제일 앞에 앉은 학생이 하자. (이런 식으로 이야기했어요. group activity라 그냥 roles도 넣어줬어요. 요구사항은 아니었지만. group 앉은 상태로 table을 칠판에 그리고 하나하나 roles을 표시했어요. 1 2/3 4/5 이런 식으로.)

2. (구상할 땐 발표 전 준비 시간을 줄 거라 생각했는데 그냥 시킴.) feedback 하나씩 주기
   - language use: → 이런 표시는 pointer라고 부르는 게 아니라 arrows라고 불러.~ 이 부분 땜에 약간 confusing 했어. 하지만 너의 자신감 있는 태도나 clear content가 좋았어.
   - content: 왜 elevators를 타지 말고 계단을 이용하라는 표시인지 그림에 근거해서 이야기 해줘. 이건 picture 묘사니까! 다시 try해볼까? 아하! elevators 같은 표시에 X sign 때문에 그렇게 생각했구나. a much better answer야. (block time이란 설정이라 100분) 오늘의 longer class가 힘들지? 가장 재밌는 활동이 남아있어. 바로

[Writing]

1. (여기서 요건은 scoring criteria)

오늘은 우리가 manual을 만들 거야. manual이란 어려운 상황을 deal하기 위해 tips를 주는 거라고 할 수 있어. manual 아는 사람? 어떤 상황에서 manual을 보았지? 오, 수지야 맞아. restaurants에서도 manual이 있어서 까다로운 고객을 대처하곤 하지. 어디서 봤어? 드라마에서 봤다고?~ 좋은 background knowledge가 됐네. 맞아, 오늘은 우리의 주제가 지진에서 안전할 수 있는 tips이니 거기에 대해 6가지를 쓰면 돼. 학교에서 쓸 tips를 써줘. 우리가 있는 곳은 학교니까. 자, 한번 어떤 팁을 줄지 이야기 해볼까? group members와 했니? 하지만 아직도 와 닿지 않지? criteria가 없어서야. 자, 지금부터 어디에 중점을 둬야 할지 criteria를 줄게. 얘들아, 앞서 본 글처럼 이것은 tips를 공유하는 글이기에 text를 쭉 이어 쓰면 noticeable하지 않겠지? 아깐 글에서 뭘 사용했지? 맞아, 지우. numbering을 했었지? 그럼, 우리도 그걸 사용해보자. 그래서 organization이 중요한 거야.~ 두 번째는 contents야. 이야기하다가 저 topic으로 넘어가고 그럼 너의 독자들이 confused하겠지? 응.~ 그래서 글의 일관성이 중요해. 마지막으로 language야. 난 grammar만 이야기하는 게 아니야. 앞서 speaking에서 한 group이 arrows를 pointer로 언급한 거처럼 그런 voca 실수를 최소화해야 글을 알아들을 수 있어. (이렇게 주고) 15분 동안 쓰자. 질문 있으면 feel free to raise your hand. 다 썼니? 시간 더 필요한 사람 있니? 다 했으면 옆 group과 교환해볼까? shy하다고? 아냐. 우리가 다른 조 걸 보면서 더 나은 points와 부족한 points를 찾을 수 있고 improved될 거야. (하면서 격려했네요.)

[Feedback] 지도안 already

바로 다음 정리 활동에서 '교사가 피드백을 준다.'라는 설정이 있어서 아이들 보고 그냥 보고 느낀 점이 뭐냐고 물어보기만 하고 1분 남았을 때 "이상입니다."라고 했어요. 뭔가 자신이 없어서 인사도 똑바로 못하고 후다닥 보니까 판서도 엉망이었고 면접관들은 놀란 표정을 지으시더라고요. 왜 저러시지? 했는데 지금 돌아간다면 뭔가 'unclear한 게 있니?', '다시 설명할까?' 이런 말을 할 걸 그랬어요.

2018학년도 수업실연 sample 2 (지도안 있는 지역)

[Reading activity]
- reading game 진행: 여태껏 많이 해왔었다고 강조하면서 학생들에게 reading game 어떻게 하는지 설명해보라고 함. 교사가 reading material을 읽는데 중간에 단어를 하나씩 바꿈. 그러면 아이들이 바뀐 단어를 손들고 말하고 고침. (설명은 잘 했으나 수업실연 시 무슨 문장을 읽어야 할지 당황해서 문장을 몇 번 수정해서 읽었음.ㅜ)
- 짝 활동하기: 짝꿍하고 활동할 거니까 It's nice to work with you.라고 짝꿍한테 말하라고 시킴.
- Detail 점검하라는 활동: worksheet을 주고 text에 나오는 문장과 그 문장에 해당하는 그림을 짝꿍과 연결시키라고 함. 답을 확인할 때 1번 문제는 잘 연결했다고 가정. 2번 문제는 pull over의 의미를 제대로 알고 있는지 확인하려고 답이 엇갈린다고 가정. 그래서 pull over라는 의미가 갓길에 차를 대는 사진과 주차장에 차를 대는 사진 중에서 갓길에 차를 대는 거라고 말하면서 답을 확인해줌. (하지만 제대로 안 보여줬는지 심사위원 표정이 조금 어두웠음.)
- Interaction: 다했으면 앞 group 도와 달라. 소화기 물어 보길래 실제로 교실에 있는 소화기 가리켜서 알려줌.
- 행동의 이유 설명: 짝꿍하고 각 문장에 해당하는 행동을 왜 해야 하는지 말해보라, 하고 발표 시간을 가짐. 발표할 때 full sentence를 만들라고 하면서 같이 만들어주고 폭풍 칭찬.

[Speaking activity]
- Group making: 학생들한테 번호를 불러줌 1, 2, 3, 4번 이런 식으로. 그리고 1번 손 들어서 일어나서 group members에게 인사하기. 이번에도 그런 식으로 한 다음 Let's move, move! 해서 자리에서 일어나서 group끼리 앉도록 함.
- 그림 설명하는 것 (info. gap으로 활용함): 8장의 카드를 준다고 가정 각 member마다 두 장씩 가지라고 함. 아무한테도 보여주지 말라고 하고 한 명씩 돌아가면서 그림을 보며 설명하면 나머지 조원들은 그 설명에 맞는 그림을 그리라고 함.
- Modeling: volunteer 앞으로 부름. 앞에 volunteer가 설명을 할 건지 그림을 그리라고 할 건지 정하라고 하고 volunteer가 그림을 설명할 것이라고 가정하고 설명하고 (내가 연기함. but 연기에 집중한 나머지 내가 그림을 그리는 것을 못 보여줌.ㅜ흑) volunteer의 용기를 칭찬하고 volunteer의 발표의 장점을 찾으라고 함. 아무도 못 말하기에 hint를 full~이라고 주니까 어떤 학생이 full sentence를 활용했다고 칭찬함. 맞다고, 잘 들었다고 칭찬함. 또 한 가지 장점을 더 찾으라고 함. 그래서 어떤 학생이 말하기를 volunteer가 evacuate라는 교과서에 나오는 단어를 활용했다고 말하고 교과서에 나오는 단어를 많이 활용하라고 격려함. group work 시간 주고 screen에 timer 있다고 가정하고 시간 줌.
- Interaction: 다른 조가 불러서 "여기 도와주고 조금 이따 갈게." 함. 이때 영어 순간 버벅거림. (I will go to you.) 이 문장이 안 나옴. 그리고 그림 잘 그린 학생들한테 칠판에 그림 붙이라고 해줌.
- 칠판 보라고 하고 그림 잘 그린 친구들을 폭풍 칭찬하면서 스티커 줌. 그러면서 너네도 참여 열심히 하면 스티커 받을 수 있다고 함. 그리고 다른 발표자를 불러서 제일 잘 그린 그림 영어로 설명해보게 함.
- 여기서 언어적 피드백 주는 것을 까먹음. 그리고 그 다음에 무슨 활동해야 하는지 순간 엄청난 pause로 정적을 유지. 그리고 그냥 무시하고 writing으로 넘어감.

[Writing activity]
- "포항 지진 기억나지? 막 학교도 쓰러지고 집도 쓰러지고. 그거 보니까 뭘 느꼈니?"라고 질문하고 학생이 frightened 느꼈다고 말하는 상황을 가정하고, "왜 무서웠니?"라고 질문하니까 학생이 아, 뭘 해야 할지 몰라서 그랬구나. 선생님도 그랬어, 뭘 해야 할지 모르니까 무섭더라고. 그래서 우리 오늘 지진 manual을 쓰는 거야. 라고 글을 쓰는 목적 알려줌.
- 6 tips 조원들끼리 말해보라고 함. 그런데 학생이 질문함. 그래서 "좋은 질문이야, 쓸 필요는 없고 이야기만 해."라고 말해줌.
- Interaction: 한 학생이 'Open the door.'라고 idea 제시해서 내가 "왜 open the door?"라고 물어보고 학생이 trapped라고 표현하니까. 아, we can be trapped in the building이라고 말해주면서 idea 창의적이라고 칭찬해줌.
- 그러다 갑자기 언어적 피드백 안 준 거 기억나서 애들보고 칠판보라고 하고 잘못된 문장 써줌 (명령문 관련) 고치라고 하고 이유 물어봄. 그리고 manual 쓸 때 명령어는 base form이라고 언급하면서 참고하라고 하면서 writing 쓰는 거 10분 줌.
- Interaction: 모둠이 역할을 나눴다고 가정하고 reporter, drawer, leader, dictionary guy, writer인지 물어보고 사전 찾는 애한테 저기 I-Pad 활용하라고 말해줌. (원래 지도안에는 writing 하기 전에 역할 나누라고 했어야 했는데 시간이 없는 관계로 패스하고 바로 writing 시킴ㅠ) 학생들이 서로 잘 도와가면서 역할을 하고 있다고 가정. 시간이 다 되어 덜 한 조 있냐고 물어봤는데 덜 한 조가 있어서 다른 조에게 시간 더 줘도 되냐고 물어봄.
- Group feedback: checklist 나눠주고 설명 (checklist 질문: 1. The writing has tips: ○○○ … 4. comment ____) 이렇게 지도안에 적어놓고 checklist 활용법 설명. "○○○는 원하는 개수만큼 색깔펜으로 칠하라. 4번은 잘한 점이나 개선할 점 적어라."라고 말하니 시간이 끝났음.ㅠ
- back board에 manual 붙이라고 못함.ㅠ

2017학년도 수업지도안 및 수업실연

1. 수업지도안 작성

(수업지도안 시험지 1면, 실제 크기는 B4)

| 이름 | | 수험번호 | | 관리번호 | | 감독 확인 | |

2017학년도 공립 중등학교 교사 임용후보자 선정경쟁시험 2차 수업지도안 작성

* Directions

ER 1	• Teach new words underlined in Material 1. • Ask students to complete the 5W1H table by reading the text in Material 1.
ER 2	• Ask students to make up their own ending of the text in Material 1. (group work!) • Help students by circulating groups. (feedback!)
ER 3	• Present a sample writing and explain how to make a story based on 5W1H on Picture 2 in Material 2. • Ask students to create their story based on 5W1H on Picture 3 in groups. • Guide students to present a variety of ideas and encourage all the students to participate in group work.
ER 4	• Let students do peer feedback by giving them an observation checklist. • Give students directions not to focus only on language use while they do peer feedback. • Lead the revision session based on the peer feedback.

* Lesson Procedure

Class	Skills	Objectives
1-2	Listening + Speaking	
3-4	Reading + Writing (지도안 작성 부분)	Students will be able to • read the text and fill in the 5W1H chart. • write the ending of the reading text given to students. • write a story about the picture using the 5W1H chart.
5-6		
7-8		

* Class Information

Grade & Size	middle school 3rd grade, 30 students	Level	Intermediate	Time	90 minutes (block time)
Recommended Organization	individual / group	Aids	computer, beam projector		

* Unit Title: Stories Behind the Pictures

(수업지도안 시험지 2면, 실제 크기는 B4)

⟨Material 1⟩

On a nice spring day, the Anderson family went to the Brookfield zoo, Chicago. Little Thomas loves watching animals, especially gorillas. They went straight to the gorilla exhibit. The gorillas in the Brookfield zoo were not living in the cage. Instead, they are living in the area dug out of the ground so that people can watch them from the distance. Also, there were fences around the gorillas to prevent them from escaping.

Suddenly, baby Lily began to cry. Mr. Anderson took her from Mrs. Anderson so she can take out an orange juice from her bag. That is when Thomas began to climb the fence.

Picture 1

(text 내용과 동일한 사진)

_____
_____
_____
_____

(빈칸은 마지막 결말을 채우기 위한 부분으로 5줄 정도 주어짐)

⟨Material 2⟩

Picture 2

Who	
When	
Where	
What	
Why	
How	

(북극곰 한 마리가 igloo를 기웃거리는 사진. igloo 입구에 머리 집어넣으려 함. igloo는 북극곰보다 작음. 두 마리 북극곰은 한 발짝 뒤에서 지켜보고 있음. 옆에는 5W1H chart)

⟨Material 3⟩

Picture 3

Who	
When	
Where	
What	
Why	
How	

(어른 남자와 남자 아이가 낚시하는 사진. 남자 아이는 큰 물고기를 잡고 기뻐함. 어른 남자는 아무것도 잡지 못해 당황하는 표정. 둘 다 boy scout 복장 같은 것을 입고 있음. 옆에는 5W1H table. 밑에는 story 쓰는 칸)

(수업지도안 답안지 1면, 실제 크기는 B4, 2 pages)

Unit	Stories Behind the Pictures			
Objectives	Students will be able to • read the text and fill in the 5W1H chart. • write the ending of the reading text given to students. • write a story about the picture using the 5W1H chart.			
Procedure	Teaching & Learning Activities		Materials & Aids	90'
	Teacher (=T)	Students (=Ss)		
Introduction	• T checks Ss' attendance. • T reviews the previous lesson. • T introduces today's topic. • T shows today's lesson objectives.	• Ss read today's objectives.	beam projector, computer	5'
Development	• T has Ss read the text for the main idea. • T asks Ss about the main idea.	• Ss read the text in Material 1. • Ss give answers to T's questions.	Material 1, PPT	20'
	Examinee's Response 1			
	Examinee's Response 2		group work, feedback on content and language after students' presentation	15'

	Examinee's Response 3		modeling with Material 2, encouraging Ss' various ideas, Material 3	20′
	Examinee's Response 4		Material 3, distributing checklist, balancing peer review	17′
	• T has students present their writing. • T gives feedback on Ss' presentation.	• Ss present their writing. • Ss listen to the T's feedback.		
Consolidation	• T summarizes today's lesson. • T previews the next lesson.	• Ss listen to the summary. • Ss listen to T's preview.		3′

> 💬 **수험생 현장 스케치**

지도안 답안지는 T 부분과 Ss 부분이 같은 크기였습니다. 그런데 ER 2에 있는 Aid & Material에 시험지 1쪽에는 없는 추가 조건이 있었습니다.

ER 2	• Let students complete the ending of the text. 　(ending 만들기를 group으로 하는 게 지도안 문제지엔 없고, 지도안 답안지 오른쪽 aids에 교사가 group을 돌아다니며 도움을 제공한다고 제시됨.) • Help students by circulating groups. • Provide feedback on contents and language uses after listening to the presentation. 　(이 direction도 지도안 문제지엔 없고, 지도안 답안지 오른쪽 aids에 제시됨.)

수험생 현장 스케치

⟨수업지도안 작성 수험생 소감⟩

1. 문제지 1쪽에 1~8차시까지의 목표가 나왔어요. 아마 지도안 작성지를 먼저 안 봤으면 뭐하란 건지 황당했을 것 같아요. 문제지의 R/W 차시 목표와 지도안 목표가 같았습니다.
2. 작년에 저는 지도안 작성지(답안지)를 먼저 보지 않고, 문제지를 먼저 보았습니다. 문제지를 먼저 보면서 활동 구상을 하고, 그 다음에 답안지를 쓰려는데 답안지가 상당 부분 완성되어 있었습니다. 당황스럽더라고요. 그래서 올해는 답안지를 먼저 보고, 문제지를 봤습니다.
3. 답안지는 Aids, Time, Objectives, Motivation, Pre reading(skimming 하고 main idea 찾기), Consolidation 부분이 다 채워져 있었습니다. Objectives는 활동 짤 때 꼼꼼히 확인하며 내가 목표를 달성하고 있는지 아닌지 check했습니다. 특이했던 건 Aids에, 문제지에는 나오지 않은 Direction이 나왔던 겁니다.
   - ER 1의 Aids는 그냥 Material, PPT로 direction에 없었던 것 같습니다.
   - ER 2의 Aids는 'group writing을 교사가 돌아다니며 봐준다.'였습니다. 정확히는 기억이 안 나는데. group 얘기는 확실히 있었습니다. 왜냐면 여기에만 ER 2를 group으로 하라는 게 나와서 좀 놀랐거든요(문제지엔 안 나왔던 것 같아요). 그리고 '교사가 comment를 주는데 content랑 language랑 줘라.'도 있었습니다(내용+언어 comment 뉘앙스였어요.).
   - ER 3의 Aids에는 '교사가 애들의 반응을 다 수용해주며 이끌어내라.', 'writing modeling 보여라.'라는 말이 있었습니다.
   - ER 4의 Aids에는 '교사가 애들에게 checklist 나눠주고 peer review하는데 언어에만 집중하지 않게 해라.'는 말이 있었습니다.

2. 수업실연

(수업실연 시험지 1면, 실제 크기는 B4)

2017학년도 공립 중등학교 교사 임용후보자 선정경쟁시험 2차 수업실연

※ Show your presentation based on Examinee's Responses 2, 3, and 4 ONLY.

수험생 현장 스케치

Examinee's Responses 1~4를 짜는 게 지도안 짜는 시험이었고, 대기실에서 20분 주어졌을 때 받은 실연 direction은 'Examinee's Responses 2~4를 하라.'였습니다. 마음이 급하셔서 대기실에서 새로 나눠주는 종이 안 읽으시는 경우가 있으신데(작년의 저…) direction이 다를 수 있으니 꼭 확인하세요.

2017학년도 수업지도안 우수 sample

Be sure to write your lesson plan in detail.

Unit	Stories Behind the Pictures		
Objectives	Students will be able to • read the text and fill in the 5W1H chart. • write the ending of the reading text given to students. • write a story about the picture using the 5W1H chart.		
Procedure	Teaching & Learning Activities		90'
	Teacher (=T)	Students (=Ss)	
Introduction	• T checks Ss' attendance. • T reviews the previous lesson. • T introduces today's topic. • T shows today's lesson objectives.	• Ss read today's objectives.	5'
Development	• T has Ss read the text for the main idea. • T asks Ss about the main idea.	• Ss read the text in Material 1. • Ss give answers to T's questions.	
	Examinee's Response 1		
	• T presents the underlined words. 〈Words〉 1. exhibit - using pictures 2. dug - miming 'digging the ground' 3. escape - eliciting guessing from the context	• Ss guess the meaning of the words from the clues of the picture, the miming and the context.	20'
	• T introduces the term '5W1H' relating to the Korean reading class.	• Ss listen to T focusing on what the term '5W1H' is.	
	• T asks Ss to read the text again and underline where they find '5W1H' in the text.	• Ss read the text focusing on where 5W1H are included in the text, and underline where they find them.	
	• T asks Ss to work in pairs and share the idea of '5W1H'.	• Ss compare their underlined parts with their partner.	
	• T confirms the answers with Ss.	• Ss give answers to T's questions.	
	Examinee's Response 2		
	• T asks Ss to make groups of 6.	• Ss move their desk to make groups.	
	• T lets each group make up the ending of the text in Material 1. 〈Guideline〉 1. be creative 2. include 5W1H 3. write more than 2 sentences 4. be cooperative	• Ss cooperate with their group members and make up their own ending of the text.	20'
	• T circulates the classroom to encourage Ss' active participation.	• Ss raise their hand if there is any problem.	
	• T elicits Ss' volunteers to present their creative endings.	• Ss present their own endings.	

	Examinee's Response 3		
	• T presents the picture in <Material 2> and asks questions about the picture according to 5W1H.	• Ss give answers to T's questions.	
	• T prompts Ss to present their own ideas.	• Ss share their ideas.	
	• T gives the model writing based on Ss' own ideas.	• Ss read the model writing focusing on how 5W1H are included in the story.	
	• T distributes the worksheet and six cards to each group. 〈Guideline〉 1. Pick one card among six cards (5W1H). 2. Present the idea about the card. 3. Complete the table.	• Ss take the worksheet and cards.	20′
	• T lets each group write the story based on the table. 〈Guideline〉 1. be creative 2. include 5W1H 3. write more than 2 sentences 4. be cooperative	• Ss write the story in group.	
	• T circulates the classroom to encourage Ss' active participation.	• Ss raise their hands if there is any problem.	
	Examinee's Response 4		
	• T gives the checklist to Ss and explain how to give feedback using the checklist. 〈Criteria = checking points〉 1. Content - include 5W1H, be creative 2. Organization - flow 3. Language use - words, grammar	• Ss receive the checklist and listen carefully to T's explanation.	
	• T asks each group to switch the writing with other groups.	• Ss give the writing worksheet to the next group (Group 1 → Group 2, Group 2 → Group 3 …).	
	• T encourages Ss to focus on content and organization as well as the language use.	• Ss listen carefully to T focusing on content and organization as well as the language use.	20′
	• T circulates the classroom to encourage Ss' active participation.	• Ss ask for help if they need.	
	• T lets each group return the worksheet and checklist to the original groups.	• Ss return the worksheet and checklist.	
	• T asks each group to revise the group writing based on the peer feedback.	• Ss revise the writing based on the peer feedback.	
	• T has students present their writing. • T gives feedback on Ss' presentation.	• Ss present their writing. • Ss listen to the T's feedback.	
Consolidation	• T summarizes today's lesson. • T previews the next lesson.	• Ss listen to the summary. • Ss listen to T's preview.	5′

2016학년도 수업지도안 및 수업실연

1. 수업지도안 작성

(수업지도안 시험지 1면, 실제 크기는 B4)

| 이름 | | 수험번호 | | 관리번호 | | 감독 확인 | |

2016학년도 공립 중등학교 교사 임용후보자 선정경쟁시험 2차 수업지도안 작성

* Directions: Examinee's Response (B4의 반~2/3 할애하여 설명됨.)

Examinee's Response 1	• Teach new words in the text in Material 1. (단어 안 정해짐) • Ask students to complete the table by reading the text in Material 1.
Examinee's Response 2	• Teach the underlined phrase (= If I were you) by taking examples. • Elicit students to practice using the phrase.
Examinee's Response 3	• Design an activity of completing Material 2 in groups by providing T's modeling.
Examinee's Response 4	• Design a speaking activity of using the underlined phrase "If I were you ~" on students' worries and advice.
Examinee's Response 5	• Design a formative test to raise Ss' awareness of the underlined phrase "If I were you ~".

* Lesson Procedure

Class	Skills	Objectives
1/8	Listening	
2/8	Speaking	
3/8	Reading + Writing	Students will be able to • make a summary after reading a passage on worries and advice. • give advice using the expression 'If I were you' in the writing. • have conversations about worries and advice with other students.
...	...	...

* Class Information

Grade & Size	high school 1st grade, 30 students	Level	Intermediate	Time	45 minutes
Recommended Organization	individual / group	Aids	ICT classroom with a computer and a beam-projector		

* Unit Title: Worries and Advice

(수업지도안 시험지 2면, 실제 크기는 B4)

〈Material 1〉 (a reading text and a table)

What Should I Do?

Andy: I don't want to sound stupid but … I am 172cm … I'm worried that I won't grow any taller … I am having supplements and herbal medicine … Do they work?

Ken: Don't take supplements. It's wasting your money. … My brother is not tall, too. But his strength is good personality … Focus on your strength. If I were you, I would try to work on my strength.

Julie: You don't have to take supplements … (smart phone과 posture 상관관계 설명) … If I were you, I would improve my posture by reducing the time to use your smart phone. You can be 3cm taller than now.

Worry		Advice
	Ken	
	Julie	

〈Material 2〉 (writing worksheet)

I Need Advice!

Name: _____

- My worries
  I'm worried that _____.

- Advice from friends
  1) If I were you, I would _____.
  2) If I were you, I would _____.
  3) If I were you, I would _____.
  …

[답안지 1면]

Unit	Worries and Advice			
Objectives	Students will be able to • make a summary after reading a passage on worries and advice. • give advice using the expression 'If I were you' in the writing. • have conversations about worries and advice with other students.			
Procedure	Teaching & Learning Activities		Materials & Aids	50'
	Teacher (=T)	Students (=Ss)		
Introduction	<Greeting> <Objectives> <Motivation> with a video clip		beam projector, computer	5'
Development	Examinee's Response 1		(각 Response 당 대략 7-8줄)	9'
	Examinee's Response 2			9'
	Examinee's Response 3			12'

[답안지 2면]

Development	⟨Presentation⟩ • T asks Ss to choose a presenter. • T asks Ss to present their writing. • T teaches how to evaluate other's presentation. • T provides feedback on the Ss' performance.	• Ss choose a presenter and present their writing. • Ss evaluate other groups' presentation. • Ss listen to T's feedback.	(ER 3과 ER4 direction 사이 presentation에 대한 내용이 상세히 기술+ 회색으로 처리됨)	12′
	Examinee's Response 4			10′
Closing	Examinee's Response 5			5′
	• T reviews today's lesson. • T previews the next lesson.	• Ss listen to T's summary. • Ss listen to T's explanation.		

2. 수업실연

Show your presentation on Development ONLY!

Include the teacher's writing on board.

※ 경기는 ER 1~ER 3까지만 실연함

2016학년도 수업지도안 우수 sample

Unit	Worries and Advice		
Objectives	Students will be able to • make a summary after reading a passage on worries and advice. • give advice using the expression 'If I were you' in the writing. • have conversations about worries and advice with other students.		
Procedure	Teaching & Learning Activities		50′
	Teacher (=T)	Students (=Ss)	
Introduction	• T checks Ss' attendance. • T reviews the previous lesson. • T introduces today's topic. • T shows today's lesson objectives.	• Ss read today's objectives.	5′
Development	Examinee's Response 1		
	• T asks Ss to open the textbook to page 24.	• Ss open their textbook.	8′
	• T presents new words on the board.	• Ss look at the board.	
	• T explains the meaning of the new words. 〈Vocabulary〉 1. supplement - medicine (realia) 2. strength - strong points (example) 3. posture - pose (mime)	• Ss pay attention to T's explanation.	
	• T has Ss skim through the reading passage to find out the topic.	• Ss skim through the reading passage to find out the main idea.	
	• T confirms the topic of the text. 〈Topic〉: Worry & Advice	• Ss answer T's questions.	
	• T has Ss complete the table 1 based on Material 1.	• Ss complete the table 1 based on Material 1.	
	• T confirms the answers.	• Ss answer T's questions.	
	Examinee's Response 2		
	• T presents the target structure 'If I were you ~'.	• Ss pay attention to T's explanation.	7′
	• T asks Ss to give other advice to Andy's worry.	• Ss give advice to Andy's worry.	
	• T shows pictures of people who have worries.	• Ss look at the pictures.	
	• T elicits Ss to give advice to the people in the pictures by using the target structure. ex He got a bad cold. 　If I were you, I would see a doctor.	• Ss practice the target structure.	

	Examinee's Response 3		
	• T distributes the handout to Ss.	• Ss receive the handout.	
	• T asks Ss to make groups of 5.	• Ss make groups of 5.	
	• T asks Ss to choose one worrier and four advisors.	• Ss choose a worrier and advisors.	
	• T gives directions for the group writing activity. 〈Directions〉 1. A worrier writes his/her worries. 2. Advisors write advice to the worrier.	• Ss pay attention to T's explanation.	12′
	• T provides T's modeling.	• Ss listen to the T's modeling.	
	• T circulates the classroom to encourage Ss' active participation.	• Ss raise their hand when they need T's help.	
	〈Presentation〉 • T asks Ss to choose a presenter. • T asks Ss to present their writing. • T teaches how to evaluate other's presentation. • T provides feedback on the Ss' performance.	• Ss choose a presenter and present their writing. • Ss evaluate other groups' presentation. • Ss listen to T's feedback.	
	Examinee's Response 4		
	• T distributes five role cards to each group.	• Ss receive the role cards.	
	• T asks Ss to pick one role card each. 〈Role Card〉　Job 　　　　　　　Worries * Roles: teacher, cook, singer, scientist, police officer	• Ss pick one role card each.	
	• T gives directions for the role-play activity. 〈Directions〉 1. A member tells his/her worries on the role card to the other group members. 2. The other group members give advice. 3. Every member takes turn.	• Ss pay attention to T's explanation.	10′
	• T provides T's modeling.	• Ss listen to the T's modeling.	
	• T circulates the classroom to encourage Ss' active participation.	• Ss raise their hand when they need T's help.	
	Examinee's Response 5		
Consolidation	• T asks Ss to look at the monitor.	• Ss look at the monitor.	5′
	• T has Ss answer for the formative test.	• Ss answer for the formative test.	
	• T summarizes today's lesson. • T previews the next lesson.	• Ss listen to the summary. • Ss listen to T's explanation.	3′

2015학년도 수업지도안 및 수업실연

1. 수업지도안 작성

*Lesson Title: Good People Around Us

*Guidelines:
- Development만을 작성한다(Introduction: 5분 / Consolidation: 3분).

*Lesson objectives:

Students will be able to
- complete Table 1 with detailed information in Material 1 about good people.
- write a short passage in groups about good people in our school.
- present their writings in groups to introduce a friend as a good person.

*Directions

Pre	• Pre-teach new words underlined in Material 1 (selfless, consideration, donate).
While	• Ask students to read the reading texts in Material 1 individually and give questions to students to check their understanding of the reading text in Material 1. • Have students in pairs re-read the reading text and complete the table 1 in Material 1 with the specific details in the text. • Have students in groups talk about their classmates who is a good person. Then ask them to write a paragraph introducing the person using Material 2. • Before starting writing, show them a good sample writing as a model to help them to write with.
Post	• Have students present their group writings in front of the class. • Provide three scoring rubric for peer review and have them evaluate each group's presentation based on them. • Give two comments of feedback after the presentation. One should be a positive feedback and the other should be a negative feedback.

※ Class Information

- Grade & Level: the 3rd grade of middle school/Intermediate (32 students)
- Period: the 5th of 8 periods
- Target skills: Reading & Writing integrated
- Aids: ICT classroom with a computer and a beam-projector

⟨Material 1⟩ (a reading text and a table)

Looking For Good People Around Us

There are a lot of good people around us who help others. We can find them even in our neighborhood. Below is the brief introduction of such good people: Eujin and Mr. Khan.

Eujin: Eujin is the most <u>selfless</u> classmate who helps others who are in need. For instance, she carried books for Minji who had a broken leg. She cleans the classroom every morning even it isn't the day of her turn to clean the classroom. It's so refreshing to see someone in my age to show such <u>consideration</u> for others.

Mr. Khan: Mr. Khan came to Korea from a foreign country 10 years ago. When he came to Korea, he has received a lot of help from other people around him. So when his business has thrived, he tries to reward his success to his neighborhood. He offers free meals to the homeless. He also began to <u>donate</u> his money to a charity organization for multi-cultural families. Besides, he also provided free meals to homeless people.

Provide TWO reasons why Eujin or Mr. Khan is a good person.

Eujin	Mr. Khan
Why is she a good person? • She cleans the classroom every day. • _____	Why is he a good person? • _____ • _____

⟨Material 2⟩

Good People in our School

Group Member:

I would like to introduce _____ as a good person. I think _____ is a good person …
1) because she/he _____.
2) because she/he _____.
3) because she/he _____.

---

2. 수업실연

Show your presentation on Development ONLY!

2015학년도 수업지도안 sample

Unit	Good People Around Us			
Procedure	**Teaching & Learning Activities**		**Materials & Aids**	**45'**
	Teacher	Students		
Development	Examinee's Response 1			

	[Schema Activation]
	• T checks the title with Ss.
	• T activates Ss' schema by the questions related to the topic.
	  – 'Can you find good people around you?'
	  – 'Who are they?'
	[Vocabulary]
	• T distributes the material 1.
	• T introduces the underlined word in the text. 'selfless/consideration/donate'.
	• T has Ss guess the meaning of the underlined words by using the example sentences and pictures.
	[Reading for gist]
	• T has Ss read the text.
	• T checks Ss' comprehension.
	[Reading for details]
	• T makes Ss pair up. T has Ss read the text again.
	• T asks one S to find the information about Eujin and the other S to find the information about Khan.
	• T has each pair exchange their information and complete the table.
		• Ss read through the text to find out the words.
		• Ss read the text together to find the information.
				12'

	Examinee's Response 2			
	[Group writing] • T makes Ss the groups of 4. • T has Ss talk about the good people around them in groups. • T has each group choose one person. • T distributes the material 2. • T demonstrates how to write their writing by using the material 2. • T has Ss write the short passage in groups.	• Ss make a group of four. • Ss discuss who they will introduce as a good person. • Ss write the ideas as much as they can. • Ss look at the model writing. • Ss do a group writing.		8'
	Examinee's Response 3			
	[Presentation] • T distributes the criteria. • T checks the criteria with Ss. • T lets Ss prepare the presentation. • T asks Ss to make the presentation and the other Ss to evaluate their classmates' presentation according to the criteria.	• Ss choose a speaker in a group. • Ss listen to T's explanation. • Ss listen to each presentation carefully and evaluate it with criteria.		12'
	Examinee's Response 4			
	[Feedback] • T provides one positive feedback and one negative feedback.	• Ss listen to T's comments.		5'

2014학년도 수업지도안 및 수업실연

1. 수업지도안 작성

* **Topic**: The World of the Child Performers

* **Grade & Level**: the 1st grade of high school / Intermediate (30 students)

* **Period**: 6/7

* **Target skills**: Speaking & Writing integrated

* **Lesson focus**: class debate

* **Aids**: ICT classroom with a computer and a beam-projector

* **Lesson objectives**:

    Students will be able to
    - classify the ideas into pros and cons in the worksheet.
    - discuss and debate their opinions on the topic in the group discussion.
    - write a paragraph on their opinion using transition words.

* **Directions**

Vocabulary activity	• Distribute [Worksheet] and teach THREE new words underlined (exploit, portray, fright). • Explain the meaning of PROS and CONS and make the students complete the [Worksheet]. Check the answers together.
Speaking activity (group discussion)	• Have students discuss the given topic and make their supporting ideas using the [Worksheet]. • Make each group take a position and choose the two best supporting ideas.
Writing activity	• Present a sample writing and explain paragraph organization with the THREE transition words. • Make each group write a paragraph on the given topic. • Provide corrective feedback on TWO different types of problems from the students' writing.

*Worksheet

The Child Performers Should be Banned

Possible argument:

   Pro Con
1. [✔]   [ ]   possibility of being <u>exploited</u> by agents and parents
2. [ ]   [ ]   time limit for formal education
3. [ ]   [ ]   realistically <u>portraying</u> society in drama or movie
4. [ ]   [ ]   the necessity of developing the child's talent in early age
5. [ ]   [ ]   excessive pressure and stress (Ex. Stage <u>fright</u>)
6. [ ]   [ ]   _____ (your own supporting)
7. [ ]   [ ]   _____ (your own supporting)

Pro	Con
• There is a possibility of being exploited by agents and parents. • • • •	• • • • •

2. 수업실연

Show your presentation on Development ONLY!

📝 수험생 현장 스케치

1. **Vocabulary activity**: exploit, portray, fright였는데 단어 사전 갖고 가길 잘 한 것 같습니다. '착취하다/역을 맡아 하다/공포'라는 뜻으로 쓰였고요. 문장 여러 개 주고 infer하는 거 했어요.
2. **Speaking activity - group discussion**: speaking은 worksheet를 써서 group discussion 하는 건데요, group끼리 take a position 하고 choose two arguments 하라고 했습니다.
3. **Writing activity 1**: 저는 sample writing 주고 transition words를 blank로 줘서 읽게 하고, 다시 한번 읽을 때 transition expression box 제공해 주면서 찾아서 써보라고 했어요.
4. **Writing activity 2 - group writing**: directions에 organization 어쩌고 있어서 뭐 sample writing 보면서 topic sentence를 쓰고 arguments를 쓰고 transition expression box의 transition을 잘 쓰라고 했어요. feedback 2개는 grammar에 한정시킨다는 소리는 없어서 저는 이때 organization과 grammar 하나씩 했어요.

2014학년도 수업지도안 우수 sample

Be sure to write your lesson plan in detail.

Unit	The Child Performers Should be Banned		
Objectives	Students will be able to • classify the ideas into pros and cons in the worksheet. • discuss and debate their opinions on the topic in the group discussion. • write a paragraph on their opinion using transition words.		
Procedure	Teaching & Learning Activities		50'
	Teacher (=T)	Students (=Ss)	
Introduction	• T checks Ss' attendance. • T reviews the previous lesson. • T introduces today's topic. • T shows today's lesson objectives.	• Ss read today's objectives.	5'
Development	*Examinee's Response 1*		
	• T activate Ss' schemata by showing a video clip of people who are discussing.	• Ss watch the video clip.	2'
	Examinee's Response 2		
	• T distributes the worksheet to Ss.	• Ss receive the worksheet.	10'
	• T has Ss guess the meaning of the underlined words in the context.	• Ss guess the meaning of the underlined words in the context.	
	• T confirms the meanings of the words. 　• exploit: use someone unfairly(example situation) 　• portray: describe (picture) 　• fright: fear (mime)	• Ss pay attention to T's explanation.	
	• T explains the meanings of 'pro' and 'con'.	• Ss listen to T's explanation on the meanings of 'pro' and 'con'.	
	• T asks Ss in pairs to classify the ideas into pros and cons and add two supporting arguments of their own.	• Ss in pairs classify the ideas into pros and cons, and add two supporting arguments of their own.	
	• T confirms the answers with Ss.	• Ss give answers to T's questions.	
	• T asks Ss to complete the table with their partners.	• Ss complete the table with their partners.	
	• T circulates the classroom to encourage Ss' active participation.	• Ss raise their hand when they need T's help.	
	• T confirms the answers for the table.	• Ss give answers to T's questions.	
	Examinee's Response 3		
	• T asks Ss to move to the side, either pro or con, depending on their opinion.	• Ss move to the side, either pro or con, depending on their opinion.	15'
	• T makes groups of five to make 3 groups out of each position.	• Ss change their seats and make groups of 5.	
	• T assigns different roles to each group member. (leader, presenter, writer, time keeper, monitor)	• Ss take different roles according to their preferences.	
	• T gives Ss directions for the group discussion. 〈Guideline〉 1. Share their opinion by saying 'I agree/ disagree that ~' and one supporting reason. 2. Discuss and choose two best supporting reasons.	• Ss pay attention to T's direction.	

	Examinee's Response 4		
	• T has Ss understand the organization of argumentative paragraphs.	• Ss pay attention to the T's explanation.	
	• T explains three transitions words. (first, second, to conclude)	• Ss pay attention to the T's explanation.	
	• T shows a scrambled sample writing on the screen.	• Ss look at the screen.	
	• T encourages Ss to make the sample writing in the correct order with their group members.	• Ss make the sample writing in the correct order with their group members.	
	• T confirms the answers to consolidate Ss' understanding on the organization and transition words.	• Ss give answers to T's questions.	
	• T gives Ss directions for the group writing activity 'Silent Debate'. 〈Guideline〉 1. Write an argumentative paragraph based on the group discussion before. 2. Include the group's opinion and two supporting reasons.	• Ss pay attention to T's direction.	15′
	• T circulates the classroom to encourage Ss' active participation.	• Ss raise their hand when they need T's help.	
	• T asks each group to put the group writing on the board.	• Ss put the group writing on the board.	
	• T asks group presenters to make presentations about their group writing.	• Ss make presentations about the group writing.	
	• T distributes two stickers to each group.	• Ss receive two stickers.	
	• T asks each group to vote for the best group writing.	• Ss vote for the best group writing.	
	• T provides two pieces of feedback both on the organization and the language use. 〈Feedback〉 1. organization: transition words 2. language use: Child performers is young. → Child performers are young.	• Ss pay attention to T's feedback.	
Consolidation	• T summarizes today's lesson. • T previews the next lesson.	• Ss listen to the summary. • Ss listen to T's preview.	3′

2014학년도 수업실연 sample 1 (서울 44.07점)

development부터 하기 때문에 lesson objectives까지 봤다고 가정하고 시작합니다.

[Pre-activity]

- lesson objectives 잘 봤지? 우리 이거 나중에 돌아와서 check할 거야. 잘 기억해두자.~
- 순서부터 적어줄게 (순서 판서한 후) 우리 오늘 prepare to speak, discussion, group writing 할 거야. 신나지?
- 그럼 일단 이 worksheet부터 받아봐.~
- (worksheet 들고 설명) 자 title 뭐라고 돼 있지? Child performers should be banned? 엥 무슨 말이야? Anyone can guess?
- 영수 니가 해볼래? Child actors나 actress라고. … 맞아! 그럼 banned는 뭐지? 오 그래, stopped랑 비슷해.~
- OK. 요새 child performers가 많은데 거기에 대한 different opinions가 있어. 그래서 우리가 이거 얘기해 보려고.
- worksheet 봐봐. pros and cons 있고, possible arguments 있어. 그 밑에 table 있는데 너네의 idea를 organize하게 도와줄 거야.
- 근데 worksheet 하기 전에 단어부터 보고 갈까? 어려운 단어가 있으니까 미리 공부해 두면 좋을 거야.
- (screen에 다 띄웠다고 가정) screen 봐봐.~ 첫 번째 단어 따라 읽어볼까? Exploit! picture가 있네. Child가 working하고 있어. Sentence도 같이 볼까? 같이 읽어보자. many child workers are still exploited by bad employers. Can anyone guess? 지연이? Bad employers 때문에 bad meaning인 것 같다고? 와우, 좋은 guessing이야. 맞아, negative meaning! If you exploit someone, you're using them only for your own interests!
- 다음엔? Portray! sentence는? This film is portraying and describing our society. 누가 guess? 지혜~ describing? 오 어떻게 알았어? And로 connected돼서? Wow, Good guessing.~ portray는 reflecting and picturing reality야.
- 라스트? fright! Look at the guy's facial expression ~ (겁먹은 표정 지으며) yes! afraid of, scared 같은 말이야.~ sudden feeling of fear지!
- 잘했어, 이거 기억해뒀다가 worksheet 공부할 때 써먹자.~
- 다시 worksheet으로 와봐. 우리 이제 arguments 읽고, 그게 pros 의견인지 cons 의견인지 check하자 alright? Work with your partner.~
- 다 했어? 그럼 check the answers.~ screen 봐봐 2번 누가 해볼래? 수연? Cons라고? click! Right. Great! (이 다음에 Table 채우는 걸 깜빡한 듯.ㅜ)
- worksheet 다 했으니 we're ready to speak our opinion! 신난다!

[While-activity]

- Group을 다섯 명씩 여섯 group 어때? Good.
- 이제 worksheet으로 share your opinion with your group members. 근데 모두가 한 번씩 말해야 해!
- 다 해봤어? 그럼, 우리 더 재미있는 거 해보자.ㅎ discuss를 통해서 딱 one position만 정하는 거야!
- 내가 뭐라고 했지? 그렇지. one position per one group only! 그리고 choose the two best arguments 골라야 돼. 왜냐하면 우리 presentation 해서 vote for the best group 할거거든. 그러니까 persuasive하게 만들어야 돼~ 알겠니?
- 2분 줄게~
- 아직 덜 됐어? 그래 그럼 2분 더 주는데 practice하고 rehearsal 해라. (돌아다니면서 민호야 너 목소리 더 커야겠다. 막 이럼ㅋㅋ)
- presentation!
- 잘했써. (판서 Pros한 조 123, cons한 조 456) 우와 찬성/반대가 3개조씩 even하게 나눠었구나.
- 그럼 이중에 누가 젤 persuasive했니? Group 4? Give them big hands.~
- 야, 우리 speaking 무지 잘했음. 근데 speak만 할 줄 알아? 아니 우리 이제 writing도 할 수 있을 거 같아!
- 그니까 screen 봐봐. Model writing이야. 보라야, 좀 읽어줄래? 야, 보라가 읽을 때 너네 think about the organization of the writing 해야 해. 뭐 생각하라고, ○○야? 그렇지 Organization!
- 잘 읽었어. 그니까 이 글엔 분명히 어떤 Organization이 있단 말이지. 첫 부분을 뭐라고 할까? Introduction 그렇지! Intro에는 thesis statement 그니까 너의 opinion인 topic sentence가 있어야겠지?
- 그럼 body part에는? Thank you, ○○. Arguments랑 supporting details지.~
- 그럼 마지막은? 쉽지? Conclusion! 너의 Opinion을 restate하면 되는 거야.
- 좋아. 그니까 이거 잘 봐둬. 니네 writing할 때 이걸 지키면서 써야 해!
- 아, 근데 너희한테 tips를 좀 더 줄까봐. 그건 바로 transition words라는 거야~! 이게 뭐냐면 reader들이 transition words 보면 글의 flow를 잘 알 수 있지. 예를 들면 "어머 내가 second argument를 읽고 있구만?" 하는 것처럼!
- 그니까 to help our readers~ 우리도 include these transition words 해야겠지?
- 자, 아까 보여준 Model writing에서 transition words 3가지를 찾아봐!
- 영희? 오, 맞았어. First of all.
- 또? 은혜. Good~ in addition.
- 마지막? Easy one. ~ Yes! in conclusion!
- first of all은 첫 번째 argument, in addition은 두 번째 argument. secondly로도 쓰일 수 있지, in conclusion하면 concluding your opinion하는 거야.
- 그러니까 이거 잘 보고 너네 writing에 꼭 집어넣도록 해.
- writing worksheet 새로 줄게. 이걸로 group writing해. 7분 줄게.
- 다했니? 아, 근데 내가 돌아다니면서 보니까 there were some common errors. Wanna hear them?

[Post-activity]
- 첫 번째는 (판서) first of all we also ~ 여기에 뭔가 빠진 거 같아. … Can anyone guess? 오, 맞았어. Comma가 있어야 해. Transition words 뒤에는 꼭 콤마 써줘야 해. 알겠니?
- 두 번째는 I will agree ~ I won't agree ~ 이렇게 많이 썼던데 너의 현재 의견을 주장할 땐 present tense를 써야 해. (좀 버벅댐ㅜㅜ)
- great~ 그럼 고쳐 보고.
- 그럼 우리 다른 조랑 exchange해서 comments 써주자.
- 여기 rubric을 봐~! (screen에 있다고 가정) four criteria가 있어. 1. Contents, 토픽이랑 연관 있는가? 2. Organization, 우리가 배운 organization을 따랐나? 3. Transition words를 appropriate하게 사용? 4. Grammar랑 spell check은 할 수 있음 하고~ (이때 면접관 분들이 일제히 무언가를 적으심! 다른 분들이 안 했던 activity라 플러스 요인이 됐을 수도.)
- 바꿔서 3분 동안 comments 달아줘.
- 다시 원래 조에 돌려줘봐.
- Now, look at the comment and revise it.~ (시간이 남아서 interaction, 가서 얘기하는 척) Are you done?

2014학년도 수업실연 sample 2 (44.47점)

실연 때의 판서입니다.

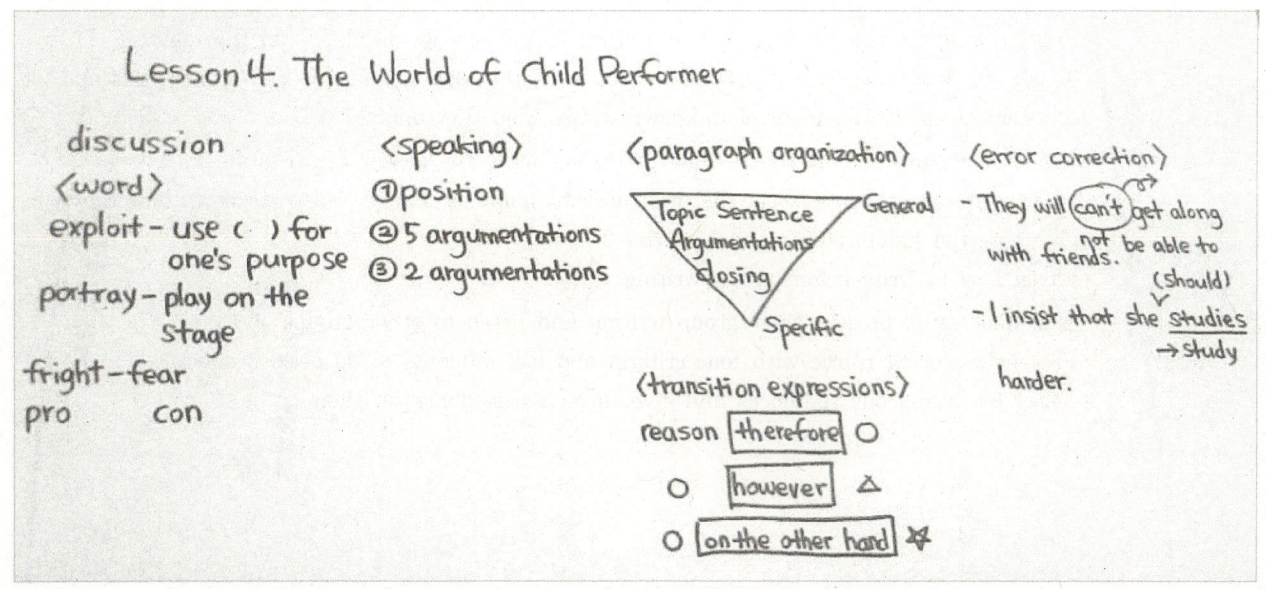

2013학년도 수업지도안 및 수업실연

1. 수업지도안 작성

* Guidelines:

Lesson plan on the Development ONLY

* Topic: Six Steps for Eliminating Your Bad Habits

* Grade & Level: the first grade of high school / low-intermediate (32 students)

* Lesson focus: integrated lesson (reading and writing)

* Aids: ICT classroom with a computer and a beam-projector

* Lesson objectives:

Students will be able to
- guess the meaning of vocabulary in the context.
- unscramble the reading text.
- write the procedure of eliminating their bad habits.
- present the result of their group writing.

* Directions

Pre	• Suggest a speaking activity to activate students' schematic knowledge on the topic. • Teach new words from the text in Material 1. Present sentences with the target words and let students guess the meaning of unknown words from the context.
While	• Let students unscramble the reading text and justify the reasons in a group. • In a group, let students select the most difficult habit to change and write down how they can eliminate the habit referring to Material 2. • Model how to write before group writing.
Post	• Ask students to present their group writing and listen to other groups' writing. • Present a scoring rubric with four criteria and ask students to do peer feedback. • Select two erroneous sentences and give corrective feedback on them.

⟨Material 1⟩ (reading material)

> ### Six Steps for Eliminating Your Bad Habits
>
> Many successful people throughout history have acquired good habits and rid themselves of poor habits that were getting in their way by following a tried and true method. The method, which will be used throughout these leadership workshops, involves six steps. The six steps are like links in a chain. Each is important. Each must be understood and followed. This method works for developing good habits and for eliminating poor habits. The short version of the seven-step method is as follows:
>
> (1) **Identify**: Recognize a need, a lack, a problem. We must first realize that our lives are ruled by our habits. We need to step back and see the powerful influence they exert on our daily lives.
>
> ( ) **Act**: Put your plan into action. All of our good intentions and preparations are worthless unless we get down to the hard, but rewarding, work of putting the plan into motion.
>
> ( ) **Commit**: Make a personal decision to "go for it." To commit means to make a serious pledge to ourselves that we will acquire a good habit or eliminate a poor habit. It means looking hard at the efforts we will have to make and deciding to "go for it."
>
> ( ) **Understand**: Expand your mental map of how you want to change. Being aware that we lack a good habit or have a vice we ought to rid ourselves of needs to be followed up with real understanding.
>
> ( ) **Plan**: Work out a roadmap to victory. For real change, that is establishing or eliminating a habit, we need a well-thought-out plan. Simply having goals and commitments is not enough.
>
> ( ) **Self-monitor**: Regularly check how you are doing. Real change doesn't just happen. We have to stay on task. We have to make the habits we are trying to change a mental priority.
>
> [Answer: 1-5-3-2-4-6, for teachers only]

⟨Material 2⟩ (writing worksheet)

> Group _____
> - **Identifying**: What are your bad habits?
> - **Understanding**: What makes you form bad habits?
> - **Planning**: How will you eliminate your bad habits?
> - **Self-monitoring**: Is your effort or action helpful?
>
> (Material 1에서 4단계가 선택되었고, questions가 첨가되었음.)

2. 수업실연

Demonstrate the shortened version of pre-, while-, and post-reading/writing activities for 20 minutes. (Development ONLY!)

2013학년도 수업지도안 우수 sample by KJO

Be sure to write your lesson plan in detail.

Unit	Six Steps for Eliminating Your Bad Habits		
Objectives	Students will be able to • • •		
Procedure	Teaching & Learning Activities		50′
	Teacher (=T)	Students (=Ss)	
Introduction	• T checks Ss' attendance. • T reviews the previous lesson. • T introduces today's topic. • T shows today's lesson objectives.	• Ss read today's objectives.	5′
Development	Pre		
	• T lets Ss read out the title together.	• Ss read out the title together.	
	• T gives context for the difficult word 'eliminate' in the title to let Ss guess the meaning.	• Ss guess the meaning of 'eliminate'.	
	• T asks Ss to brainstorm a list of bad habits on their white board.	• Ss brainstorm a list of their own bad habits.	

	• T writes down Ss' bad habits on the board.
	
	   SNS shaking legs
	  being late —— (Bad Habits) —— biting nails
	   everyday BTS
		• Ss look at brainstorming on the board.	

	• T lets Ss read the text quickly to find out other difficult words.	• Ss read the text quickly to find out unknown words.	

	• T gives context for difficult words in order to give Ss chances to guess the meanings.
	
	  〈Vocabulary〉
	   - get in one's way
	   - pledge
	   - priority
		• Ss guess the meaning of difficult words.	

	• T confirms the meanings of the difficult words.	• Ss confirm the meanings of difficult words.	

	While	
	• T gives out scrambled sentences to the group leaders.	• Ss pass out scrambled sentences.
	• T asks Ss to unscramble the sentences.	• Ss unscramble the sentences in a group.
	• T confirms the order of the reading text by comparing Ss' answers.	• Ss present their reasons of unscrambling the sentences.
	• T asks Ss to choose the most difficult habit to change.	• Ss select the most difficult habit to change.
	• T gives Ss the guideline of how to write using Material 2.	• Ss pay attention to T's guideline.
	• T shows T's model writing on the screen.	• Ss read out the model writing together.
	• T asks Ss to write down how they can eliminate the habit referring to Material 2.	• Ss write down how they can eliminate the habit with their group members.
	• T circulates the classroom to help Ss writing.	• Ss raise their hands when they need helps.
	Post	
	• T gives out Ss a checklist.	• Ss receive a checklist.
	• T presents the scoring rubric on the blackboard and explain it briefly. \<Checklist\> | 1 | 2 | 3 | 4 1. contents | | | | ✔ 2. voice | | ✔ | | 3. eye contact | ✔ | | | 4. language | | | ✔ |	• Ss check the scoring rubric together and listen to T's explanation.
	• T asks Ss to present their group writing. • T listen to Ss' presentation.	• Ss present their group writing and listen to other groups' writings.

	• T gives Ss feedback regarding their erroneous sentences.
	
	\<Feedback\>
	- These are our bad habit
	  → ~ bad habits
	- We can eliminate this habit by record a video
	  → ~ by recording a video
		• Ss pay attention to T's feedback.

	• T gives out homework regarding bad habits.	• Ss listen to T's saying.
Consolidation	• T summarizes today's lesson. • T previews the next lesson.	• Ss listen to the summary. • Ss listen to T's preview.	3'

2012학년도 수업지도안 및 수업실연

1. 수업지도안 작성

* Guidelines:

　　Lesson plan on the Development ONLY

* Grade & Level: the second grade of middle school / low-intermediate to high intermediate (32 students)

* Lesson focus: skill-integrated

* Aids: ICT classroom with a computer and a projector

* Lesson objectives:

　　Students will be able to

- ask and answer questions related to interests and hobbies using the new words.
- search for and identify specific information in the reading text and organize relevant information in a chart, table, or Venn diagram.
- recognize the linking words (ex. but, while, however) for contrasting ideas in the text.
- write and talk about their own interests and hobbies by comparing them with other classmates.

* Directions: Write a lesson plan consisting of pre-, while-, and post-activities based on the following.

Pre-activities	• Pre-teaching vocabulary: pick up new words (more than three less than five) from the text. • Arrange a whole class speaking activity.
While-activities	• Use one of graphic organizers such as a chart, a table and a Venn diagram. • Teach linking words like but, while, however, etc.
Post-activities	• Suggest level-differentiated writing about their own hobbies and interests. • Ask them to present their own writing. • Give oral feedback on Ss' errors.

⟨Material⟩ ⟨Reading Text⟩

More Different is More Fun

My name is Minho, and I have a twin brother whose name is Jaeho. My brother and I have common interests, but we are very different. We both like movies. I like action movies and adventure movies, but my brother prefers romantic movies. I like popcorn, but my brother likes chocolate. When we have free time, we like to be outdoors. However, I like outdoor activities such as hiking, rafting, and climbing while my brother likes sitting on backyard, reading science magazines. We also like music. However, I like listening to music while he likes playing musical instruments. Lastly, we both like eating food. However, I like cooking while my brother prefers washing dishes.

2. 수업실연

- Show your presentation based on Development ONLY.
- Briefly perform pre-, while-, and post-activities for 20 minutes.
- Show five activities focusing on reading text.

2012학년도 수업지도안 우수 sample by KDY

Be sure to write your lesson plan in detail.

Unit	More Different is More Fun		
Objectives	Students will be able to • • •		
Procedure	Teaching & Learning Activities		45'
	Teacher (=T)	Students (=Ss)	
Introduction	• T checks Ss' attendance. • T reviews the previous lesson. • T introduces today's topic. • T shows today's lesson objectives.	• Ss read today's objectives.	5'
Development	Pre		
	• T writes down some new words (interest, prefer, common) on the board.		
	• T has Ss guess the meaning of the words using example sentences and pictures.	• Ss guess the meaning of the words.	
	• T confirms Ss' guesses.		
	• T tells Ss that they will talk about their interests and hobbies with their partners.	• Ss listen to the T's instructions.	
	• T demonstrates how to do the activity with a S.	• S answers T's question.	
	• T has Ss talk with their partners.	• Ss talk with their partners about their interests.	
	• T encourages Ss to share what they talked about.	• Ss volunteer to share what they talked about.	
	While		
	• T has Ss read the text quickly for the main idea.	• Ss read the text quickly to find out what it is mainly about.	
	• T asks questions to check if Ss got the main idea.	• Ss answer T's questions.	
	• T tells Ss that they will read the text again and fill in the Venn diagram with their partners.	• Ss listen to T.	
	• Before reading, T goes over the Venn diagram with Ss.	• Ss answer T's questions.	
	• T asks Ss to read and complete the Venn diagram.	• Ss read and work with their partners to complete the diagram.	
	• T asks questions to check the answer.	• Ss answer T's questions.	
	• T helps Ss notice the linking words (but, however, while) by asking them how they could find the differences between Minho and Jaeho's interests.	• Ss answer T's questions.	
	• T explains that 'but', 'however', and 'while' are linking words that connect contrasting ideas.	• Ss listen to the T's explanation and answer T's questions when asked.	
	• T informs Ss that they will need the linking words in the following activity.		

		Post	
		• T tells Ss that they will write about their own interests with their group members.	• Ss listen to T.
		• T has Ss get into groups of four and hands out the worksheet. ⟨A⟩ (with <words and phrases>) _____ and I both like _____. _____, _____ likes _____ _____ I like _____. [words and phrases] ~ ⟨B⟩ (with <words and phrases>) _____ and I both like _____. _____, _____ likes _____ _____ I like _____.	• Ss get into groups.
		• T has Ss talk about their interests and write about them.	• Ss work together to complete the worksheet.
		• T has Ss present their work.	• Ss volunteer to present their work.
		• T provides feedback regarding Ss' work.	• Ss listen to T.
Consolidation		• T summarizes today's lesson. • T previews the next lesson.	• Ss listen to the summary. • Ss listen to T's preview.	3'

2011학년도 수업지도안 및 수업실연

1. 수업지도안 작성

* **Topic**: What is Your Ideal Career?

* **Grade & Level**: the first grade of high school / intermediate (32 students)

* **Aids**: ICT classroom with a computer and a projector

* **Direction**: Write a lesson plan consisting of while- and post-activities based on the following.

* **Lesson objectives**:

   Students will be able to
   - find out the main idea of the reading text about career and personality.
   - figure out the flow of the reading text.
   - write about their personality and a future job.

⟨Material 1⟩ (reading text)

Lesson 8. Shaping your future

What Is Your Ideal Career?

What do you want to become when you grow up? What is your ideal career? Choosing the right job for you is very important. You will spend at least one third of your life at work. This means that your happiness is closely related to your job. But how do you know which job is right for you? Many psychologists say that different personalities are suited for certain types of career. Take a good look at yourself. There are generally six types of personalities. You don't have to limit yourself to one category but see if you can figure out which career is more appropriate for you. Check the box on the righthand page with the most words that describe your personality.

⟨Material 2⟩ (tables)

⟨Table 1⟩

R	direct, hard working, thrifty, simple, of few words, likes machines.
I	curious, logical, reasonable, intelligent, likes math and science
A	imaginative, emotionally sensitive, creative, expressive, likes all kinds of art
S	kind, understanding, unselfish, likes meeting people and helping others
E	persuasive, competitive, outgoing, enthusiastic, good with language, likes planning
C	responsible, careful, stable, prepared, likes administrating and calculating

⟨Table 2⟩

R	• You are the realistic type. • Technicians, engineers, mechanics, pilots, or sports players are good career choices.
I	• You are the investigative type. • Your personality is well suited for scientists, physicians, biologists, chemists, and other scholars.
A	• You are the artistic type. • Consider becoming a writer, painter, musician, designer, or other kinds of artists.
S	• You are the social type. • Becoming a counselor, teacher, minister, nurse, or social worker may be a very wise choice.
E	• You are the enterprising type. • Your job possibilities include a businessman, politician, judge, salesperson, and product buyer.
C	• You are the conventional type. • Becoming an accountant, secretary, computer programmer, or bank teller may be a good career choice.

2. 수업실연

Demonstrate only the while-reading activities. Include the following three activities for 10 minutes.
- Finding out main idea of the text
- Putting scrambled sentence strips in order with Material 1
- Using word cards in Material 2

2011학년도 수업지도안 우수 sample by KJE

Be sure to write your lesson plan in detail.

Unit	What is Your Ideal Career?		
Objectives	Students will be able to • find out the main idea of the reading text about career and personality. • figure out the flow of the reading text. • write about their personality and a future job.		
Procedure	Teaching & Learning Activities		50′
	Teacher (=T)	Students (=Ss)	
Introduction	• T checks Ss' attendance. • T reviews the previous lesson. • T introduces today's topic. • T shows today's lesson objectives.	• Ss read today's objectives.	5′
Development	**Examinee's Response 1**		
	• T asks Ss to open their textbook to page 24.	• Ss open their textbook to page 24.	7′
	• T has Ss read aloud the title 'What Is Your Ideal Career?'.	• Ss read aloud the title.	
	• T asks Ss what is their ideal job to activate their schemata.	• Ss answer T's questions.	
	• T asks Ss to find out the main idea of <Material 1> in pairs.	• Ss find out the main idea of <Material 1> with their partner.	
	• T confirms the main idea together. 〈Main Idea〉 We should understand our personality to choose the right career.	• Ss understand the main idea.	
	Examinee's Response 2		
	• T has Ss close their textbook.	• Ss close their textbook.	10′
	• T distributes a handout, a glue, and scrambled sentence strips of <Material 1> to each pair.	• Ss receive a handout, a glue, and scrambled sentence strips.	
	• T asks Ss to look at the handout. 〈Handout〉 　　What Is Your Ideal Career? 　　Introduction 　　_____ 　　_____	• Ss look at the handout.	
	• T asks Ss to put the scrambled sentence strips in order and glue them on the handout in pairs.	• Ss put the scrambled sentence strips in order and glue them on the handout in pairs.	
	• T checks the right order and the reasons.	• Ss understand the right order of <Material 1>.	

		Examinee's Response 3	
	• T distributes the handout <Material 2> to Ss.	• Ss receive the handout <Material 2>.	
	• T explains the six types of personalities 'RIASEC' and personality words.	• Ss understand the six types of personalities 'RIASEC' and describing words.	
	• T asks Ss to recall their personality type that they figured out through the Holland Test before.	• Ss recall their own personality type.	
	• T asks Ss to stand up and make groups of Ss who have the same personality type.	• Ss stand up and make groups.	15′
	• T gives a talking stick to each group.	• Ss receive a talking stick.	
	• T has Ss share their personal experiences related to the words on <Table 1>. ex I am unselfish. I care about my students more than myself.	• Ss share their personal experiences related to the words on <Table 1>.	
	• T circulates and helps Ss in need.	• Ss ask for help if needed.	
	• T facilitates group presentations.	• Ss make group presentations.	
		Examinee's Response 4	
	• T explains the career list on <Table 2> using the examples of famous people.	• Ss understand the career list.	
	• T asks Ss to choose one future job that matches with their personality type.	• Ss choose one future job.	
	• T explains the writing format 'OREO'. 〈Writing format〉 1. Opinion - future job 2. Reason - type (RIASEC), personality word 3. Example - personal experience 4. Opinion - restatement	• Ss understand the format.	10′
	• T shows T's model writing.	• Ss pay attention to T's model writing.	
	• T circulates and helps Ss in need.	• Ss ask for help if needed.	
Consolidation	• T summarizes today's lesson. • T previews the next lesson.	• Ss listen to the summary. • Ss listen to T's preview.	3′

Chapter 03 수업나눔

수업나눔 기본

1. 수업나눔을 잘하기 위해서는 먼저 수업실연에서 끝까지 역동적이고 열의 있는 수업을 진행해야 한다.

2. 수업나눔에서도 심층면접과 같이 추상적인 진술로 이루어진 모범답안을 말하기보다는 자신만의 경험과 노력을 바탕으로 고민의 흔적이 담긴 답변을 진술해야 한다.

3. 수업나눔에서는 기본적으로 자신의 수업을 분석하여 장단점 및 개선점에 대하여 언급하게 되므로 이에 대한 대비를 해야 한다. 가장 기본적인 것은 how to enhance interaction 등이다.

4. 수업 중 특수조건이 될 수 있는 발문 및 권고를 함으로써 수업나눔의 내용에 대비하고 이에 대하여 진술해야 한다.

    (1) 협동학습(모둠 활동)을 통한 수업 계획과 실행에 대해 설명한다.
    - Make groups of five.
    - Cooperate in your group.
    - [role assignment]

    (2) low-level 학생을 위한 수업 계획과 실행에 대해 설명한다.
    - I prepared an extra worksheet here.

    (3) 창의성 교육과 관련한 수업 계획과 실행에 대해 설명한다(if not 전략 사용).
    - Oh, really? Why do you think so?
    - Then you mean ~
    - Who can support his idea?
    - Who disagrees to this idea?

    (4) 인성교육과 관련한 수업 계획과 실행에 대해 설명한다.
    - Will you keep a good posture during the class time?

2023학년도 수업나눔 기출문제

(경기 수업나눔 문제지, 실제 A4 크기)

2023학년도 공립 중등학교 교사 임용후보자 선정경쟁시험 2차 수업나눔

01
오늘 수업에서 "에듀테크를 활용한 상호 작용과 협력" 측면에서 잘한 점과 보완할 점을 말하세요.

02
성취기준 달성이 미흡한 학생과 성취 기준 도달 정도가 높은 우수한 학생의 지식(기능), 태도 측면에서 각각 어떻게 지도할 것인지 설명하세요.

03
오늘 수업에서 반영한 가치·덕목을 구체적으로 설명하시오. 그리고 이와 연계하여 독서교육 지도 방안을 말하세요.

> **수험생 현장 스케치**
>
> 수업나눔 문제는 프린트로 제시되었지만 3명의 평가관 중 오른쪽 평가관이 1번 문제, 가운데 평가관이 2번 문제, 왼쪽 평가관이 3번 문제를 각각 읽어주었습니다. 그 문제를 듣고 잠시 생각할 시간을 가진 뒤 답변하는 방식입니다.

2023학년도 수업나눔 sample 0 (KLH)

01 온라인플랫폼 padlet을 사용하여 자신의 의견을 나누도록 소통의 장 조성
  → 의견을 나눈 이후 학생 간의 상호 작용 시간 부족
  → 다음엔 더 많은 시간을 주고 학생 간에 더 많은 의견 교환 시간을 부여하겠음.

02 학생 지도 방안
  1) 성취 미흡 학생
    - 지식: 개별상담 실시, 기초학력진단보정시스템의 늘품이 교재를 활용하여 보충학습 지원 & 베이스 CAMP를 통해 학생의 과제 달성도와 학습 정도 파악
    - 태도: 격려와 작은 성취 발생 시 칭찬
  2) 우수 학생
    - 지식: 심화학습과제 부여 (예를 들어 오늘 배운 감정 단어의 심화 단어 찾아보기 지도)
    - 태도: 학습 성취 도달에 대한 긍정적인 피드백과 칭찬

03 오늘 수업의 가치 덕목은 도전정신
  - 각자의 진로와 흥미 관련 독서 교육 실시 (예를 들어 축구 선수가 꿈인 학생은 손흥민 관련 독서 후 자신이 꿈을 이루기 위해 어떤 노력을 해야 하는지 고민해 보고 독후감 작성)
  - 다른 학생과 독후감을 공유하여 서로 각자의 독후감 관련 의견 나누기

2022학년도 수업나눔 기출문제

(경기 수업나눔 문제지, 실제 A4 크기)

2022학년도 공립 중등학교 교사 임용후보자 선정경쟁시험 2차 수업나눔

01
자발적 배움이 일어나도록 학생들의 역량을 길러주기 위한 수업에서는 공감과 소통을 통한 상호 작용이 중요하다. 그런 측면에서 수업에서 잘한 점과 보완할 점에 대해 말하시오.

02
평가 측면에서 성장 중심 평가가 중요하다. 학생들을 성장시킬 수 있도록 오늘 수업을 온라인과 오프라인을 연계하여 어떻게 효과적으로 평가를 할 것인지 말하고 이유를 말하시오.

03
경계를 넘어 학교-지역(마을)을 넘나드는 배움이 일어나야 한다. 오늘 수업을 주제로 마을과 연계한다면 어떻게 수업을 재구성할 것인지 주제와 방법을 말하시오.

📣 수험생 현장 스케치

수업나눔 문제는 프린트로 제시되었지만 3명의 평가관 중 오른쪽 평가관이 1번 문제, 가운데 평가관이 2번 문제, 왼쪽 평가관이 3번 문제를 각각 읽어주었습니다. 그 문제를 듣고 잠시 생각할 시간을 가진 뒤 답변하는 방식입니다.

(충북 수업나눔 문제지, 실제 A4 크기)

2022학년도 공립 중등학교 교사 임용후보자 선정경쟁시험 2차 수업나눔

01
배움 중심 수업을 고려할 때 오늘의 수업에서 아쉬운 부분을 말하고, 개선 방안을 설명하세요.

02
수업 설계 시 교사로서 가장 고려하는 부분은 무엇인가? 해당 부분이 학생에게 축적된다면 어떤 학생이 될 것인가?

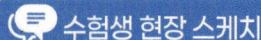 수험생 현장 스케치

수업 후 교탁 뒤에 서서 교탁 위에 있는 문제지를 보고 답변합니다.

2021학년도 수업나눔 기출문제

(경기 수업나눔 문제지, 실제 A4 크기)

2021학년도 공립 중등학교 교사 임용후보자 선정경쟁시험 2차 수업나눔

01
미래에는 다양한 자료나 정보 등을 조합하거나 활용하여 새로운 가치를 창출하는 능력이 필수적이다. 경기도 교육과정에서는 폭넓은 기초 지식을 바탕으로 다양한 분야의 지식, 기술, 경험을 융합하거나 활용하여 새롭고 의미 있는 것을 창출하는 사고 능력인 창의적 사고 역량을 강조하고 있다. 이를 토대로 오늘의 수업을 평가한 결과와 보완할 점을 말하시오.

02
오늘 당신이 열심히 수업을 했음에도 불구하고 성취기준에 도달하지 못하는 학생이 생겼다. 성취기준 미도달 학생을 보충 지도하려고 한다. 이를 위한 학습 지도 방안을 말하시오.

03
오늘의 수업을 다른 교과와 연계하여 실시한다면, 어떤 교과와 함께 수업을 진행할지 말하시오. 그리고 수업의 중점 사항과 평가 방법에 대해 말하시오.

수험생 현장 스케치

수업나눔 문제는 프린트로 제시되었지만 3명의 평가관 중 오른쪽 평가관이 1번 문제, 가운데 평가관이 2번 문제, 왼쪽 평가관이 3번 문제를 각각 읽어주었습니다. 그 문제를 듣고 잠시 생각할 시간을 가진 뒤 답변하는 방식입니다.

2020학년도 수업나눔 기출문제

(경기 수업나눔 문제지, 실제 A4 크기)

2020학년도 공립 중등학교 교사 임용후보자 선정경쟁시험 2차 수업나눔

01
경기 교육은 '단 한 명의 아이도 포기하지 않는' 책임 교육을 추구한다. 개인차를 보완하는 관점에서 선생님이 수업 설계에서 고려한 부분을 말하시오.

02
수업에서는 교사-학생, 학생-학생 간 상호작용이 중요하다. 본인이 실시한 상호작용 중 가장 의미 있는 상호작용을 고르고 그 이유에 대해서 말하시오.

03
오늘 수업을 성찰한 결과 잘한 것, 아쉬운 것, 앞으로 동료교사와 함께 협력한다면 하고 싶은 것을 말하시오.

2019학년도 수업나눔 기출문제

(경기 수업나눔 문제지, 실제 A4 크기)

2019학년도 공립 중등학교 교사 임용후보자 선정경쟁시험 2차 수업나눔

01
오늘 수업에서 학생들에게 어떤 성장(배움)이 일어날 수 있었을지, 이 배움을 위해 교사로서 어떤 노력을 기울였는지를 말하고, 수업에서 아쉬운 점을 말하시오.

02
성취기준에 근거하여 수업 중에 어떤 평가를 활용할 수 있을지, 이 평가를 교사로서 어떻게 활용할 것인지 말하시오.

03
삶과 연계하여 융합수업을 한다면 어떻게 할 것인지 말하시오. 주제, 방법, 고려할 점을 언급하시오.

2019학년도 수업나눔 sample 0 (MJ)

01 배움을 위한 노력, 아쉬운 점

(1) **배움**: 공동체 역량. 배움 중심 수업에서는 역량을 자발적으로 배우는 것이 중요하고, 배워야 할 중요 역량이라고 생각한다.
  ① 환경미화원과의 interview를 보여주었다.
  ② Green Avengers의 글을 보여주었다.
  ③ 협동학습

(2) **아쉬운 점**
  ① 언어적 비계 설정이 부족했다. main idea를 찾을 때 어려웠을 것이다. 글의 구조를 먼저 제시하거나 교정 기회를 제공하면 좋았을 것 같다.
  ② 협동 기술 가르쳐주기, modeling

02 평가

(1) **포트폴리오 평가**: 과정에 집중할 수 있다.
(2) **면담**: 학부모, 학생, 상담을 진행한다.

03 융합수업

(1) **역사 교사, 음악 교사와 함께**
  ① 역사적 흐름 안에서 최근 환경 문제에 어떻게 대처할 것인지 고민한다.
  ② 방안을 영어 노래로 만들고, 흥미 고려한다.
(2) **고려할 점**: 시간적·언어적 제약을 극복하고 수업 학습공동체에서 교육과정 재구성하여 수행평가로 통합한다. 효율적인 수업을 만든다.

2018학년도 수업나눔 기출문제

(경기 수업나눔 문제지, 실제 크기는 A4)

2018학년도 공립 중등학교 교사 임용후보자 선정경쟁시험 2차 수업나눔

01
오늘 수업에서 학생들에게 어떤 역량을 길러주려고 했고 이를 위해 어떤 노력을 했는가?

02
공평한 배움이 일어나도록 하기 위해 교사로서 한 것과 아쉬운 점을 말하고 다음에 수업을 한다면 어떻게 할 것인지 말하시오.

03
수업에서 어려웠던 점과 다른 교사와의 수업나눔을 어떻게 할 것인지, 이때 교사에게 어떤 배움이 일어날지 말하시오.

수험생 현장 스케치

수업 자체는 peer feedback 중에 종이 울려서 잘렸습니다. 그 뒤 바로 수업나눔 자리로 이동해서 나눔 답변을 진행했습니다. 수업실연이 끝났을 때 시간이 남으면 교탁 옆에 앉아서 대기하다가 종이 울리면 수업나눔 자리로 이동해서 나눔 답변을 진행한다고 합니다. 나눔 자리 및 채점관들 책상은 큰 전지로 밑을 가려놔서 평소에 손을 꼼지락거리거나 다리를 떠는 분은 안 들킬 수 있습니다. 평소에 들던 얘기로는 채점관마다 컨셉이 있다던데 너무 또렷하게 보였습니다. 오른쪽 남자 분은 종이보다는 계속 얼굴 쳐다봐주며 미소를 머금고 계셨고, 왼쪽 여자 분은 나눔 막판 빼고는 종이만 보고 계셨습니다. 가운데 분은 아이컨택도 종종 하시고 종이에 적기도 하셨습니다. 다른 평가실에는 정색하고 계신 분도 있다 들었습니다. 저는 평소에 나눔을 할 때 시간이 항상 많이 남다보니 최대한 말을 많이 하려했습니다. 그러다 보니 오히려 독이 되어서 3번 문항이 요구하는 2가지 중에서 1가지만 말하고 끝났습니다. 수업 마무리하고 나눔 자리에 앉고 하는 과정까지 시간에 들어가니 시간 계산을 잘못하였던 것 같습니다. 가운데 자리에 디지털시계가 놓여있지만 살짝 빨리 울린 감이 없지 않아 있었습니다. 실연은 짧려도 높은 점수를 받는 경우를 많이 봤는데 나눔 관련해서는 짧렸다는 경우를 못 들어봐서 어떤 결과가 나올지는 모르겠습니다. 평소에 7~8분 정도면 충분하다고 생각합니다.

저는 3번째 순서였기에 끝마치니 11시였습니다. 수업실연과 나눔에서 부족하다 느꼈었는데 다행히 일찍 끝나서 금방 돌아가 점심 먹은 뒤에 바로 시책 등을 보며 토의와 면접을 준비할 수 있었습니다. 나중에 듣고 보니 뒤 번호 같은 경우는 4시 넘어서 끝나 집에 도착해서 저녁 먹고 그러면 녹초가 돼서 2일차 공부하는 데 굉장히 힘들었다고 합니다. 첫 날 운이 중요하다고 생각합니다.

2017학년도 수업나눔 기출문제

(경기 수업나눔 문제지, 실제 크기는 A4, 즉답형)

2017학년도 공립 중등학교 교사 임용후보자 선정경쟁시험 2차 수업나눔

01
배움 중심 수업의 관점에서 학생들에게 배움이 일어나게 하기 위해 오늘 수업 설계에서 교사가 신념을 가지고 중점적으로 설계한 부분과 수업에서 아쉬웠던 점과 개선점을 말하시오. (의미 있는 배움과 관련하여 본인의 수업의 흐름을 요약하고, 어떤 부분에서 의미 있는 배움이 일어났는지 설명하시오.)

02
수업에서 배움을 방해하는 요소가 무엇인지 말하고, 배움에서 소외되는 학생이 발생한다면 어떻게 보완할 것인지 말하시오.

03
수업나눔을 통해 깨달은 점을 이야기하고 학교에서 수업나눔을 어떻게 할 것인지 말하시오.

2016학년도 수업나눔 기출문제

(경기 수업나눔 문제지, 실제 크기는 A4, 구상형)

2016학년도 공립 중등학교 교사 임용후보자 선정경쟁시험 2차 수업나눔

01
배움 중심 수업은 학생들의 실제 삶과 연결된 활동을 통해 진정한 배움을 얻는 것을 목표로 하는 수업입니다. 오늘 수업에서 이러한 배움중심 수업을 구현하기 위해 노력한 부분은 어디입니까? 그리고 앞으로 어떠한 수업철학을 가지고 배움 중심 수업을 실천할 것입니까?

02
수업에서 학생들을 가르칠 때는 인지적 측면뿐만 아니라 정의적 측면도 중요합니다. 정의적 측면의 학습을 위해 설계한 수업 장면을 구체적으로 말하고, 그 부분에서 아쉬웠던 점과 다시 수업을 한다면 어떻게 개선할지 말하시오.

03
수업에 있어서 가장 어려웠던 부분과 그것을 극복하기 위해 어떻게 할 것인지 말하시오. (수업에서 깨달은 점을 말하고 현장에서 동료교사와 수업나눔을 하면 어떻게 하겠습니까?)

내용+ 수업나눔 예상 문제

1. 동기 유발
- 학습의 필요성과 관심을 높이기 위하여 적절한 동기를 유발하였습니까?
- 교수할 학습 내용과 실생활과의 관련성을 고려한 수업이었습니까?
- 어떤 자극에 학생들의 동기가 발현되었습니까?

2. 학습 목표
- 이번 수업의 학습 목표는 무엇입니까? 이에 대한 알맞은 평가 방법을 적용하였습니까?
- 학생들이 학습 목표를 생각해볼 기회를 주고 목표를 제시하였습니까?
- 이번 수업을 통해 학생들이 수업 목표에 도달했다고 생각합니까? 그 이유는 무엇입니까?

3. 학습자 고려/학생 참여 수업
- 학습자 측면에서 고려한 것들(예 학습 능력, 수준, 흥미)은 무엇이며, 이러한 지식들을 수업 시간에 어떻게 구체화 하였는지 설명해 보세요.
- 이번 수업을 실제로 학생들에게 적용할 경우, 예상되는 어려움이 무엇이며 이를 어떻게 해결하겠습니까?
- 학습의 어려움을 겪고 있는 학생들을 위해 노력하였습니까? 그 이유는 무엇입니까?
- 교실 내의 다양한 학생들의 수준을 고려하여 수업을 진행하였습니까?
- 이번 수업에서 학생들의 참여를 유도하기 위해 적절한 방법이 사용되었다고 생각합니까? 그렇게 생각하는 이유는 무엇입니까?
- 학생들의 수업에 대한 참여도는 어느 정도일 것이라 생각합니까? 그 이유는 무엇입니까?
- 학생들은 칭찬과 격려를 통하여 학습에 대한 관심과 자신감을 가지고 있다고 생각합니까? 그 이유는 무엇입니까?
- 학생들이 이번 수업의 학습에 몰입하도록 유도하기 위해 어떤 방법을 사용하였습니까?
- 어떤 대목에서 학생들 간 협력이 잘 이루어졌습니까?
- 학생들 간에 어떤 관계성이 형성되었습니까?
- 학습에서 벗어난 학생은 어떻게 그 위기를 극복하였습니까?
- 학습자에게 유의미한 경험을 제공하기 위한 설계는 무엇입니까?

4. 교사의 수업 역량
- 수업을 잘하는 교사는 어떤 사람이라고 생각합니까? 수업을 잘하는 교사가 되기 위해서 본인이 어떤 노력을 해야 한다고 생각합니까?
- 수업을 잘하는 교사는 어떤 사람이라고 생각합니까? 이를 설명하고 교사로서 자신을 평가해보세요.
- 자신의 교육 철학이 잘 드러난 수업이었습니까?
- 선생님의 수업을 통해서 본인은 무엇을 배웠습니까?
- 교사가 의도한 대로 수업이 진행되었습니까? 그렇지 못했다면 어떤 점에서 어려움을 겪고 있습니까?

5. 교사와 학생의 상호작용
- 교사와 학생의 의사소통을 원활할 수 있는 수업 분위기를 위해 노력하였습니까? 자신의 수업을 학생-교사 간 상호작용 측면에서 평가하세요.
- 학생과 학생 간, 학생과 교사 간에 협력적인 상호작용(신뢰, 수용, 격려, 개발, 도전 장려, 존중, 참여 등)으로 배움이 일어난 수업이었다고 생각합니까? 그 이유는 무엇입니까?
- 수업 참여자(학생, 교사) 모두가 협력하여 지식을 형성, 창조하기 위해 수업을 어떻게 설계하였습니까?

6. 수업 성찰
- 수험자(교사)가 생각하는 좋은 수업이란 어떤 것입니까? 이를 설명하고 이번 수업을 성찰해 보세요.
- 이번 수업에서 불만족스러운 점 혹은 개선이 필요한 점이 무엇이라고 생각합니까? 그 이유는 무엇이며 그것이 어떻게 개선되어야 하는지 구체적인 개선안을 제시해보세요.
- 이 수업을 다시 한다면 무엇을 다르게 할 것입니까? 그 이유는 무엇입니까?
- 이번 수업을 다시 할 기회가 있다면 어떤 변화를 주겠습니까? / 다르게 지도해야 할 부분은 무엇입니까? 그 이유는 무엇입니까?
- 수업할 당시에는 깨닫지 못했으나 지금 깨달은 것이 있다면 어떤 점입니까?
- 이번 수업에서 잘 된 점은 무엇이었습니까? 그렇게 생각하는 이유는 무엇입니까?
- 이번 수업에서 중요하다고 생각하는 것은 무엇입니까? 그 이유는 무엇입니까?
- 수업의 교육과정 측면에서 고려한 것들(예 교육과정에서의 위치)은 무엇이며, 이러한 지식들을 수업 시간에 어떻게 구체화하였는지 설명해보세요.
- 이 수업을 통해 새롭게 깨달은 점은 무엇입니까?
- 고전과 현대 명저 독서, 문화예술, 경험이나 체험, 사회적 실천 등 창의지성 교육 텍스트를 어떻게 재구성하여 수업을 설계했습니까?
- 수업 시간에 이루어지고 있는 독서, 토론, 실험, 관찰, 글쓰기, 체험 등의 활동이 학생의 비판적 사고력을 기를 수 있도록 전개되었습니까?
- 이 수업에서 학생들의 삶이 의미 있게 바뀌고 있다고 생각합니까?

7. 배움 중심 수업
- 학습 내용을 쉽게 이해할 수 있도록 가르쳤다고 생각하십니까? 학생들의 배움 내용의 이해를 위해 수업 중 어떠한 노력을 했는지 구체적으로 설명해보세요.
- 수업참여자(교사, 학생) 모두의 협력을 통해 지식이 형성, 창조될 수 있는 수업이었습니까? 그렇게 생각하는 이유는 무엇입니까?
- 협동적인 배움 또는 학생 수준을 고려한 개인별 맞춤형 지도가 일어났습니까?
- 학생 개개인의 정의적 능력(도전의식, 성취동기, 호기심, 자존감 높이기, 협동과 책임 등)을 고려하였습니까?
- 학생이 어디서 배움을 시작하고 배움을 멈추었습니까?
- 이 수업에서 교사가 의도하고 있는 배움은 무엇입니까?
- 교사는 어떻게 배움의 내용이 학습자의 삶과 연계되도록 이끌었습니까?
- 교사는 수업 과정에서 학생들의 배움을 어떻게 조장하였습니까? (예 신뢰, 수용, 격려, 개발, 도전 장려, 존중, 참여 끌어내기 등)
- 어떻게 학생들의 배움을 격려하고 성장을 도울 수 있는 평가를 하였습니까?

MEMO

MEMO

최시원 전공영어 2차 기출문제 길라잡이 ISBN 979-11-93234-39-6

- 발행일 · 2021년 11월 5일 초판 1쇄
  2022년 11월 1일 2판 1쇄
  2023년 11월 1일 3판 1쇄
- 발행인 · 이용중
- 저 자 · 최시원
- 발행처 · (주)배움출판사
- 주 소 · 서울시 영등포구 영등포로 400 신성빌딩 2층 (신길동)
- 주문 및 배본처 · Tel : 02) 813-5334 | Fax : 02) 814-5334

저자와의
협의하에
인지생략

본서는 저작권법 보호대상으로 무단복제(복사, 스캔), 배포, 2차 저작물 작성에 의한 저작권 침해를 금합니다. 또한 저작권법 제136조에 따라 5년 이하의 징역 또는 5천만 원 이하의 벌금에 처하거나 이를 병과할 수 있으며, 저작권법 제125조에 따라 1억 원 이상의 손해배상책임이 발생할 수 있습니다.

- 저작권 침해 제보 · 이메일 ; baeoom1@hanmail.net | 전화 : 02) 813-5334

정가 21,000 원